같고도 다른 정의의 얼굴
- 13개 주제로 읽는 정의 입문서

같고도 다른 정의의 얼굴
- 13개 주제로 읽는 정의 입문서

초판 1쇄 인쇄 2025년 9월 10일
초판 1쇄 발행 2025년 9월 30일

저자   레이몬드 웍스Raymond Wacks
역자   노인수, 임상순

펴낸이 윤관백
펴낸곳 ◪선인
등록   제5-77호(1998.11.4)
주소   서울시 양천구 남부순환로 48길 1, 1층
전화   02)718-6252/6257
팩스   02)718-6253
이메일 suninbook@naver.com

ISBN   979-11-6068-167-3 03300
정가   19,000원

ⓒ Raymond Wacks, 2017
　This translation of Justice: A Beginner's Guide is published by SUNIN by arrangement with Oneworld Publications Limited through EYA Co., Ltd'

· Korean translation copyright ⓒ 2025 by SUNIN Publishing
　Korean translation rights arranged with Oneworld Publications Limited through EYA Co.,Ltd
· 이 책의 한국어판 저작권은 EYA Co.,Ltd를 통해 Oneworld Publications Limited와 독점 계약을 '도서출판 선인'에 있습니다.
· 저작권법에 의하여 한국 내에서 보호를 받는 저작물이므로 무단전재 및 복제를 금합니다.

같고도 다른 정의의 얼굴
- 13개 주제로 읽는 정의 입문서

레이몬드 웍스Raymond Wacks 저
노인수, 임상순 역

대표 역자 서문

"정의란 무엇인가?"

서울법대에 입학하여 법 공부를 시작했을 때부터 나는 법이 정의를 실현하는 도구가 되어야 한다고 생각했다. 그런데, '정의'는 도대체 무엇인가? 검사 생활을 하면서 많은 조직폭력배들을 기소했고 유죄를 받도록 했다. 나는 정의를 세운 것인가? 변호사를 개업하고 많은 의뢰인들을 만나 다양한 민사, 형사, 행정, 헌법 사건 등을 접하면서 정의라는 개념이 단순하지 않다는 것을 더욱 실감하게 되었다.

10년 전 정의 공부를 더욱 본격적으로 하기 위해 '공정국가포럼'이라는 단체를 만들어 이 분야에 관심이 있는 학자들, 여러 영역 전문가들, 일반시민들과 함께 정의의 개념과 현실 적용 방안에 대하여 토론하고 의견을 나누었다.

"어떻게 사는 것이 정의롭게 사는 것인가?"

정의가 무엇인지 알고자 한 이유는 바로 정의롭게 살기 위해서이다. 한때 '정의사회 구현'이 정부의 정책 구호인 적이 있었다. 정의사회는 사람들의 외침에 의해 실현될 수 있는 것도 아니고, 정부가 나서서 만들 수 있는 것도 아니다. 평화가 사람들의 마음에서 시작되듯이 정의사회는 시민들의 작은 실천을 통해 만들어지는 것이다.

정의를 공부하면서, 정의가 무엇인지 찾아가는 과정이 하나의 '구도(求道)'

라는 것을 깨닫게 되었다. 이 구도과정을 안내해 줄 수 있는 책을 찾던 중 홍콩대학에서 정년퇴직한 노학자 레이먼드 웍스의 정의 입문서를 발견하게 되었고, 대학에서 정치학을 가르치고 많은 번역서를 출판한 경험이 있는 임상순 교수와 함께 이 책을 번역하게 되었다.

이 책은 13가지 이론렌즈로 정의를 조망하고 해석한다. 다양한 이론으로 바라볼 수 있을 정도로 정의는 심오하고 거대하다. 그래서 정의를 공부할수록, 정의를 대하는 마음이 겸손해 진다.

많은 사람들 덕분에 이 책이 번역 출판될 수 있었다. 좁은 사무실에 모여 정의에 대해 함께 고민하고 탐구했던 '공정국가포럼' 회원들과 가족들의 관심과 응원이 없었다면 이 책을 번역하고 출판할 용기를 내지 못했을 것이다. 번역 출판의 많은 부분을 담당해 준 공동역자 임상순 교수와 어려운 여건 속에서도 출판을 기꺼이 허락해 준 선인출판사의 윤관백 사장 그리고, 문장을 매끄럽게 다듬어 준 박애리 선생에게 지면을 통해 감사한 마음을 전한다.

2025년 여름 하오르빌딩 옥탑방에서
대표 역자 노인수 씀

추천사

정의롭지 못한 사회는 민주주의의 위기를 초래하고, 갈등이 일어날 수밖에 없다. 그러므로 정의로운 사회의 건설은 우리나라가 진정한 선진국으로 도약하고 국민행복을 증진시킬 수 있는 전제조건이며, 또한 통일시대를 맞이하기 위한 시대적 사명이라고 할 수 있다. 이러한 상황에, 반갑게도 법철학자 레이몬드 윅스의 고민의 결정체 "같고도 다른 정의의 얼굴- 13개 주제로 읽는 정의 입문서"가 노인수 변호사님과 임상순 교수님에 의해 번역되어 한국 독자들에게 소개되었다. 두 분께 감사드린다. 이 책은 지금까지 발전해 온 정의에 관한 다양한 이론을 모두 다루고 있으며, 동물권과 페미니즘, 세계정의의 문제를 다룬 논의는 기존의 정의론에서는 다루어지지 않은 새로운 분야여서 더욱 큰 의미가 있다. 저자의 일생에 걸친 정의에 대한 고민이 이 책에 모두 녹아있다고 할 수 있다. 정의에 관심 있는 모든 분들께 적극 추천한다.

정지웅(정치학 박사 · 아신대학교 교수 · 전 코리아통합연구원 원장)

'정의(Justice)' 특히 '하나님의 공의'는 오랜 목회생활 가운데 깊이 묵상했던 중요한 주제 중 하나이다. 하나님은 우리를 한없이 사랑하시는 동시에 이 땅에 하나님의 공의를 세우시길 원하시기 때문이다. 새롭게 번역 출판되는 '같고도 다른 정의의 얼굴(13개 주제로 읽는 정의 입문서)'은 하나님의 공의가 무엇인지 그리고, 이 땅에 하나님의 공의가 어떻게 실현되어야 하는지를 탐구하는데 귀중한 단초를 제공해 주는 책이다. '정의'에 대한 외국 학자들의 저서가 우리 사회에 많이 소개되어 있지 않은 상황에서, 평생 법과 정의를 연구해 온 남아프리카공화국 출신의 대학자인 레이몬드 윅스 교수의 저서가 번역 출판되는 것을 기쁘게 생각한다. 어려운 주제의 저서를 번역해 주신 노인수 변호사님과 임상순 교수님의 수고에 감사드린다.

최현범(목사·신학박사·기독교통일학회 회장)

정의는 도덕적 덕목의 일종이지만 정치경제적 삶과 직결되는 영역이므로 사회 제도의 형성에 있어 결정적이다. 철학자 흄은 인간의 욕망에 비추어 사회적 재화가 부족할 수밖에 없음에도 구성원들이 관용의 부족으로 더 많고 좋은 것을 원하는 조건에서 비로소 정의가 부상한다고 하였다. 레이몬드 윅스는 본 저서에서 꼭 알아야 할 다양한 정의의 이론을 알기 쉽게 설명하면서 또한 그 한계도 적시하였다. 우리사회를 건전한 비판정신으로 성찰하는 시민이라면 누구나 읽어볼 필요가 있다.

한면희(철학박사·공화21 상임대표)

서문

사회가 진보하기 위해서 정의의 추구는 반드시 필요하다. 빈곤의 고통과 절망, 박해, 질병과 불공평을 제거하는 것은 매우 어려운 과제이긴 하지만 분명 추구할 가치가 있다. 이 과제를 해결하기 위해서는 인내, 실천 그리고 헌신이 요구된다. 많은 개인들과 집단들, 자선단체들, 국내 및 국제기구들이 이러한 역경과 고통의 부담을 덜어주기 위해서 부지런히 일하고 있다.

하지만, 정의로운 사회를 구성하는 것이 무엇인지에 대한 질문은 언제나 논쟁적이다. 본문에서 설명하겠지만, 공정하다고 인정할만한 하나의 세계, 하나의 공동체를 만들기 위한 가장 바람직한 사회, 정치, 경제 방식에 대한 합의는 거의 없다.

이 책은 인류 역사 속에서 논의되어 온 다양한 정의 이론을 소개한다. 각 시대의 주도적인 철학의 본질과 목적, 한계를 가능한 알기쉽게 설명하고 묘사하고 비교하고자 한다.

이 책이 나오기 까지 많은 사람의 도움을 받았다. 특히, 익명의 검토자들이 제공해 준 제안과 조언은 큰 도움이 되었다. 출판사 원월드(Oneworld)의 샤디 도수트다(Shadi Doostdar)에게 깊은 감사를 전한다. 그녀는 나에게 원고의 초안을 계속해서 명확하고 간단하게 작성하라고 설득력 있게 충고했다.

그녀의 비범한 끈기와 수많은 실용적인 아이디어가 이 책의 완성도를 높여 주었다. 감사할 사람이 더 있다. 교정 담당자였던 안 그랜드(Ann Grand)는 나의 모든 문법적 실수를 찾아내 주었고, 문장을 매끄럽게 다듬어 주었다.

벤자민 플랭클린의 정의에 대한 격언을 소개하는 것으로 서문을 마무리하고자 한다. "정의는 침해를 받지 않은 사람들이 침해를 받은 사람들만큼 분노할 때에야 비로소 실현될 것이다." ("Justice will not be served until those who are unaffected are as outraged as those who are.")

Raymond Wacks(레이몬드 웍스)

차례

대표 역자 서문 · 4
추천사 · 6
서문 · 8

1장 정의와 부정의(Justice and Injustice) · 13

사회 정의 · 22

2장 정의와 미덕(Justice and Virtue) · 25

정치적 동물 · 33 / 민주정: 최악 중 가장 나은 시스템 · 35
옳은 일 하기 · 36 / 아리스토텔레스의 대답 · 37

3장 권리, 존엄과 자유(Rights, Dignity and Freedom) · 41

칸트의 명령 · 45 / 자유, 권리 그리고 인권 · 49
칸트에게 질문하기 · 54

4장 공리주의(Utilitarianism) · 57

존 스튜어트 밀: 우리가 원하는 것은 무엇인가? · 64
공리는 쓸모가 없는 것인가? · 69

5장 공정으로서의 정의(Justice as Fairness) · 75

홉스와 공포 · 78 / 로크와 자유 · 81 / 루소의 '일반의지' · 82
존 롤즈와 사회계약 · 85 / 사회계약 · 86 / 공리주의 거부하기 · 88
원초적 입장 · 88 / 실무작업에 착수하기 · 95 / 미세 조정 · 96
불평과 트집잡기 · 99

6장 자유주의(Libertarianism) · 107

'야경' 국가 · 110 / 노예제도로서의 과세 · 112 / 당신의 것 지키기 · 113
국가는 왜 필요한가? · 116 / 부정한 취득 · 117 / 노직에 대한 반론 · 119

7장 역량(Capability) · 123

무엇을 하기 위한 자유인가? · 127 / 기능 · 132 / 전환 · 135
이것이 정말 정의 이론인가? · 136

8장 정의와 자유시장(Justice and the Free Market) · 141

자유 시장이 무엇인가? · 144
자유시장이 실제로 정의를 만들어 내는가? · 147

9장 평등(Equality) · 155

평등은 무엇인가? · 158 / 강한 또는 약한 평등? · 160
평등에 대한 반대 · 162 / 공리주의 그리고, 복지와 자원의 평등 · 166
카드의 으뜸패로서의 권리 · 169 / 평등은 '주권적' 이다 · 170
평등 대 자유 · 172

10장 박애(Fraternity) · 177

여성 · 179 / 페미니즘 · 181 / 페미니즘과 정의 이론 · 185 / 장애 · 189
무엇이 공평한가? · 191 / 정체성의 문제 · 192 / 동물들 · 195
동물의 도덕적 지위 · 197

11장 공동체주의(Communitarianism) · 211

공동체주의의 문제는 무엇인가? · 217

12장 세계정의(Global Justice) · 223

국가와 정의 · 229 / 이방인들에 대한 의무? · 233
하나의 대안이 될 수 있는가? · 236 / 이주민 문제 · 241
국경 폐쇄 또는 국경 개방 · 242 / 환경 · 244
하나의 세계 정부는? · 246

13장 사회적 정의의 성취(Achieving Social Justice) · 251

무엇이 정의로운 사회인가? · 256 / 누가 플롯을 차지할 것인가? · 256

1장

정의와 부정의
(Justice and Injustice)

소수의 사람들이 다수의 사람들에게 권력을 휘두르는 사회가 있다고 상상해 보자. 권력을 가진 소수의 사람들을 승자라고 부르고, 권력이 없는 다수의 사람들을 패자라고 부르자. 승자들은 패자들에게 투표권과 같은 중요한 권리를 부여하지 않으며, 이로인해 패자들은 의회에 진출할 수 없다. 이 사회의 법은 패자들에게 원하는 곳에 살 권리와 직업을 선택할 권리도 부여하지 않는다. 패자들에게는 승자들에 비해 열악한 주택, 학교, 병원이 제공된다. 승자와 패자 간의 성관계와 결혼은 형법에 의해 금지되며, 심한 경우 징역형에 처해질 수도 있다. 패자들은 신분증을 항상 소지해야 하며 밤에 함부로 돌아다녀서도 안 된다.

그런데, 이러한 사회가 존재할 수 있을까? 이 정도의 부정의가 가능한 것인가?

대답은 이러한 사회가 존재했으며, 이 정도의 부정의가 가능했다는 것이다. 나는 그러한 사회에서 태어났고 성장했다. 아파르트헤이트(Apartheid) 체제 아래에서, 남아프리카공화국의 소수 백인들이 대부분의 특권과 기본적인 권리를 보유했다. 소위 말하는 '유색인들'은 열등한 사람들로 간주되어 종속당하고 억압당했다. 그리고, 소수 백인들은 의회 민주주의를 오직 백인들만을 위한 가장 무도회로 만들어 버렸다.

    법률체계는 소수 백인들에 의해 만들어졌다. 정치체계는 모든 유색인들의 권리를 박탈했고, 법은 고용, 토지, 주거, 교육, 성별 등 사회와 경제 생활 거의 모든 면에서 유색인들에게 차별적으로 적용되었다. 그들의 이동의 자유는 무자비하게 제한되었고, 투옥 중 사망과 고문은 체계적으로 자행되었다. 감시, 위협, 경찰의 야만 행위는 매일 일어났다. 아파르트헤이트 시기(1948년~1994년) 의 남아프리카공화국은 현대 경찰국가의 모델이었다고 할 수 있다. 백인의 우월성과 백인 중 아프리카너(Afrikaner, 역자 주: 아프리카너(Afrikaner)는 남아프리카 공화국에 거주하는 백인 중, 케이프 식민지를 형성한 네덜란드 이민자를 중심으로, 프랑스의 위그노, 독일계 개신교도 같은 종교적 자유를 찾아 유럽에서 아프리카 남부에 정착한 개신교도가 합류하여 형성된 민족집단을 의미한다.)들의 이익을 위하여 존재했던 브루더본트(Broederbond)는 무시무시하게 강력하고 비밀스러운 결사체였다. 아파르트헤이트 시기 국가 대통령과 총리는 모두 브루더본트 회원이었다. 경찰을 창설한 헨드릭 페르부르트(Hendrik Verwoerd)는 정부의 역할이 "백인과 그의 국가를 보존하는 것"이라고 선언한 것으로 유명하다. 그는 총리 시절 아파르트헤이트를 견고하게 만들었을 뿐만 아니라 아프리카너 민족주의의 세속적 지배를 정당화하는 철학적, 문화적, 이념적 토대를 구축하였다.

    아파르트헤이트는 단순한 인종분리정책이 아니라 하나의 복잡하면서도 정교한 프로젝트였음을 잊어서는 안 된다. 이 프로젝트는 매우 엄격한 입법의 지원를 받는 전체주의 정권의 이념적 정책에 의해 지속되었다. 전권을 보유하고 있으면서도 책임을 지지 않는 보안군, 열광적인 입법부, 순종적인 사법부가 아파르트헤이트를 뒷받침했다. 인권과 관련된 판결은 극도로 제한되었다.

'반-테러리즘' 법률들은 정치적 반대자들을 억누르는데 용이하도록 제정되었다. 남아프리카공화국에는 '공산주의 억제법(Suppression of Communism Act of 1950)'과 규제범위가 비슷한 '대 테러법(Terrorism Act of 1967)'이 있다. 이 법에서 '테러'는 '법과 질서를 유지하는데 위협이 될 수 있는 어떤 것'을 포함하는 것으로 정의된다. 남아프리카공화국에서는 이러한 테러행위에 대해서 사형판결이 선고되며, 교수형이 빈번하게 집행된다. 1910년부터 1989년 사이에 4200명 이상이 교수형에 처해졌는데 이 중 절반정도는 반 아파르트헤이트 운동이 절정에 달했던 1978년부터 1989년 사이에 집행되었다. 사형에 처해진 사람들의 압도적 다수는 흑인들과 정치범죄자들이었다. 예를 들어 1989년 7월말 283명의 죄수들이 프레토리아 중앙 교도소(Pretoria Central Prison)에서 교수형에 처해졌는데 이들 중 272명이 흑인이었고 백인은 11명이었다. 1988년 3월 이 교도소에서 정치범죄 혐의로 53명의 사형이 집행되었다.

흰 피부를 가진 외국인은 남아프리카공화국과 아무런 연관이 없다고 하더라도, 남아프리카공화국에 도착하자마자 흑인들에게 허용되지 않는 많은 특권을 부여받는다. 학교, 대학, 집을 자유롭게 선택할 수 있고 백인 전용 병원, 주택, 영화관, 극장 등 공공 시설과 사설 시설들을 이용할 수 있다.

물론 우리가 사는 모든 세계에 부정의는 만연되어 있다. 그렇다고 하더라도 혐오스러운 아파르트헤이트는 특별히 비인간적이다. 1973년에 유엔은 아파르트헤이트의 본질이 범죄에 해당한다고 분명히 밝힌 바 있다. '아파르트헤이트 범죄의 진압 및 처벌에 관한 국제협약(International Convention on the Suppression and Punishment of the Crime of Apartheid)'에 의하면, 하나의 인종집단이 다른 인종집단을 체계적으로 억압하기 위한 목적으로 제정한 비인도적인 법들은 모두 국제법 위반에 해당한다. 고도의 정확성을 추구했던 이 협약의 초안 작성자들은 여러 범죄들을 포괄하는 하나의 법규 목록을 만들고자 했다. 포괄하고자 했던 범죄에는 특정 인종집단 구성원들에 대한 살인, 고문, 비인도적 처우 그리고, 정치적, 사회적, 경제적, 문화적 영역에서의 차별, 인종에 따른 거주 지역 분리, 인종 간 결혼 금지, 아파르트헤이트 반대자들에 대한 박해가 포함되었다.

이 협약에는 시스템 상의 많은 문제와 권위주의 내용이 포함되어 있긴 하지만, 남아프리카공화국에서 벌어지고 있는 실상들이 많이 반영되어 있다. 1994년에 아파르트헤이트가 공식적으로 종식되긴 했지만 지금까지도 위반 행위가 발생하고 있다. 2002년에 발효된 '국제형사재판소에 관한 로마규정(Rome Statute of the International Criminal Court)'에 아파르트헤이트가 반인도적 범죄의 한 가지 사례로 명시되어 있다. 로마규정에 '아파르트헤이트 범죄'는 '조직적인 억압과 지배의 제도화된 체제의 맥락에서 그러한 체제를 유지시킬 의도로 하나의 인종집단이 다른 인종집단에 대하여 범하는 비인도적인 행위'로 정의된다.

아파르트헤이트 암흑기에 남아프리카공화국에서 생활했던 경험은 나의 정치적 전망에 중대한 영향을 미쳤다. 백인인 나는 어린시절부터 다수의 구성원들을 고통, 모욕, 빈곤 속에 살아가도록 만드는 공동체의 시스템을 이해할 수가 없었다. 하지만, 대부분의 백인들은 잔인한 현실을 합리화하는데 별다른 어려움을 느끼지 않았다. 물론 이런 부정의한 사회는 넬슨 만델라의 석방과 1994년 반인종주의 헌법의 채택으로 큰 변화를 맞이하였다.

아파르트헤이트는 부정의의 극단적인 사례이다. 아파르트헤이트는 인종

불평등 뿐만 아니라 유색인종에 대한 가장 기본적인 권리의 박탈을 의미했다. 전체 국민의 70%에 해당하는 흑인들이 소유한 토지는 약 13%에 불과했다. '유입통제(influx control)' 시스템으로 인해 순회 노동자들을 제외하고는 흑인들이 '백인지역'에 들어가는데 제약이 있었다.

27년간 투옥되었다가 석방된 넬슨 만델라와 함께 있는 저자 (1991년)

사실 이러한 것들이 사악하고 무정하다고 보편적으로 낙인찍는 불공정한 사회에서 흔히 나타나는 기본적인 현상에 지나지 않을 수도 있다. 하지만, 이 특징들은 우리가 부정의의 중심요소들이 무엇인지 인식하는 한편 정의로운 사회의 구성요소들이 무엇인지 확인하는데 유용한 기초를 제공해 준다. 한편, 아리스토텔레스는 우리의 논의와 정반대로 공정한 사회의 모델을 먼저 제시하는 방식으로 불공정한 사회를 회피하는 노력을 제안한 바 있다. 우리도 아리스토텔레스의 방식을 받아들일 수 있을까? 아리스토텔레스의 방식이 이 책의 주요 목적인 가장 설득력 있는 사회정의 이론을 추구하는데 도움이 될까?

아파르트헤이트 시기 남아프리카공화국의 몇 가지 특징들을 고려해 보자. 만약 당신이 권리, 이익, 가치의 박탈에 반대되는 것이 무엇인지 생각한다면, 다음 페이지에서 논의될 이론들의 기반이 되는 긍정적인 원칙들이 무엇인지 알 수 있을 것이다. 예를들어, 인종차별은 평등과 정반대 개념이다. 희생자들을 모욕하는 것은 인간의 존엄을 그들로부터 빼앗는 것이다. 정치적 참여를 배제하는 것은 시민적 자유를 근본적으로 부정하는 것이다. 자원의 불공평한 분배는 불공정한 것이다. 불공평에 의해 야기된 빈곤은 인간의 번영을 좌절시킨다. 이외에도 많은 예를 들 수 있다.

주위를 둘러보라. 우리가 사는 세계에서 정의의 증거는 찾아보기 힘들다. 전쟁, 굶주림, 착취, 환경오염, 부패, 인종차별, 성차별, 질병과 빈곤은 세계 어디에서나 찾아볼 수 있다. 지구상의 인구 중 40%에 해당하는 30억 명의 사람들이 하루에 2달러도 벌지 못하는 극도의 빈곤 상태에 처해 있다. 부유한 북반구와 가난한 남반부의 격차는 갈수록 커지고 있다. 북반부의 1인당 국내총생산(GDP)은 남반부의 거의 20배에 달한다. 세계인구의 4분의 1이 지구 자원의 80%를 활용하여 부와 소비의 열매를 즐기고 있다. 개발도상국가에서는 다섯 명 중 한 명이 매일 굶주림 상태에 있고, 세 명 중 두 명은 안전한 식수를 마시지 못하고 있으며, 문맹과 실업은 심각한 수준이다. 성인 남성의 4분의 1, 성인 여성의 2분의 1은 읽고 쓰는 능력이 부족하다. 아동 중 6분의 1이 저체중 상태에서 태어난다. 매년 아동 열 명 중 한 명이 영양결핍 또는 수인성 질병에 의해 사망한다. 여성들은 남성들보다 더 고된 노동을 함에도 불구하고 남성보다 더 적은 수입을 얻는다. 빈곤자 중 70%가 여성들이다. 남녀차별 현상은 남반부 국가에서 더 심하게 나타난다. 식량 분배과정에서 일어나는 남녀차별로 인해 더 많은 여성들이 영양실조 상태에 놓여 있다. 인종, 성별, 종교, 신념의 차이를 이유로 저질러지는 차별은 정의로 나아가는 길에 심대한 장애를 조성한다. 부유한 국가와 가난한 국가 사이에 존재하는 엄청난 부의 격차는 '세계 정의(global justice)'의 필요성을 제기한다. 이를 위해서는 개별국가 차원을 뛰어넘는 세계차원의 해법이 요구된다. '세계 정의'의 필요성을 뒷받침하는 우울한 통계들이 있다. 세계보건기구(WHO)에 의하면, 개발도상국가 인구의 절반에 해당하는 약 24억 명의 사람들이 위생적인 화장실을 이용하지 못하고 있으며, 18억 명의 사람들은 오염된 물을 마시고 있다. 기본적인 위생과 안전한 식수의 부족으로 매년 160만명의 사람들이 콜레라 등 수인성 질병으로 사망한다. 안타까운 것은 이들 중 90%가 개발도상국가의 5세 미만 아동들이다.

약 10억명의 사람들은 제대로 된 거주지가 없고, 16억명은 전기없이 생활하고 있으며, 아동 노동자는 2억 1800만명에 달한다. 현대 21세기에 매년 1800만명의 사람들이 깨끗한 식수, 백신, 항생제와 적절한 의약품, 식량 부족으로 사망하고 있다는 것은 변명의 여지가 없다.

물론 진보를 보여주는 몇 가지 지표가 있는 것은 사실이지만, 빈곤, 환경오염, AIDS와 같은 질병, 산림파괴, 자연재해, 전쟁은 개발도상국가에 만연되어 있다. 기후변화는 최근에 인류가 직면한 가장 중대한 위험 중 하나이다. 하지만, 빈부격차 확대, 정부 부패, 은행가들에게 지불되는 고액의 보너스, 공평의 지연된 확장으로 야기된 부정의에 대한 분노와 짜증이 전 세계적으로 더욱 고조되고 있다. 이러한 분노는 이따금씩 세계 많은 부분에서 저항의 형태로 표출되고 있다. 예를들어 '월가 점령 시위(Occupy Movement)'는 사회적, 경제적 불평등에 대항한 국제 십자군 운동이었음이 분명하다. 이 시위가 추구한 것은 부의 보다 공평한 분배였다. 이 시위는 국제금융이 민주주의와 정의에 부정적인 영향을 미치고 있음을 특히 강조했다.

정의라는 개념은 사회들이 열망하는 몇 가지 모델을 요구할 뿐만 아니라 하나의 이론을 필요로 한다. 모든 사회는 명시적이든 암묵적이든 간에 몇 가지 정의의 이론에 따라 조직된다. 정의와 관련된 이론에서 반복되는 주제는 개인의 권리와 의무의 충돌이다. 개인들은 자신들이 선택한 삶을 살아갈 권리가 있는 한편, 이런 저런 이유로 개인들의 자율성을 침해하는 공동체의 의무에 직면하게 된다. '사회적 정의'라고 흔히 불리는 정의는 단지 부정의가 없는 상태를 의미하지는 않는다. 정의에 관한 이론에는 사회와 법이 어떻게 만들어져야 하는지 그리고, 사람들의 정당한 요구들을 어떻게 실현시키는 것이 최선인지에 대한 아이디어가 포함되어 있다.

사회 정의(Social Justice)

정의라는 개념은 주로 철학에서 다루어지고 있긴 하지만 법학, 정치학, 사회학, 젠더 연구 등 많은 분야에서 탐구되고 있다. 이 책에서 우리가 주로 관심을 가지는 것은 '사회 정의'이며, 사회와 개인의 공정한 관계를 어떻게 창조해 나갈 것인지에 초점을 맞추고자 한다. 특히, 부와 기회의 분배에 대해 살펴볼 것이고, 사람들이 사회에서 어떻게 그들의 역할을 실천하고 발전시켜 나가는 것이 최선인지에 대해 검토할 것이다. 더욱 정의로운 사회 질서를 만들기 위해서는 많은 요소들이 요구되는데, 여기에는 세금, 교육, 의료 서비스와 시장 규제 등이 포함된다.

정의에 관한 모든 이론은 한 사회 내에서 재화들이 어떻게 분배되어야 하는지에 대한 질문에 직면한다. 협력은 모든 공동체의 핵심부분이다. 인간은 혼자 살아가는 동물이 아니다. 우리는 우리의 상호이익을 실현하기 위해 사회적으로 그리고 경제적으로 상호작용한다. 이익과 부담을 어떻게 배정할 것인지를 분명히 밝히는 분배원칙이 있어야 한다. 사실, 이익과 부담 배정

방식에 관한 다양한 이론이 존재한다.

평등주의자들은 모든 사람들이 똑같은 크기의 파이 조각을 분배받아야 한다고 주장한다. 실용주의자들은 공동체 전체의 행복과 복지가 증대되는 것을 선호한다. 롤즈주의자들은 가장 불우한 계층을 확실히 보호하는 차등원칙(difference principle)의 채택을 추구한다. 자유주의자들은 개인들이 정당하게 획득한 것을 소유할 권리가 있다고 주장하면서 고정된 또는 패턴화된 분배 체계에 반대한다. 정의에 대한 보응(報應) 기반 이론은 사람들이 자신의 노력 또는 필요에 따라 마땅히 받아야 할 것을 얻을 수 있어야 한다는 생각을 옹호한다. 이렇게 다양한 정의에 대한 이론을 검토하는 것이 이 책의 주요 목적이다.

옳음과 그름(Right and Wrong)

넬슨 만델라(Nelson Mandela): "한 인간이 다른 인간과 연합할 수 있는 것은 동정이나 허세때문이 아니다. 현재 직면한 공통된 고통을 미래의 희망으로 바꾸는 방법을 배운 사람들이 가진 공감이 사람들을 서로 연결하는 것이다."

소포클레스(Sophocles): "정의의 황금 눈은 부정의한 사람들을 보고 보응한다."

조셉 콘래드(Joseph Conrad): "지구정복이 대체로 의미하는 것은 우리와 피부색이 다르거나 우리보다 코가 약간 낮은 사람들에게서 땅을 빼앗는 것인데, 그것을 깊이 들여다보면 결코 아름다운 일이 아니다. 지구정복을 통해 실현되는 것은 지구를 정복했다는 오직 그 생각뿐이다. 이 생각은 지구정복의 뒷면에 놓여있다. 그 생각 속에는 비이기적인 신념이 있는데, 이 신념을 당신은 만들 수도 있고, 그 앞에 절할 수도 있고, 희생을 바칠 수도 있다."

아리스토텔레스(Aristotle): "모든 미덕은 올바른 행위를 통해 요약되어 나타난다."

헤라클레이토스(Heraclitus): "만약 부정의가 없다면, 사람들은 정의를 알지 못할 것이다."

에드먼드 버크(Eemund Burke): "음식이나 약에 대한 인간의 추상적인 권리를 토론하는 것이 무슨 소용이 있는가? 문제는 음식과 약을 어떻게 획득하고 투여하느냐 하는 것이다. 이러한 논의에서 나는 형이상학을 가르치는 교수보다 농부와 의사의 도움을 요청하라고 항상 조언할 것이다."

몽테스키외(Montesquieu): "법의 방패와 정의의 이름으로 자행되는 폭정보다 더 큰 폭정은 없다."

사무엘 존슨(Samuel Johnson): "정의는 내가 좋아하는 모든 것을 하도록 허용해 주는 것이고, 부정의는 내가 그렇게 하지 못하도록 막는 모든 것이다."

충분히 진전된 정의 이론은 도덕적으로 적절한 상황에서 하나의 공동체를 어떻게 조직할 것인가에 대해 분명하게 설명할 수 있어야 할 뿐만 아니라 정당화할 수 있어야 한다. 오늘날 많은 사회 정의 운동들이 강조하는 두 가지 사항이 있는데 그 중 첫 번째는 자본주의의 결과로 발생한 것으로 인식되는 부정의이고, 두 번째는 시스템에서 발생할 수 있는 최악의 상황으로부터 가장 취약한 계층을 보호하는 수단이다.

당신의 나라를 생각해 보라. 빈부격차가 확대되고 있는가 아니면 축소되고 있는가? 여성이 남성과 동일한 권리를 향유하고 있는가? 장애인, 성소수자 공동체, 기타 소수집단은 어떠한가? 비장애인들에게 허용되는 모든 기회들이 그들에게도 제공되고 있는가? 동물복지가 적절히 보장되고 있는가? 만약 당신이 공동체를 보다 공정하게 만들 권한이 있다면, 어떤 원칙들을 채택할 것인가? 자유시장경제? 최대다수의 최대행복을 만들어 내는 것으로 정의를 측정할 수 있는가? 또는 모든 사람이 평등한 기회를 가지거나 평등한 댓가를 받는 사회라면 정의로운 사회인가? 앞으로 살펴보겠지만, 아마도 이러한 원칙들은 당신이 채택하기를 원하는 많은 원칙들 중 일부에 지나지 않을 것이다.

다음 각 장에서는 주요 정의 개념이 가지는 중심적인 특징들을 구체적으로 살펴볼 것이다. 물론 각 장이 별개로 존재한다는 말은 아니다. 각 장은 불가피하게 중첩된다. 저자의 목적은 정의라는 규정하기 힘든 이상에 대한 주요 접근방식들을 독자들이 이해할 수 있도록 돕는 것이다.

저자가 희망하는 것은 독자들이 이 책을 통해 '발견의 여행'을 하는 것이다. 공정한 사회와 보다 나은 세상을 만들기 위한 우리의 노력이 학문적인 중요성 뿐만 아니라 실천적인 중요성이 있음을 발견하는 그런 여행이 되기를 바란다.

영국의 철학자 알프레드 화이트헤드(Alfred Whitehead)는 '서양 철학은 플라톤에 대한 일련의 각주에 해당한다'는 유명한 말을 남겼다. 수천년의 세월이 흘렀음에도 불구하고, 정의에 대한 논의의 출발선은 언제나 위대한 그리스 철학사들의 문헌이다. 플라톤은 아테네의 극단적인 개인주의 상황에 환멸을 느꼈고, 정의가 최우선시되는 이상사회의 한 가지 정교한 모델을 제시하였다. 그는 자신의 저서인『국가론』에서 '인간의 미덕'이 사회의 질서를 확립하고, 개인의 선함과 사회의 조화를 모두 창출하는 것으로 묘사했다.

  플라톤의 제자인 아리스토텔레스는 정의에 대해 스승인 플라톤 보다 덜 포괄적인 설명을 제시했는데, 이것이 현재까지 큰 영향을 끼치고 있다. 아리스토텔레스는 자신의 저서인『니코마코스 윤리학』에서 정의의 도덕적 그리고 정치적 미덕에 대해 심도 깊게 탐색했다. 그리고, 아리스토텔레스는 또 다른 저서인『정치학』에서 정치적 정의와 평등 간의 관계를 고찰했다. 하지만, 그의 접근은 플라톤의 접근과 마찬가지로, 오늘날 우리가 평등에 기반한 '만민 평등주의'라고 부르는 것과는 차이가 있다. 아리스토텔레스는 정의가 의미하는 것이 '오직 평등한 사람들만을 평등하게 대우하는 것'이라고 주장했다. 그는 플라톤의 견해에 동의하면서, 정치적 민주주의는 불공평한 사람들을 마치 공평한 사람들처럼 대우하려고 하기 때문에 본질적으로 불공정하며, 정의가 요구하는 것은 불공평한 사람들을 불공평하게 대우하는 것이라고 강조했다.

평등에 대한 그의 분석은 인간과 정치에 대한 훨씬 더 광범위하고 복잡한 설명의 일부이다. 그는 산술적 평등과 비례적 평등을 구분한다. 첫째, 산술적 평등상태에서는 모든 사람들이 차별없이 동일한 대우를 받는다. 산술적 평등상태에서 재화를 분배받는 경우 사람들은 동일한 재화를 분배 받는다. 둘째, 비례적 평등상태는 그들이 확보한 재화가 그들이 받을 자격이 있다고 여겨지는 것과 비례하거나 대체로 같을 때 발생한다. 산술적 평등상태에서는 오직 사람들이 관련된 사안에서 평등할 때 공정하다. 이것이 의미하는 것은 이러하다. 우리는 모든 사람들을 평등하게 대우하기를 열망할 수 있을 뿐만 아니라 열망해야 한다. 하지만, 분명한 것은 모든 사람들이 서로 다르기 때문에 우리가 모든 사람들을 똑같이 만들 수는 없다. 예를 들어 보자. 완전히 똑같은 두 개의 돌은 존재하지 않는다. 두 개의 돌은 무게, 모양, 색깔에서 차이가 난다. 유사하게도, 모든 생물의 각 개체는 독특하다. 수년 동안 나는 닭을 키웠다. 닭을 키우고 얼마지나지 않아 나는 모든 닭들이 서로 다른 개성과 품성을 가지고 있음을 알아차릴 수 있었다. 마찬가지로, 우리 인간들도 재능, 역량, 외모에서 눈에 띄게 차이가 난다.

모든 사람들을 똑같게 만들려고 시도한다면, 가장 유능한 사람들이 가장 열등한 사람들 수준으로 주저앉을 것이다. 어렵긴 하지만, 모든 사람들에게 평등한 기회를 주는 것은 필수적이다. 평등한 기회가 주어질 경우, 일부 사람들은 운이 더 좋을 것이고, 일부 사람들은 더 열심히 일할 것이며, 일부 사람들은 더 많은 것을 성취할 것이다. 그렇다고 해도, 우리는 상대적인 측면에서 평등하다. 예를들어, 우리는 모두 감정, 필요, 욕구를 가지고 있다. 비례적 평등에 대해서는 보다 구체적인 설명이 필요하다. 제 9장에서 자세히 설명하겠지만, 비례적 평등은 형식적 평등의 완전한 공식화를 제안한다. 우리가 앞으로 살펴보겠지만, 이상적인 정의 이론의 모든 논쟁들 즉, 누가 무엇을 받을 자격이 있는가에 대한 논쟁들은, 어떤 경우가 평등하다고 여겨지고, 어떤 경우가 불평등하게 여겨지는가라는 핵심 질문과 관련이 있다.

정의에 대한 아리스토텔레스의 핵심 주장은 이러하다. 정의란 평등한 사람들은 평등하게 대우하고, '평등하지 않은' 사람들은 불평등하게 대우하는 것이다. 즉, 모든 사람들은 그들의 성과에 맞는 대우를 평등하게 받아야 한다. 이유가 무엇이든 간에 평등하다고 여겨지는 사람들은 반드시 동일한 수준의 존중을 받아야 한다. 예를들어, 백인 남성 보리스와 흑인 여성 도리스는 모두 같은 학교에서 같은 수준의 학생들에게 역사를 가르친다. 두 사람이 업무와 능력에서 아무런 상대적 차이를 보이지 않는다면, 그들에게 같은 급여가 지급되어야 한다. 그런데 만약에 보리스가 단지 남자이기 때문에 또는 백인이기 때문에 도리스보다 더 많은 급여를 받는다면 이것은 부정의한 것이다. 도리스는 성별 또는 인종에 기반한 차별을 받은 희생자가 된다.

이 책에서 논의되는 많은 이론들이 공통되게 다루는 일반적인 질문에 대해 잠시 검토할 필요가 있다. 민주주의 사회에서 자유와 평등의 충돌은 피할 수 없는 것이라고 많은 사람들이 말한다. 이 관점의 기초가 되는 아이디어는 개인 간의 평등을 창출하려는 시도가 개인의 자유 또는 독립을 제한한다는 것이다. 이 관점에 따르면, 진정으로 자유로운 사회에서는 정부가 부의 재분배와 같이 사람들을 평등하게 만들려고 하는 조치들을 시도해서는 안 된다. 제 6장에서 자세히 살펴보겠지만, 자유시장을 옹호하는 자유주의자들은 일반적으로 세금을 활용하여 부의 재분배를 실현하고 평등을 촉진하는 것에 반대한다. 이에 반해 일부 사람들은 자유와 평등이 정말 양립불가능한 것인지 또는 충돌관계에 있는 것인지에 대해 의문을 제기한다. 예를 들어 로널드 드워킨(Ronald Dworkin)은 자유와 평등 간의 충돌이 불필요한 곳에서는 일어나지 않으며, 자유에 대한 진정한 제한은 아무런 잘못을 저지르지 않은 사람들에게 누군가의 자유가 영향을 미칠 때 발생한다고 주장한다. 예를들어, 내가 다른 사람을 살인하거나 성폭행하는 것을 국가가 법으로 금지하여 나의 자유를 제한하는 것은 완벽하게 정당하다. 만약 내가 아무런 잘못도 저지르지 않는다면, 평등을 진전시키는 조치에 의해 나의 자유는 제한되지 않는다. 제 9장에서 이 질문에 대해 보다 자세히 검토할 것이다.

평등에 대한 아리스토텔레스의 입장은 보다 위계적이다. 그는 여성과 외국인이 남성 그리스인에 비해 열등하다고 생각했다. 불평등에 대한 강한 신념을 가진 그는 '열등한 사람들'의 특정한 정치적, 법적, 사회적, 경제적 권리를 박탈해야 한다고 주장했다. 그는 모든 개인들이 합리적이고 자유로운 존재로 존중받아야 한다고 생각하지 않았다. '불평등'에 대한 이러한 집착으로 인해 그는 모든 사람들의 도덕적 평등을 받아들이지 않았다. 아리스토텔레스는 정의를 '교정적 정의(corrective justice)'와 '분배적 정의(distributive justice)'로 구분했다.

교정적 정의란 법원이 범죄 또는 시민의 잘못을 시정할 때 채택하는 정의이다. 이것은 발생한 사안을 이전 상태로 되돌리려는 시도이다. 예를 들어, 법원은 피해 당사자의 고통과 괴로움을 보상하기 위해 돈과 같은 금전적 손해배상을 판결할 수 있다. 교정적 정의가 요구하는 것은 모든 사람이 평등하게 대우받아야 한다는 것이다.

교정적 정의는 (아리스토텔레스가 자세하게 설명하고 있지는 않지만) 응보적 정의(retributive justice)와 긴밀히 연결된다. 응보적 정의의 일반적 목적은 범죄를 저지른 사람에게 저지른 범죄에 비례하여 처벌을 가하는 것이다. 응보적 정의는 잘못을 저지른 사람이 자신의 범죄에 대해 처벌받는 것이 마땅하다는 도덕적 사고에 기반을 둔다. 분배적 정의도 비슷한 목표를 가지고 있다. 분배적 정의가 추구하는 것은 각 사람에게 자신의 업적이나 공로에 맞는 것을 주는 것이다. 분배적 정의는 재화와 같은 무엇인가를 분배할 때 공평해야 함을 강조한다. 이러한 이유로 분배적 정의를 '경제적 정의'라고 말하는 사람들도 있다. 아리스토텔레스는 입법부에 분배적 정의를 맡겨야 한다는 입장이다. 현실에서 분배는 정부의 특성에 따라 달라진다. 자본주의 정부가 부를 분배하는 방식은 사회주의 정부의 부의 분배방식과 분명하게 차이가 난다.

아리스토텔레스는 우리가 어떻게 살아야 하는지에 대해 한 가지 중요한 이론을 제시한다. 플라톤의 제자답게 아리스토텔레스는 이성적, 감정적, 사회적 기술들을 '윤리적 덕목'으로 간주한다. 여기에는 정의, 절제, 용기 등이 포함된다. 만약 우리가 잘 살고자 한다면, 우정, 즐거움, 미덕, 부, 명예가 어떻게 하나의 통일된 전체를 구성하는지를 파악해야 한다. 우리는 일반적인 규칙을 학습함으로써, 가장 합리적인 방식으로 행동할 수 있는 실천적 지혜를 발전시켜 나갈 수 있다. 또한 우리는 일반적인 웰빙에 대해 이해하고 실천하기 위해서 감정적, 사회적 기술을 갖추어야 한다.

아리스토텔레스의 미덕(역자주: 아리스토텔레스의 미덕은 그리스어 아레테(Arete) 즉, 유능함, 선함, 탁월함 등의 의미를 포괄하는 개념이다. 절제, 균형과 같은 도덕적 미덕과 지혜, 이해력과 같은 지적 미덕으로 구분된다.) 논의에서 핵심에 있는 것은 '중용

(Golden Mean)'의 추구이다. 그의 주장에 따르면, 만약 정의가 하나의 미덕이라면, 그것은 일종의 '중간점'이어야 한다. 즉, 초과와 부족이라는 양 극단의 한 가운데 위치한 지점이어야 한다. 용기라는 미덕이 부족하면 비겁함이 되고, 지나치면 무모함이 된다. 우리의 삶은 도덕적 딜레마로 가득차 있다. 하지만, 그 모든 딜레마를 해결하는데 적용할 수 있는 '단일한 규칙(single rule)'은 존재하지 않는다. 모든 것을 포괄하는 하나의 규범에 우리의 의무들이 고정될 수도 없다. 이것이 '중용 사고방식'의 핵심이다. 따라서 아리스토텔레스의 미덕 윤리는, 임마누엘 칸트와 같이 의무 이론을 기반으로 하는 철학자들(의무론자들)과 제레미 벤덤과 같이 결과 이론에 기반한 철학자들(결과론자들)이 수용하는 비타협적인 의무 형태를 수용하지 않는다. 자세한 사항은 제 3장과 제 4장에서 논의할 것이다.

아리스토텔레스가 강조하는 것은 품성(Character)과 미덕(Virtue)이다. 이중 품성은 존재의 상태이다. 만약 내가 친절한 사람이라면, 나는 다른 사람에 대해 올바른 감정을 가질 것이다. 그리고, 우리의 품성이나 내적 기질은 우리의 행동을 좌우하기도 한다. 이것은 옳은 행동에 더 관심을 가지는 의무론이나 결과론의 접근방식과는 다르다. 아리스토텔레스와 관련된 미덕 윤리적 접근방식이 관심을 가지는 질문은, 무엇이 좋은 삶을 구성하는가 그리고 어떤 종류의 사람이 되어야 하는가이다. 사실 이것은 품성에 대한 질문들이다.

아리스토텔레스의 정의 개념에는 절대적인 정확성이 발견되지 않는다. 대신에, 그는 부정의(injustice)의 핵심적인 특징을 파악하고, 거기에서부터 역으로 정의의 요소들을 파악해 가는 방식으로 작업한다. 이것은 우리가 무엇이 건강한 사람을 형성하는지를 정의하고자 할 때 채택하는 방식과 유사하다. 우리는 사람이 건강하지 못할 때 어떠한지를 알고 있기 때문에 그 반대되는 것을 쉽게 파악할 수 있다. 부정의한 사람은 탐욕스럽거나 법을 어긴다. 이에 반해 정의로운 사람은 법을 준수하고 자신의 정당한 몫만을 추구한다.

정치적 동물

아리스토텔레스의 정의 개념은 입헌주의와 시민권에 대한 그의 일반이론과 관련이 있다. 그의 문헌에 의하면, 정치인은 '도시국가에 전적으로 관여하며, 헌법은 도시국가에 거주하는 사람들을 조직하는 특정한 방식'이다. 저서 『아테네(Athens)』에서 아리스토텔레스는 시민들을 다른 거주민들과 구별했다. 그는 다른 거주민들을 '거주 외국인들'이라고 표현했는데, 이는 오늘날의 이민자와 노예에 해당하는 말이다. 시민은 정치와 재판 사무에 참여할 권리를 가진 사람으로 정의된다. 한편, 헌법은 도시국가의 직책 특히 주권자 또는 통치자의 직책을 조정하고 통치기구의 구성을 결정한다. 이러한 통치기구의 구성주체는 국가의 성격에 따라 달라진다. 예를들어 민주주의 국가에서는 국민들이 통치기구를 구성하고, 과두정치 국가에서는 부유층 또는 명문가 집안의 선택된 일부가 통치기구를 구성한다.

아리스토텔레스는 인간이 본성적으로 함께 살아가기를 희망하는 정치적 동물이라고 주장한다. 그는 한 개인 또는 집단이 다른 개인 또는 집단을 지배하는 형태를 몇 가지로 구분한다. 첫째, 전제적 지배(despotic rules)가 있는데 이 지배는 주인-노예 관계로 대표된다. 아리스토텔레스는 놀랍게도 본질적으로 타고난 노예는 결단력 있는 결정을 할 능력이 결여되어 있기 때문에, 주인이 노예를 지휘할 필요가 있다고 주장함으로써 노예제도를 정당화한다. 둘째, 가부장적 지배(paternal rules)가 있는데 이 지배는 남성과 사회 고위층이 타고난 리더쉽을 보유하고 있다는 신념에 기반한다.

이러한 가부장주의는 현대의 평등 관점에서 볼 때 매우 불편하다. 하지만, 아리스토텔레스는 의사가 돌보아 주어야 할 환자들처럼 자녀들과 아내들은 돌봄을 받아야 할 존재로 인식했다. 그는 환자를 위해 의술이 행해지는 것과 같은 방식으로 자녀들과 아내들의 이익을 위해 가부장적 지배가 적용되어야 한다고 주장했다. 이러한 시각에서 볼 때, 적절한 정치적 지배 형태는 통치자와 피통치자가 평등하거나 이성적 능력이 대등할 때 실현가능하다. 이 지배형태에서는 본질적으로 평등한 시민들이 다른 시민들의 이익을 위해서 통치를 번갈아 가면서 한다. 이를 통해 아리스토텔레스는 공동의 이익을 증진시키는 헌법은 완벽하게 정의로운 반면, 오직 지배자의 이익만을 추구하는 헌법은 전제적 지배를 수반하며 자유로운 시민들의 공동체에 해악을 끼치기 때문에 부정의한 것이라고 결론짓는다. 이러한 분석을 바탕으로, 아리스토텔레스는 [표 1]과 같이 헌법을 여섯가지로 구분한다.

[표 1]

	올바름	왜곡됨
한 명의 지배자	왕정	참주정
소수의 지배자	귀족정	과두정
다수의 지배자	혼합정체	민주정

아리스토텔레스의 정의에 대한 이해가 여기에서 시작된다. 그는 주로 가난한 사람들이 지배계층을 구성하는 민주정이, 공동체의 부유한 사람들이 지배계층을 구성하는 과두정보다 더 낫다고 주장한다. 한편, 과두정과 민주정이 혼합된 혼합정체는 하나의 지배체계로서 적당히 부유한 사람들과 가난한 사람들을 잘 결속시킨다. 정치적 삶의 목적은 도덕적인 시민을 양성하고 개인의 선을 증진시키는 것이다. 아리스토텔레스의 저서 『폴리스』에는

다음과 같은 문구가 나온다.

> ...이름에 걸맞는 진정한 폴리스는 선을 장려하는 목적에 충실해야 한다. 그렇지 않으면 정치 결사체는 단순한 '연합체'로 전락하고, 법은 '단지 계약'에 머물고 만다. 그 법은 '폴리스 구성원들을 선하고 공정하게 만드는 삶의 규칙'이 아니라 서로에게 반대할 권리를 보장하는 단순한 계약이 되고 만다.

이것이 의미하는 것은, 정치가 다수결의 원칙이나 개인 권리 보호에만 관심을 가질 것이 아니라, 도덕적 삶을 사는 데 요구되는 기술, 즉 실질적 판단력, 민주 정부의 운영 참여 그리고, 공동체 복지에 대한 관여에도 관심을 가져야 한다는 것이다.

민주정: 최악 중 가장 나은 시스템

아리스토텔레스는 참주정이 최악의 정체라고 주장한다. 그리고, 민주정은 최악 중 가장 나은 정체라고 말한다. 모든 정권에서 다수가 지배 권한을 가지기 때문에, 단순히 다수에 의한 지배를 민주적 지배라고 말할 수는 없다. 과두정은 부유하고 '더 잘 태어난' 소수의 사람들이 지배 권한을 행사하는데 반해 민주정은 자유롭고 가난한 사람들이 다수가 되어 지배 권한을 가질 수 있다. 민주정에는 여러가지 유형이 있지만 주로 평등에 기반한다는 공통점이 있다. 민주정에서는 가난한 사람들과 부유한 사람들이 동등한 권한을 가지며 다수를 이루는 집단이 지배권을 행사한다.

정권과 도시는 세 부류의 사람들 즉 가장 부유한 사람들, 가장 가난한 사람들, 중간에 속하는 사람들로 구성된다. 두 극단 사이의 중간을 미덕이라고 보는 아리스토텔레스의 일반적 견해에 따르면 우리가 '중간계층'이라고 부르는 도시의 중간 부분을 이루는 사람들이 가장 좋은 사람들이다. 아리스토텔레스는 중간계층이 권력을 갈망하지 않기 때문에, 정부가 안정적으로 잘 운영되기 위해서는 상당한 규모의 중간계층이 존재할 필요가 있다고 주장한다. 중간계층에 속하는 사람들은 비슷한 가치를 공유하기 때문에 서로에 대해 애착을 가지며, 다른 사람들을 잘 부러워하지도 않는다. 이 계층의 사람들은 부유한 사람들과 가난한 사람들 사이에서 중립적인 중재자 역할을 할 수 있다. 중간계층은 그들이 싫어하는 부유층과 그들이 두려워하는 빈곤층 사이에 위치한다. 이 계층의 사람들은 합리적일 가능성이 높으며 안정된 공동체를 유지하는데 도움을 준다. 아리스토텔레스는 이러한 이상적인 모습이 오직 이론적으로만 존재한다는 것을 인정한다. 하지만, 이상을 성찰하고, 이상적인 법칙, 구조, 핵심원칙들을 살펴봄으로써 우리는 다른 체제를 판단할 수 있는 그리고, 어떤 체제가 가장 적절한 것인지를 판단할 수 있는 하나의 모델을 도출해 낼 수 있다.

공정성과 중립성은 대부분의 정의 이론에서 중요한 요소이다. 당신은 정의와 법의 여신인 테미스(Themis)가 한 손에는 칼을, 다른 한 손에는 저울을 쥐고 있는 형상을 본 적이 있을 것이다. 테미스가 쥐고 있는 칼은 판사의 권력을 상징하고, 저울은 정의의 실현에 동반되는 균형과 분별력을 상징한다. 16세기 예술가들은 정의가 눈을 감고 압력과 영향력에 저항해야 한다는 것을 강조하기 위해 테미스의 눈이 가려진 것으로 묘사했다. 이러한 테미스의 조각상이 런던 중앙형사법원(Old Bailey)에도 세워져 있다.

옳은 일 하기

여기에서 잠시 멈추자. 그리고, 테미스 여신의 비유가 현실에서 어떻게 적용되는지 생각해 보자. 한 가지 널리 알려진 가정적 상황이 있다. 한 명의 테러리스트가 핵 폭탄을 설치했고, 그 핵폭탄은 수 시간 후에 폭발할 것이다. 테러리스트는 핵 폭탄이 설치된 위치를 밝히는 것을 거부하고 있다. 우리는 그를 고문해서라도 핵 폭탄의 설치 위치를 말하도록 해야 하는 것인가? 수천명의 생명을 구하기 위해서 그를 고문하는 것이 도덕적으로 잘못된 것인가? 많은 사람들을 보호하기 위해서 한 사람을 고문하는 것은 정당한 것인가?

이 딜레마는 우리가 도덕적 입장 중 의무론과 결과론 중 어느 것을 선택해야 하는가의 문제로 정리될 수 있다. 의무론은 결과와 상관없이 특정한 행위가 본질적으로(intrinsically) 옳은 것인지 또는 그른 것인지에 주목한다. 행위의 도덕적 가치는 논리적으로 그 행위의 결과와 별 상관이 없다. 의무론의 고귀한 격언들 중 하나는 '비록 하늘이 무너져도 정의는 행해져야 한다!'는 것이다. 결과론은 의무론의 정반대 입장에 서 있다. 결과론은 도덕적 가치를 결정하는 것이 행동 또는 규칙의 결과라고 강조한다. 따라서, 의무론자들은 고문이 언제나 나쁜 것이라고 주장할 것이고, 결과론자들은 고문이 더 큰 손해를 막는 실질적인 수단이 될 경우 고문을 옹호할 것이다.

이러한 가정적 상황이 분명하게 보여주는 것은, 수용가능한 정의 이론을 구성하는데 있어서 하나의 철학적 출발점이 매우 중요하다는 것이다. 고문은 해도 괜찮은 것인가라는 질문에 칸트는 "No"라고 대답할 것이고 벤덤은 "Yes"라고 답할 것이다. 이처럼 대비되는 두 입장에 대해서 잠시 후에 자세히 설명할 것이다.

아리스토텔레스의 대답

아리스토텔레스는 옳은 행동(right action)보다 선한 행동(good action)에 더 관심이 있다. 그에게 있어서 사회와 정치 연합체의 목적(telos)은 좋은 행동을 촉진시키는 것이다. 그는 인간의 미덕을 부(wealth) 또는 혈통과 같은 사회적 구별이나 위계보다 더 우선시 한다.

> 이러한 성격의 연합에 가장 크게 기여한 사람들 즉, 선행에 가장 많이 기여한 사람들은 폴리스에서 더 큰 몫을 가져야 한다. 정의의 측면에서 이 사람들은 출생과 혈통에서 그들과 동등하지만 시민적 우수성 면에서 뒤떨어진 사람들보다 더 큰 인정을 받아야 한다. 그리고, 더 많은 부를 가지고 있지만 시민적 우수성이 상대적으로 약한 사람들보다 이 사람들이 더 큰 영향력을 행사해야 한다.

당신은 우리의 정치지도자들이 이러한 미덕을 보여주는 사람들로 대체될 수 있을 것이라고 생각할지도 모른다! 아리스토텔레스에 따르면, 시민적 미덕과 리더십 기술을 가진 사람들이 사회적 명예를 받을 자격이 있다. 당신에게 이러한 것들은 오늘날 정치를 특징짓는 속임수, 음모, 야합, 탐욕과 거리가 먼 유토피아적 비전으로 다가올 것이다.

아리스토텔레스는 우리가 오직 정치를 통해서만 완전한 인간 본성을 성취하고 표현할 수 있다고 믿는다. 우리는 정치적 관여를 할 수 있는 능력을 가지고 있다. 즉, 우리는 선과 악, 정의와 불의를 명확히 표현하고, 토론하고, 구별할 수 있는 언어능력을 갖추고 있다. 우리는 이러한 능력을 활용하여 도덕적으로 살아가는 방법을 배운다. '도덕적 탁월함은 습관의 결과로 생겨난다. 우리는 정의로운 행동을 함으로써 정의로워지고, 차분한 행동을 함으로써 차분해 지고, 용감한 행동을 함으로써 용감해진다.'

그러면, 아리스토텔레스의 노예제에 대한 정당화는 어떠한가? 분명하게도 노예제는 본질적으로 불평등한 제도이다. 우리의 현대적 감수성에서 볼 때, 어떠한 형태의 노예제도도 받아들일 수 없다. 하지만, 노예제도는 아테네 국가의 근본적인 특징이었다. 그럼에도 불구하고, 아리스토텔레스가 그의 정의의 개념에 근거해서 노예제도를 옹호한 것은 이상해 보인다. 하지만, 아리스토텔레스의 관점에서 정의는 적합성의 문제이다. 즉, 정의의 문제는 개인들에게 그들의 진정한 본성을 실현하도록 허용하는 것에 대한 것이다. 따라서, 노예제도가 정의롭기 위해서는 노예제도가 필연적이어야 할 뿐만 아니라 자연적이어야 한다. 특정한 개인들이 본성적으로 노예가 되도록 되어 있다면, 그것은 자연스러운 것이다. 아리스토텔레스는 노예가 집에서 하찮은 일들을 해 줌으로써 시민들이 정치생활에 참여할 자유를 누리게 되는 것에서부터 노예제도의 필연성이 생겨났다고 말한다. 하지만, 전쟁포로와 같이 자유인이 강제로 노예가 되는 노예제도는 정의롭지 못하다. 만약 한 명의 노예가 곤경에 처해진 것이 자연스러운 것이 아니라면, 그의 주인은 계속해서 그를 노예생활 하도록 강요할 권리가 없다. 하지만, 만약 당신이 아리스토텔레스의 '적합성의 정의' 개념을 받아들이지 않는다면, 아리스토텔레스의 노예제도에 대한 입장을 수용하기 어려울 것이다.

요약하기

정의와 아리스토텔레스가 옹호하는 불평등이 양립가능한가? 정의로운 사회에서 노예제도와 성 불평등이 허용될 수 있는가? 아리스토텔레스는 적절히 질서가 잡힌 폴리스에서, 지적으로 그리고 도덕적으로 열등한 사람들이 정치적으로 그리고 사회적으로 그에 맞게 열등하게 대우받는 것에 대해 아무런 의심을 하지 않았다. 그는 어떤 개인들은 본성적으로 우월하여 통치하기에 적합하고, 다른 개인들은 본성적으로 열등하여 다른 사람으로부터 지배받는 것에 적합하다고 주장한다. 특히, 그는 남성들이 여성들에 비해 본성적으로 우월하여 통치하기에 적합하다고 강조한다. 즉, '자연적으로 자유'로운 사람들이 '자연적으로 노예'인 사람들을 지배하는 것처럼, 남성이 여성들을 지배하는 것이 여성들에게 이익이 된다는 것이다.

이런 면에서, 아리스토텔레스가 설명하는 정의는 모든 개인들을 합리적이고 자유로운 행위자로 존중하지 않는다. 아리스토텔레스의 이론이 사람들 간의 불평등을 전제로 하고 있기 때문에 평등과 인권을 강조하는 현대사회에서 받아들여지기 어렵다.

철학자 임마누엘 칸트는 습관의 노예였다. 프로이센의 도시 쾨니히스베르크(Königsberg)에서 태어난 칸트는 아침에 일어나자마자 연한 차 한 두 잔을 마시고, 파이프 담배를 피우고, 아침 7시부터 11시까지 강의를 준비했다. 점심식사 전까지 글을 쓰고, 점심을 먹은 후 매일 어김없이 산책을 하고, 남은 오후 시간은 영국인 친구 조셉 그린(Joseph Green)과 함께 보냈다. 소문에 따르면, 그의 이웃들은 칸트가 영국인 친구와의 만남을 마치고 나오는 순간에 시계를 맞추었다고 한다. 집에 돌아온 칸트는 가벼운 작업을 하고 책을 읽은 후, 아마도 잠을 잤을 것이다.

칸트에게 있어서 정의는 의무와 밀접하게 연관되어 있다. 우리가 다른 사람들에 대해 정의의 의무를 가진다고 말하는 것은 곧 다른 사람들이 우리에게 불리한 권리를 가진다고 말하는 것이다. 정의가 의무에 기반을 둔다고 주장하는 칸트는, 옳은 것과 우리가 선하다고 생각하는 것을 별개의 것으로 간주한다. 정의가 요구하는 것은 권리에 대한 존중이다. 권리는 어려운 상황과 상관없이 그리고, 바람직한 결과나 바람직하지 않은 결과와도 상관없이 존중되어야 한다. 사람 개개인들은 그 자체로 목적인 존재들로 존중받을 권리가 있다.

칸트에 따르면, '권리의 우선성(priority of right)'은 개인들이 관계 속에서 가지는 자유에서 생겨난다. 권리의 우선성은 행복을 성취하는 것과는 아무런 관련이 없다. 정의와 권리가 다른 모든 가치들보다 우선시 되는 이유는 정의와 권리가 '자유'라는 개념에서 나온 것이며, 자유는 모든 인간이 목적적 존재가 되기 위한 전제조건이기 때문이다.

칸트의 엄격하고 금욕적인 성격이 그의 매우 영향력 있는 저술들에서 드러난다. 칸트는 그의 유명한 저서 『도덕 형이상학의 기초(Groundwork for the Metaphysics of Morals)』에서 그의 엄격하고 의무론적인 도덕관을 발전시키면서 이렇게 주장했다. "선한 의지는 그것이 무엇을 만들어내거나 성취하기 때문에 선한 것이 아니다. 선한 의지는 어떤 의도된 목적을 달성하기에 적합하기 때문에 선한 것이 아니다. 오직 선하려고 하는 것을 통해서 선해진다. 즉, 선한 의지는 그 자체로 선하다." 칸트가 의미하는 것은 선한 의지가 도덕적 가치의 기초를 이루며, 도덕적 가치는 우리의 특정한 행동이 아니라 그 행동이 행해지는 원칙(principle upon which the act is done)에 달려 있다.

이 기준은 실행하기 어려운 의무를 우리에게 요구한다. 우리는 모두 거짓말을 한다. 최근에 한 여자 친구가 나에게 그녀의 새로 산 값비싼 청바지가 보기에 좋냐고 물었다. 사실 그녀의 청바지는 형편없어 보였다. 그렇다고 사실 그대로 말할 수 없어서 그녀의 청바지가 그녀를 매력적으로 보이도록 한다고 '선의의 거짓말(white lie)'을 했다. 나는 그녀의 마음을 상하게 하고 싶지 않았다. 그렇다면 과연, 내가 비도덕적인 행위를 한 것인가? 아마 칸트는 '그렇다'라고 말할 것이다. 그에 따르면, 거짓말은 결과와 상관없이 언제나 잘못된 것이기 때문이다.

거짓말에 대한 칸트의 절대적 금지는, 사람이 거짓말을 할 때 사람으로서의 존엄성이 소멸된다는 그의 견해에서 기인한다. 사람이 거짓말을 할 때 사람은 하나의 사물로 전락한다. 거짓말에 대한 이러한 엄격성은, 살인을 저지르려고 하는 사람이 당신에게 '내가 죽이려고 쫓는 당신의 친구가 당신의 집에 피신해 있나요?'라고 묻는 고전적 사례 논의로 확장된다. 당신은 분명히 죽음의 위기에 놓인 당신 친구를 보호하기 위해 거짓말을 하려고 할 것이다. 또 다른 예를 들어보자. 만약 유대인들을 붙잡아 강제 수용소로 보내는 임무를 맡은 의심 많은 나치 장교가 유대인 가족을 숨겨주고 있는 독일인을 심문할 경우, 그 독일인은 어떻게 대답해야 하는가? 그리고, 그 유대인 가족들이 체포되어 처형된다면, 숨겨준 사실을 말한 독일인은 아무런 잘못이 없는가? 칸트는 사실을 말한 독일인이 진실했을 뿐이며 나치 장교의 악행에 아무런 책임이 없다고 주장함으로써 그 독일인의 죄책감을 줄여줄 것이다. 즉, 그 독일인은 진실을 말함으로써 비도덕적인 행위를 하지 않았다. 하지만, 만약 그 독일인이 거짓말을 한다면, 그로인해 발생할 수 있는 비도덕적인 결과에 대해 책임을 져야 할 것이다. 이와 같은 맥락에서, 칸트는 많은 사람을 구할 수 있는 유용한 정보를 얻는 경우라고 하더라도 고문은 언제나 잘못된 것이라고 말할 것이다.

칸트의 명령(Kant's Imperatives)

거짓말을 하지 말아야 하는 의무는 소극적 의무의 한가지 예이다. 칸트는 이러한 소극적 의무에다가 위험에 처한 타인을 돕는 적극적 의무를 추가한다. 그는 우리의 현실적인 욕망, 이해관계, 필요와는 독립적인 옳음의 개념을 수립하고자 한다. 이를 위해, 그는 우리가 의무에 대한 한 가지 근본적인 원칙을 가져야 한다고 주장한다. 그는 이 원칙을 '정언 명령(categorical imperative, 定言命令)'이라고 명명했다. 칸트의 '정언적으로(categorically)'라는 단어는 '무조건적으로(unconditionally)'라는 단어를 의미한다. 칸트의 정언명령 원칙은 우리가 정언적으로 무엇을 해야하는지 알려줄 뿐만 아니라 우리가 옳고 그름을 합리적으로 구별할 수 있도록 해 준다. 정언명령 원칙은 세 가지 형태로 나타난다.

1. 보편화의 정식: 우리는 보편적 법칙이 되기를 우리가 합리적으로 희망할 수 있는 것만 하려고 해야 한다.
2. 모든 사람에 대한 존중 처방: 우리는 언제나 우리 자신을 포함해서 모든 사람을 존중하는 방식으로 행동하려고 해야 한다. 모든 사람을 본질적으로 가치 있는 '목적 그 자체'로 존중해야 하며, 어떤 사람도 다른 목적을 위한 도구적 수단으로 취급해서는 안된다.
3. 자율성의 원칙: 우리는 도덕적으로 자율적이고 합리적인 행위자들이다. 우리는 모든 사람을 위해 (가상의) 도덕적 공화국의 입법을 하는 방식으로 행동하도록 노력해야 한다. 이 원칙은 모든 사람의 존엄을 강조하며, 모든 사람을 본질적으로 가치가 있고 존중받을 만한 존재로 대우한다.

칸트의 주장에 의하면, 당신이 도덕적으로 행동해야 하는 유일하게 정당한 이유는 당신이 그렇게 할 의무가 있기 때문이다. 이것은 매우 중요하다. 만약 당신이 처벌의 두려움 등 몇 가지 다른 동기에 의해서 도덕적으로 행동한다면, 당신은 도덕적으로 행동하는 것이 아니다. 한 가지 상황을 가정해 보자. 당신은 당신의 친구에게 좋은 인상을 주기 위해서 책을 한 권 구입한다. 당신은 그 책을 읽을 의도가 없지만, 읽는 척함으로써 당신 친구에게 당신이 진지한 사람이라는 인상을 주기 원한다. 당신은 칸트가 말한 '자율적(autonomous)' 목적의 반대인 '타율적(heteronomous)' 목적 만을 달성하기 위해서 그 책을 구입한 것이다. 칸트는 당신 자신의 도덕성에 기반한 목적을

'자율적' 목적이라고 하였고, 이성이나 도덕적 의무가 아니라 당신 자신의 욕망에 기반한 목적을 '타율적' 목적이라고 하였다. 결론적으로, 읽지 않을 책을 구입한 당신은 숨겨진 다른 목적을 가지고 있었고, 도덕적으로 행동하지 않았다.

이 사례를 통해, 우리는 도덕적인 사람이 된다는 것이 무엇인지에 대한 칸트의 변론을 진전시킬 수 있다. 우리 행동의 가치는 그것이 실행된 의도 또는 동기에 의해 결정된다. 우리 행동의 도덕적 가치는 행동의 결과가 아니라 행동 그 자체 즉, 옳은 이유를 위해 옳은 일을 하는 것에 달려 있는 것이다. 이에 반해, 우리가 우리의 욕구를 충족시키고자 한다면, 우리는 이기적으로 행동하게 된다. 우리가 도덕적으로 행동하기 원한다면 의무에 따라 행동해야 한다.

내가 이러한 정언명령에 따라 행동한다는 것은, 다른 사람을 대할 때 그 사람을 존중하는 마음으로 대한다는 것이다. 내가 부차적인 또는 숨은 의도를 가지고 다른 사람을 대해서는 안 되며 그 사람들을 목적으로 대해야 한다. 내가 그렇게 다른 사람들을 대할 때, 나는 자유롭게 행동할 수 있다. 내가 몇 가지 다른 동기를 위해 내 자신과 관련 없는 목적을 달성하고자 행동한다면, 나는 자유롭게 행동하지 못한다. 그런 상황에서 나의 자유는 감소한다. 왜냐하면, 나의 목적은 몇몇 외부적 목표를 달성하는 것이기 때문이다. 나는 환경에 반응하기 보다 자율적으로 행동할 때 비로서 자유롭다.

칸트의 도덕 철학을 이해하는 핵심은, 사람을 다른 목적을 위한 수단이 아니라 목적 그 자체로 대해야 한다는 것이다. 이성적인 존재로서 우리는 존엄하다. 이런 이유로 칸트는 자살을 비난한다. 즉, 자신을 죽이는 것은 "짐승보다 더 낮아지는 것이다…이 보다 더 끔찍한 것은 상상할 수도 없다."

그리고, 자살은 우리의 인간성을 저하시킨다. 설득력 있는 주장이든 아니든 간에, 이것은 칸트가 자기존중 그리고, 타인에 대한 존중에 부여한 중요성을 강조한다. 여기에 칸트가 정의에 대한 공리주의적 접근을 경멸하는 이유가 있고, 정의와 자유 개념의 핵심 부분이 있고, 인권 개념의 근원이 있다. 정의에 대한 공리주의적 접근은, 특정한 행동 또는 정책에 의해 대부분의 사람들이 이익을 얻는지 여부를 계산하여 정의를 측정한다. 따라서, 공리주의는 사람들을 특정한 목적을 위한 수단으로 대하며, 공동체로 하여금 특정한 행복 모델을 승인하도록 요구한다. 이것은 모든 사람이 자신의 판단에 따라 행동할 권리를 존중하지 않으며, 모든 사람에게 한 가지 쾌락 개념만을 억지로 집어넣는 결과를 초래한다. 한편, 보복적 처벌에 대한 칸트의 태도는 매우 엄격하다.

> 한 시민 사회가 모든 구성원들의 동의에 따라 해체된다고 가정해 보자.(어떤 섬에 살고 있는 한 민족이 전 세계로 흩어져서 나뉘어 살기로 결정하는 것이 한 예가 될 것이다.) 시민 사회가 해체될 때 가장 먼저 해야 할 일은 감옥에 남아 있는 마지막 범죄자를 처형하는 것이다. 그렇게 해야 범죄자의 행위에 대한 마땅한 댓가가 치러질 것이며, 그 민족은 처벌해야 할 사람을 처벌하지 않았다는 피의 죄책감에 시달리지 않을 것이다. 범죄자를 처벌하지 않는다면, 그 민족은 범죄자의 '정의에 대한 공적 위반'에 협력하는 것으로 간주될 수 있다.

우리가 살펴본 바와 같이, 칸트의 도덕 세계는 우리가 합리적인 행위자라는 인식에 기반한다. 우리는 우리가 무엇을 하는지 알기 때문에 우리 행동에 대한 책임을 정당하게 져야 한다. 우리가 합리적인 본성을 가졌다는 것은 우리가 정언명령을 수용한다는 것을 의미한다. 나에게 적용되는 것은 다른 모든 사람들에게 적용되어야 한다. 내가 당신을 대우하는 것처럼 당신도 나를 대우할 것이다. 내가 다른 사람들을 친절하게 대우한다는 것은, 다른 사람들이 나를 친절하게 대우하는 것을 승인하는 것이다. 만약 내가 다른 사람들을 착취한다면, 나도 같은 착취를 당하는 것에 동의하는 것이다. 나의 속임수는 결국 처벌을 불러온다. 그 처벌은 내가 스스로 자초한 것이다. 칸트의 도덕이론이 인지하는 것은 가해자의 마음 상태 뿐만 아니라 도덕적 책임을 정하는데 적용될 기준과 그 기준 위반을 처벌하는데 적용될 하나의 합리적 근거이다.

자유, 권리 그리고 인권

칸트가 도덕 철학에서 처음으로 표현한 주요 주제들 중 다수가 오늘날 인권 특히, 합리적 인간의 도덕적 자율성과 평등에 대한 이상을 정당화하는데 큰 영향을 미치고 있다. 칸트가 현대 인권에 대한 이해와 옹호에 남긴 유산은 합리적 개인들로 구성된 공동체의 개념이다. 합리적 개인들은 평등과 자율의 조건들을 수립하는 도덕적 원칙들을 스스로 결정한다. 칸트는 자기결정의 토대가 되는 인권을 정당화 할 수 있는 수단들을 제시한다. 여기에서 자기결정은 인간 이성에 기반을 둔다. 철학자 이사야 벌린은 '적극적 자유'와 '소극적 자유'를 구분한 것으로 유명하다. 적극적 자유에는 우리 정부 안에서 우리 각자가 수행해야 할 역할이 포함된다. 소극적 자유는 우리의 삶 중에서 정부의 간섭으로부터 자유로워야 하는 부분을 의미한다. 벌린은 적극적 자유와 소극적 자유 모두 권리에 해당한다고 주장한다.

정의와 관련하여 우리가 채택할 수 있는 세 가지 접근법에는 권리 기반 접근, 의무 기반 접근, 목표 기반 접근이 있다. 철학자 제레미 월드론(Jeremy Waldron)은 이 세 가지 접근의 차이를 이렇게 설명한다. 만약 우리가 고문에 반대하는 이유가 고문 당하는 사람의 고통 때문이라면, 우리는 권리에 기반한 접근을 하고 있는 것이다. 만약 고문이 고문을 가하는 사람의 품위를 떨어뜨린다고 생각한다면, 우리의 관심사는 의무 기반에 있는 것이다. 만약 고문을 가하는 사람과 고문 당하는 사람 이외의 다른 사람들의 이익에 영향을 미칠 때만 고문을 불쾌하게 여긴다면, 우리는 공리주의적 목표 기반 접근을 하고 있는 것이다.

　권리의 개념이 시대에 따라 변화한다는 것은 의심의 여지가 없다. 권리는 개인 또는 집단이 향유하기를 희망하는 거의 모든 주장을 옹호하는 근거로 활용된다. 권리라는 개념은 중세 시대에 '자연권'이라는 형태로 처음 등장했으며, 17세기와 18세기 세속적인 인권 개념이 인정되기 시작했다. 인권개념은 이러한 권리들이 국가나 정부에 의해 '주어진' 것이 아니라 법적인 인정 여부와 상관없이, 근본적이고 양도할 수 없는 것이라는 생각에 기반을 두고 있다. 홀로코스트의 잔혹행위가 있은 이후인 1948년 세계인권선언이 채택되었다. 이 선언은 광범위한 종류의 권리를 보호한다. 세계인권선언에 포함된 권리는 다음과 같다. 전통적인 시민권 및 정치적 권리, 생명권, 자유권, 개인의 안전권, 노예 및 예속으로부터의 자유, 고문 또는 잔혹하고 비인도적이거나 굴욕적인 대우나 처벌로부터의 자유, 법 앞의 평등과 법의 평등한 보호, 자의적인 체포 · 구금 또는 추방으로부터의 자유, 유죄 판결을 받을 때까지 무죄로 추정받을 권리, 사생활 · 가족 · 주거 또는 통신에 대한 자의적인 간섭으로부터 보호받을 권리, 명예와 명성에 대한 공격으로부터 보호받을 권리, 이동 및 거주의 자유, 자국을 포함한 모든 국가를 떠날 권리, 박해를 피해 다른 국가에서 망명을 구하고 누릴 권리, 국적을 가질 권리 및 국적을 변경할 권리, 인종 · 국적 · 종교에 따른 어떠한 제한 없이 성년 남녀가 결혼할 권리, 사상 · 양심 및 종교의 자유, 재산을 소유하고 자의적으로 박탈당하지 않을 권리, 의견과 표현의 자유, 평화로운 집회 및 결사의 권리, 자국의 통치에 참여할 권리, 그리고 공공 서비스에 대한 동등한 접근권. 이와함께, 사회보장권을 포함한 경제적, 사회적 권리가 포함된다.

1976년 유엔에서 채택된 시민적·정치적 권리에 관한 국제규약과 경제적·사회적·문화적 권리에 관한 국제규약을 포함하여, 다양한 인권과 관련된 국제협약들을 통해 인권의 보편적 개념과 보호에 많은 국가들이 동참하고 있다.

> **국제인권장전(The International Bill Of Human Rights)**
>
> 1946년 6월, 유엔은 엘리너 루즈벨트(Eleanor Roosevelt)를 위원장으로 하는 인권위원회를 설립했다. 이 위원회는 1948년 12월 10일 유엔 총회에서 채택된 세계인권선언문 초안을 작성했다. 유엔 총회 인권선언문 채택 투표에서 8개 나라가 기권했는데, 남아프리카공화국은 아파르트헤이트 체제를 보호하기 위해 기권했다.
>
> 세계인권선언은 모든 사람이 본질적으로 인권을 누릴 권리를 가지고 있다는 개념을 국제적으로 표현한 첫 선언이었다. 법적 구속력이 없는 이 선언은 30개 조항으로 구성되어 있다. 이 선언은 이후 국제 조약, 지역 법적 문서와 국내 헌법에 반영되었다. 세계인권선언을 보다 구체화한 국제인권장전이 1976년 유엔 총회에서 비준되어 국제법의 (제한적인) 효력을 부여받았다. 세계인권선언은 '하나의 중요한 단계에 인류가 도달했음을 보여주는 진정한 마그나 카르타: 인간의 존엄과 가치의 의식적인 획득'으로 칭송받고 있다. 세계인권선언이 채택된 12월 10일은 인권이 날로 전 세계에서 기념되고 있다.

현재 많은 국가의 법이 다양한 입법, 사법, 헌법적 수단을 통해 인권을 보호하고 있다. 인권보호는 현대 민주주의의 핵심적인 특징이 되었다.

인권의 본질과 내용은 시간이 지남에 따라 변화한다. 1세대 인권은 대부분 소극적인 시민적 권리와 정치적 권리로 구성되었다. 2세대 인권은 근본적으로 긍정적인 경제적, 사회적, 문화적 권리가 주를 이루었다. 3세대 인권은 주로 집단과 관련된 권리이다. 세계인권선언 28조는 '모든 사람은 이 선언에 규정된 권리와 자유가 완전히 실현될 수 있도록 사회적, 국제적 질서에 대한 권리를 가진다'고 명시하고 있다. 이것은 소위 말하는 '연대권'으로서, 사회 및 경제 발전에 대한 권리, 지구와 우주 자원으로부터 혜택을 받을 권리, (제 3세계 국가들에 특히 중요한) 과학적·기술적 정보 접근권 그리고,

건강한 환경, 평화, 인도주의적 재해 구호에 대한 권리가 포함된다.

인권은 '보편적'인 것으로 받아들여지며, 인권은 일반적인 정치적 권리보다 더 근본적이다. 이것은 인권 침해에 대한 국제적 개입이 정당하다고 주장하는 사람들의 기본적인 입장이다. 중동과 아프리카에서 인권을 침해하는 수많은 사건들이 발생하고 있다. 유엔은 해당 국가에 제재를 부과하기도 하고, 심한 경우 나토(NATO) 또는 개별 국가의 군을 동원하여 개입하기도 한다. 하지만, 개별국가 국민들의 경제적, 사회적 권리의 침해에 대해서는 국제사회가 일반적으로 적극적인 관여를 하지 않는다. 경제적, 사회적 부정의가 적지않은 영향을 미치며, 심지어 문제의 형태를 띤다고 하더라도, 개별정부는 자국의 국가 주권을 보다 쉽게 내세울 수 있다. 분명해 보이는 것은, '적극적인' 사회적, 경제적 권리가 인권 선언과 권리장전에 종종 등장하기는 하지만, '소극적인' 정치적 권리보다 덜 중요하게 다루어진다는 것이다. 이러한 불일치를 방어하는 논리는 주로 다음과 같다. 비록 사회적, 경제적 권리가 재판에 회부될 수 있다고 하더라도, 선출되지 않은 판사가 경제적 자원이 어떻게 분배되어야 하는지에 대하여 결정할 권리를 가져서는 안된다. 이것은 사법부가 아니라 입법부에서 다루어야 할 문제이다.

불행하게도, 인권의 개념은 남용으로 훼손되고 있다. 제임스 그리핀(James Griffin) 교수는 그의 책 『인권에 대하여(On Human Rights)』에서 이렇게 비판한다.

> '인권'이라는 용어는 거의 기준없이 사용된다. 언제 이 용어가 정확하게 사용되어졌는지 그리고, 언제 부정확하게 사용되어졌는지를 구분할 기준이 거의 없다. 정치인 뿐만 아니라 철학자, 정치이론가, 법률학자들도 '인권'이라는 용어를 기준없이 사용한다. 인권의 언어들이 이러한 방식으로 가치를 잃어가고 있다.

인권이라는 용어의 남용은 인권의 유용성을 감소시킬 뿐만 아니라 이 소중한 가치를 비웃음거리로 만들 위험이 있다. x 또는 y가 하나의 인권이라고 주장한다고 해서 그것이 인권이 되는 것은 아니다. 공정하게 말해서, 인권의 해석과 형식에는 피할 수 없는 모호성이 있다. 이러한 모호성은 인권선언들에서 제시한 인권 보호를 약화시키고, 인권의 강도를 희석시킨다.

인권의 개념에 반론을 제기하는 몇 가지 도전들이 있다. 나는 그 중에서 세 가지만 언급하겠다. 첫 번째 것은 친숙한 것이다. 개인의 권리에 대한 공리주의자들의 적대감은 일반 대중의 복지를 극대화하려는 희망에 기반한 것이다. 개인의 권리 또는 이익은 효용이라는 이름으로 박탈될 수 있는 것이다. 만약 자유가 사회의 일반 복리를 극대화할 수만 있다면 허용될 수 있다. 공리주의자들은 권리가 이기적이고, 독선적이고, 개인주의적이며 권리가 형식적으로는 작동하긴 하지만, 가난하거나 억압받는 사람과 같이 권리가 가장 필요한 사람에게는 거의 도움이 되지 않는다고 주장한다.

인권의 개념에 반론을 제기하는 두 번째 집단은 상대주의자들로서, 이들은 인권이 정말로 보편적인 것인가에 대하여 의문을 제기한다. 상대주의자들은 인권을 주창하는 사람들이 지역 문화, 사회 및 정치 환경을 간과하거나 무시한다고 주장한다. 모든 사회는 다르다. 따라서, 특정사회 구성원들이 다른 문화 또는 종교 시스템에 자신들의 가치를 강제로 투입하려는 시도를 줄여야 한다. 상대주의자들은 모든 사회에 적용되는 절대적인 도덕적 가치는 존재하지 않는다고 강조한다. 사실, 이것은 방어하기 쉽지 않은 입장이다. 도덕성이 정말 지역적 조건에 따라 달라지는가? (플라톤과 나와 같이) 도덕적 옳음과 그름에 대한 '보편주의적' 관점을 선호하는 사람들은 이러한 형태의 윤리적 상대주의를 거부한다. 살인은 어디에서 저질러졌든지 상관없이 원칙적으로 잘못된 것이다. 만약 당신이 이러한 관점을 가지고 있다면,

당신은 그 사건이 발생한 문화의 관점에서 사회적 관행을 파악하지 못했다는 이유로 아마도 자민족 중심적이라고 비난을 받을지도 모른다. 세 번째 집단은 정의의 공동체적 설명을 신봉하는 사람들로서, 이들은 공동체의 이익, 시민적 덕목, 사회적 연대를 무시하는 인권의 개인주의적 경향을 비난한다. 이 관점에 대해서는 제 8장에서 자세히 설명하겠다.

인권에 대한 이런 저런 공격들이 인권의 인기를 떨어뜨리지는 못할 것으로 보인다. 인권의 개념은 종종 간과되는 매우 중요한 기능을 가지고 있다. 억압자들이 그들의 피억압자들을 어떻게 비인간화하는지 생각해 보라. 나치는 유태인들에 대한 학살을 정당화하기 위해서 유태인들을 비인간화하였다. 남아프리카공화국에서 아파르트헤이트 정부는 흑인들을 종속시키기 위해서 흑인들을 인간 이하로 대우했다. 인간이라는 이유 하나만으로 인간에게 근본적이고, 고유하며, 불가분의 권리를 부여하는 것은, 일부 개인들 또는 집단들을 부당하게 대우 하거나 심지어 살인하는 것을 정당화하기 위하여 그들을 희미한 존재로 인식하도록 만드는 시도를 효과적으로 막아낸다.

칸트에게 질문하기

앞에서 살펴본 바와 같이, 칸트의 거짓말, 고문, 자살에 대한 단호한 의무론적 금지는 이러한 극단적 입장에 강력한 도덕적 예외를 제공하는 환경에서 일어나는 사례를 배제한다. 칸트는 선보다 옳음을 우선시 한다. 이것이 의미하는 것은, 비록 옳은 일을 행하는 것이 나쁜 결과를 가져온다고 하더라도, 나는 어쨌든지 도덕적으로 그것을 할 수밖에 없다는 것이다. 이것은 직관에 반하는 것처럼 보인다. 칸트가 도덕성의 기초로 제시한 근거가 틀렸다고 가정해 보자. 우리의 감정, 정서, 열정을 도덕성의 기초로 한다면 어떠한가? 만약 윤리적 기준이 우리의 머리가 아니라 우리의 마음에서 발견된다면, 칸트의 이론이 완전히 소멸되지 않을까?

이것은 스코틀랜드 공리주의자, 데이비드 흄(David Hume, 1711-1776)의 관점이다. 그는 우리의 도덕적 의무가 사실의 진술에서 기인하는 것이 아님을 보여주고자 했다. 그는 도덕성이 우리의 합리적 판단이 아니라 우리의 감정에 기반한다고 주장했다. 비록 이성이 도덕성의 진정한 기초라는 칸트의 주장이 옳다고 하더라도, 우리는 여전히 우리의 도덕적 확신에 따라 행동할 필요가 있다. 이성이 정말로 우리로 하여금 특정한 행동을 수행하도록 동기를 부여할 수 있는가? 우리가 그렇게 행동하기를 원할 필요는 없는가? 만약 그렇다면, 옳은 행동을 하기 위해서 우리는 옳은 행동을 하고자 하는 경향성이나 욕구가 있어야 한다. 우리가 옳은 일을 할 필요가 있을 때에만 그것이 옳은 일이라는 것을 합리적으로 알 수 있을 것이다. 흄은 이렇게 말한다. '이성은 열정의 노예일 뿐 아니라 오직 열정의 노예여야만 한다. 그리고, 이성은 인간에게 복종하고 봉사하는 것 외에 다른 직책이 있는 것처럼 가장해서는 안된다.' 우리의 의지가 약하다면 어떤 일이 발생할 것인가? 내가 한 명의 좋은 칸트파 사람이라고 가정해 보자. 나의 이성은 곤경에 처한 친구를 도우라고 말한다. 하지만, 나는 파티에 너무 참여하고 싶어서 친구의 어려움을 무시한다. 이 경우, 나의 이성은 내가 옳은 행동을 하도록 하는데 실패하고 만다.

정언명령의 실행이 언제나 정의롭거나 공정한 결과를 가져오는 것은 아니다. 정언명령이 우리의 감정과 행동의 다른 동기를 고려하지 않는 것과는 별개로, 정언명령의 적용이 종종 이상한 결과를 초래하기도 한다. 우리는 이미 이상한 결과를 초래하는 몇 가지 사례를 검토한 바 있다. 그 사례들은 이러한 종류의 시나리오 형태를 취한다. 겁에 질린 한 명의 여성이 당신의 집에 숨겨달라고 애원한다. 그녀는 한 명의 살인자에게 쫓기고 있다. 당신은 그녀를 당신의 화장실에 숨겨준다. 몇 분 후, 한 명의 화난 사람이 칼을 휘두르며 당신의 집 문을 두드린다. 그리고, 그녀가 어디에 있는지 빨리 말하라고 소리친다. 정언명령은 당신에게 거짓말을 하지 말라고 한다. 왜냐하면, 거짓말을 할 경우 당신은 살인자가 될 사람을 목적을 위한 수단으로 취급하게 되기 때문이다. 또 다른 가정을 해 보자. 한 명의 테러리스트가 폭탄을 폭파시켜 수 천명의 무고한 사람들을 죽이겠다고 위협하면서, 한 아이를 인질로 잡아 인간방패로 이용하고 있다. 테러리스트의 시도를 좌절시키는 유일한 방법은 그 아이를 총으로 쏘는 것이다. 칸트는 인질로 잡힌 아이를 목적을 위한 수단으로 이용하는 것을 금지할 것이다.

요약하기

사람들을 합리적이고 자유로운 행위자로 존중해야 한다는 입장을 강력하게 옹호하는 칸트의 정의론은 너무나 엄격해서 현실 세계에서 일반적으로 채택하기 어려운 것으로 간주된다. 한 가지 명확한 대응은 그의 의무 기반 접근 방식을 거부하고, 무엇이 다수에게 최선의 결과를 가져오는지를 측정하는 것에 관심을 가지는 입장에 주목하는 것이다. 이 입장은 공리주의적 접근 방식을 채택한 사람들이 선택하는 입장이다. 공리주의에 대해 다음 장에서 보다 자세히 설명할 것이다. .

4장

공리주의
(Utilitarianism)

정의가 최대 다수의 최대 행복을 확실하게 가져오는가? 만약 최대 다수가 행복하다면, 그 사회가 바로 정의로운 사회가 아닐까? 이 질문들은 지칠 줄 모르는 작가이자, 사회 운동가이자, 법 개혁가였던 제레미 벤담(Jeremy Bentham)의 공리주의 철학과 밀접한 관련이 있다. 제레미 벤담의 비범한 저서들이 널리 알려진 것은 1960년대 후반부터이다. 그의 많은 원고들은 그가 세상을 떠난 후 한세기 동안 런던대학교에 소장된 채 별다른 관심을 받지 못했다. 그는 '파리의 눈으로 세밀함을 보는 동시에 독수리의 눈으로 일반화를 파악하는 비범한 능력'을 가지고 있었다. 그는 이러한 능력을 활용하여 당대의 많은 진부한 이론들을 비난하였고, 공리주의 원칙에 근거하여 정치학, 법학, 논리학, 심리학에 대한 폭넓은 이론을 만들어 내었다.

벤담은 1832년 사망하면서, 자신의 시신을 해부한 후 '오토 아이콘(auto-icon, 역자 주: 원래의 모습을 영구히 보존하기 위해 방부 처리하여 박제로 만드는 것)'으로 영구 보존해 달라는 유언을 남겼다. 그의 유언에 따라 수년 동안 나무 관 속에 놓인 상태의 벤담의 시신이 런던 유니버시티 칼리지에 공개 전시되었다. 칼리지 창립 100주년, 150주년 그리고, 2013년에는 벤담의 오토 아이콘이 대학 평의회에 '참석'했다. 회의록에는 '참석은 하였으나 투표를 하지는 않았다'고 기록되었다.

벤담은 법원, 교도소, 소송절차의 운영과 많은 법률 분야의 개혁에 대해 연구하였다. 벤담은 그의 시대에 널리 받아들여지고 있는 지혜에 대해 매우 엄격하게, 종종 사정없이 공격을 가했다. 이러한 공격은 그의 엄청난 영향력 하에서 빛을 발했다. 존 스튜어트 밀(John Stuart Mill)의 말에 의하면, 벤담은 건설업자의 흙손보다 성을 공격하는 공성망치가 더 유용하다고 생각했다. 하지만, 그의 가장 뛰어난 공헌은 공리주의를 주장한 것이다. 몇 가지 면에서 공리주의는 18세기 정치철학에 많은 공격을 가했다. 실제로 벤담은 그의 엄청난 에너지를, 보편적이고 불가분의 것으로 간주되면서도 법이나 정부에 의존하지 않는 권리인 자연권에 대하여 강력히 반대하는데 쏟아부었다. 벤담은 자연권 주장에 대해 '과장된 넌센스'라고 말했다. 하지만 그의 주장은 훨씬 더 많은 것을 제안한다. 그의 주장은 심오한 도덕적 기반을 가지고 있다. 도덕과 정의의 근본적인 목표는 행복을 최대화하는 것이어야 한다. 벤담의 공리주의는 철학자 스마트(J.J.C. Smart)가 말한 '쾌락주의'에 해당한다. 벤담의 일반적인 견해는 그의 중요한 저서인 『도덕과 입법의 원리 서설(An Introduction to the Principles of Morals and Legislation)』의 이 구절에 잘 드러나 있다.

> 자연은 인류를 고통과 쾌락이라는 두 주권적 지배자의 통치 아래 두었다. 고통과 쾌락만이 우리가 무엇을 해야 하는지를 지정할 뿐만 아니라 우리가 무엇을 해야 할지를 결정한다. 한편으로는 옳고 그름의 기준이, 다른 한편으로는 인과관계의 사슬이 고통과 쾌락의 왕좌를 묶고 있다....효용의 원칙은 이러한 종속관계를 인정

하고, 종속관계를 체계의 기초로 받아들이며, 이 체계의 목적은 이성과 법의 손에서 쾌락의 구조를 강화하는 것이다. 여기에 의문을 제기하는 체계들은 감각 대신 소리를, 이성 대신 변덕을, 빛 대신 어둠을 다룬다.

벤담은 한 발 더 나아가서 자신이 '행복 계산법(felicific calculus)'이라고 명명한 일종의 체크리스트를 제시한다. 이 계산법은 특정한 행동의 행복 요소를 계산해 준다. 그는 고통을 12가지로, 행복을 14가지로 구분한다. 개인의 경우, 하나의 고통 또는 하나의 즐거움의 중요도는 '강도', '지속성', '확실성 또는 불확실성' 그리고 '근접성 또는 원격성'에 따라 상대적으로 결정된다. 한 가지 행동의 경향에 대한 쾌락 또는 고통의 가치를 측정하는 것이 목적인 경우, '생산성(fecundity)'과 '순수성(purity)'이라는 2가지 조건이 추가된다. '생산성'은 '같은 종류의 감정들이 뒤이어 일어날 가능성'을 의미하고, '순수성'은 '반대되는 종류의 감정들이 뒤이어 일어나지 않을 가능성'을 의미한다. 우리가 여러 사람들의 상태를 측정할 때에는 '연장성(extent)' 즉, 즐거움이나 고통에 영향받는 사람의 숫자를 고려하여야 한다.

벤담에 의하면, 한 행위의 효용성은 그 행위의 동기와는 무관하다. 일반적으로, 우리가 어떤 행위를 할 때, 우리의 동기는 하나의 중요한 요인이 된다. 하지만 벤담은 '좋은' 또는 '나쁜' 동기가 있을 수 있다는 것을 부정한다. 한 행위의 효용성은 단지 그 행위의 결과 즉, 행위로 인하여 발생한 이익과 손실에 의해서 결정된다. 결과를 이처럼 강조하는 사람들은 미래를 전망할 때 행복 또는 복리 또는 몇 가지 '선'을 극대화하는 것에 관심이 있다. 여기서 우리는 두 가지 형태의 공리주의 즉 '행위 공리주의'와 '규칙 공리주의'를 구분할 필요가 있다. '행위 공리주의'에서는 한 가지 행위의 옳고 그름이 그 행위 자체의 결과가 좋은지 나쁜지에 의해 판단된다. 한편, '규칙 공리주의'에서는 옳고 그름이 규칙의 결과가 가져오는 좋음과 나쁨에 의해 결정된다.

규칙은 모든 사람들이 같은 상황에서 의무적으로 행해야 하는 것을 의미한다. 지금 당신이 읽고 있는 것을 포함하여, 공리주의에 대한 대다수의 설명들은 '행위 공리주의'에 초점을 맞춘다. 하지만, 법 철학자들 사이에서는 '이상적인 규칙 공리주의'가 만들어내는 매력을 발견하는 경우가 적지 않다. '이상적인 규칙 공리주의'는 한 가지 행위의 옳고 그름이 규칙의 좋고 나쁨에 의해 판가름 난다고 주장한다. 좋은 규칙이란 잘 준수될 경우, 같은 행위를 규율하는 다른 규칙들보다 더 좋은 결과를 가져오는 규칙을 말한다. 한 가지 예를 들어 설명해 보겠다. 한 명의 판사가 피고인이 원고에게 끼친 손해에 대한 배상여부를 판결하는 경우, 판사는 특정한 피고인의 재정상황에 대한 판단에 영향을 받아서는 안된다. 이러한 형태의 공리주의는 '실제 규칙 공리주의'라고 불리는 것과 구별된다. '실제 규칙 공리주의'에서는 한 가지 행위의 옳음이 실질적으로 준수되는 규칙에 의해서 판단되며, 이 실질적으로 준수되는 규칙의 수용이 효용성을 극대화 시킨다.

그렇다면 '결과'란 무엇인가?

당신이 무인도에 고립되어 있다고 가정해 보자. 함께 있던 유일한 사람이 죽어가면서 마지막 순간에 당신에게 1만 달러를 맡기면서, 당신이 살아서 미국에 돌아갈 경우 자신의 딸 린다에게 꼭 전해 달라고 부탁했고 당신은 그렇게 하겠다고 약속했다. 당신은 구조가 되어 미국으로 돌아왔고 1만 달러를 주기 위해 린다를 찾아갔다. 린다는 백만장자와 결혼하여 호화로운 대저택에서 살고 있었다. 1만 달러는 린다에게 그리 큰 돈이 아닐 것이다. 당신이 그 1만 달러를 린다에게 주는 대신 어려움을 겪고 있는 자선단체에 기부하면 안 되는 것일까?

이 질문에 칸트가 어떤 대답을 할지 우리는 이미 알고 있다. 칸트는 당신이 그 돈을 린다에게 주기로 약속했기 때문에, 그 돈을 린다에게 주어야 한다고 말할 것이다. 몇 가지 확정되지 않은 미래의 결과가 당신의 행동을 인도하게 해서는 안된다. 당신의 행동은 확정된 과거 사실인 당신의 약속에 의해 안내되어야 한다. 당신이 과거에 약속을 했다는 사실을 고려해야 한다고 대답하는 것은 당연하다. 하지만, 이것은 린다에게 돈을 주는 대신에 자선단체에 돈을 기부하는 당신의 행동이 가져오는 총체적인 결과에 영향을 미치는 경우에 한해서 당연한 것이다. 당신은 당신이 한 모든 약속을 반드시 지켜야 한다는 주장이 불합리하다고 말할지도 모른다. 그리고, 당신의 통제를 뛰어넘는 몇 가지 사건의 개입으로 당신이 약속을 지킬 수 없게 된다면 그 약속은 어떻게 되는 것인가? 당신이 린다를 찾기 위해 엄청난 노력을 했지만 끝내 린다를 찾지 못했다고 가정해 보자. 확실하게도, 이 상황이 암시하는 것은 약속이행이 불확정된 예외에 종속된다는 것이다.

현대 공리주의자들은 사람들이 원하는 것을 달성할 수 있는 범위의 극대화 개념을 선호한다. 여기에서 강조점은 사람들의 선호를 만족시키는 것에 놓여져야 한다. 이러한 맥락에서, 현대 공리주의자들은 개별적 선택과 관련되지 않는다면 '선'이라는 개념을 다루지 않는다. 당신은 베토벤보다 비틀즈를 또는 바흐보다 야구를 더 선호할지도 모른다. 그것은 주관적인 선택의 문제다. 앞으로 우리가 살펴보겠지만, 이러한 접근은 그 자체에 문제가 있다. 하지만, 먼저 우리는 밀이 말하는 공리주의에 대해 보다 자세히 살펴볼 필요가 있다.

> **공리주의자들의 딜레마**
>
> **달리는 열차:** 열차가 열차선로에 묶여서 움직일 수 없는 다섯 명을 향해 직진하고 있다. 당신은 레버에서 조금 떨어진 곳에 서 있다. 만약 당신이 레버를 당기면 열차가 옆 선로를 달리게 된다. 그런데, 당신은 옆 선로에 한 사람이 서 있다는 것을 알아차린다. 당신에게는 두 가지 선택사항이 있다. (1) 아무것도 하지 않고 열차가 현재 선로에서 다섯 명을 죽이는 것을 허용한다. (2) 레버를 당겨 열차가 옆 선로를 달리게 하여 한 사람을 죽이도록 한다. 당신은 어떻게 해야만 하는가?
>
> **뚱뚱한 사람:** 다시, 열차가 열차선로에 묶여서 움직일 수 없는 다섯 명을 향해 직진하고 있다. 당신은 다리 위에 서 있고, 열차는 그 다리 밑을 통과할 것이다. 당신이 매우 무거운 물건을 열차 선로에 던져 놓을 수 있다면 열차를 세울 수 있다. 우연하게도, 매우 뚱뚱한 사람이 당신 바로 옆에 서 있다. 열차를 세우는 유일한 방법은 그를 다리에서 밀어 열차 선로에 떨어뜨려 죽이는 것이다. 그러면, 다섯 명의 생명을 구할 수 있다. 당신은 어떻게 해야만 하는가?
>
> **정글 속의 짐(Jim):** 짐은 남미 야생지역을 탐험하는 식물학자이다. 짐은 우연히 한 작은 마을을 발견했다. 거기에는 이십 명의 원주민들이 지역 군벌 지도자인 페드로(Pedro)에게 체포되어 있었다. 페드로는 그 이십 명의 원주민을 죽이려고 한다. 페드로는 짐에게 원주민 한 명을 죽이라고 하면서, 만약 짐이 원주민 한 명을 죽이면 나머지 원주민 열 아홉명을 석방시켜 주겠다고 한다. 짐은 어떻게 해야만 하는가?
>
> **장기 이식:** 한 명의 뛰어난 외과 의사에게 다섯 명의 환자가 있다. 이 환자들은 모두 장기 이식을 받지 못하면 사망하게 된다. 이 환자들이 필요로 하는 장기는 모두 다르다. 불행하게도, 병원에는 단 한 명의 환자에게 이식할 장기도 없다. 이 외과 의사가 근무하는 도시를 지나던 건강한 젊은 여행자가 정기 건강검진을 받기 위해 이 병원에 들어왔다. 외과 의사는 여행자의 건강검진 과정에서 이 여행자의 장기가 죽어가는 다섯 명의 환자에게 모두 이식 가능하다는 사실을 발견했다. 이 젊은 여행자가 실종된다고 하더라도 아무도 이 외과 의사를 의심하지 않을 것이다. 외과 의사는 여행자를 죽이고, 죽어가는 다섯 명의 환자에게 여행자의 장기를 이식해서 다섯 명의 생명을 살려야 하는가?

존 스튜어트 밀: 우리가 원하는 것은 무엇인가?

존 스튜어트 밀은 제레미 벤담의 친구이자 신봉자인 제임스 밀의 아들이다. 존 스튜어트 밀은 세 살부터 그리스어를, 여덟 살부터 라틴어를 배우기 시작했다. 그가 열네 살이 되었을 때 그리스와 라틴 고전에 정통했고, 역사학, 논리학, 수학을 공부했으며, 경제이론의 기초를 익혔다. 10대 후반 때

밀은 벤담의 원고를 편집하는데 많은 시간을 보냈다. 1826년에 밀은 '정신적 위기'를 맞는다. 그는 신경 쇠약과 우울증으로 고통받으면서, 그가 가졌던 생각들을 다시 검토했으며, 새로운 지적 여정에 나섰다. 이 과정을 통해 그는 19세기 가장 영향력 있는 영어권 철학자들 중 한 명이 되었다. 1832년에 벤담이 사망했고, 4년 뒤인 1836년에 제임스 밀이 세상을 떠났다. 이후, 존 스튜어트 밀은 『논리 체계(A System of Logic)』(1843), 『자유에 관하여(On Liberty)』(1859), 『공리주의(Utilitarianism)』(1863)를 포함한 많은 저서에서 그의 철학적 사상을 발전시켰다. 이 저서들은 도덕적 자유와 경제적 자유를 옹호하는 그의 획기적인 업적으로 널리 받아들여지고 있다. 그는 여성 권리와 동물 권리에 대한 초기 지지자이기도 했다. 이 부분에 대해서는 제 10장에서 다룰 것이다.

밀은 벤담의 '최대 행복' 교리의 중심적 위치를 인정한다. 그의 저서 『공리주의』에서 밀은 이렇게 이야기 한다.

> 행위는 행복을 증진시키는 것 만큼 옳은 것이고, 행복에 반대되는 것을 만들어 내는 것 만큼 잘못된 것이다. 행복은 고통의 부재와 쾌락을 의미하고, 불행은 쾌락의 박탈과 고통을 의미한다.

하지만 밀은 서로 다른 쾌락들이 정량화될 수 있다는 입장을 거부한다. 그리고, 특정한 형태의 쾌락들이 서로 질적으로 다르다고 주장한다. 더 높은 쾌락(대체로 지적 쾌락)이 비록 더 낮은 쾌락(주로 신체적 쾌락)보다 쾌락의 강도가 낮다고 하더라도 더 큰 가치가 있다. 두 가지 쾌락이 있다고 가정해 보자. 만약 이 두 가지 쾌락을 다 경험한 모든 사람들 또는 거의 모든 사람들이 도덕적 의무감과는 상관없이 한 가지 쾌락을 선택했다면, 그 쾌락이 더 바람직한 쾌락일 것이다. 그런데, 이것이 사실일까? 당신은 당신이 좋아하는 텔레비전 쇼를 시청하는 것보다 이 책 읽는 것을 더 선호하지 않는가? 대답은 하지 말라!

밀은 우리가 말하자면 모차르트와 미돈나 시이의 치이를 인식히고 평가할 수 있다고 단언한다. 그는 '만족하는 돼지보다 불만족하는 인간이 되는 편이 더 낫고, 만족하는 바보보다 불만족하는 고대 그리스 철학자 소크라테스가 더 낫다'고 주장한다. 그럼에도 불구하고, 그는 행복의 성취가 자주 문제가 된다는 것을 인정한다. 우리는 종종 우리가 경험하는 고통의 양을 감소시키는 것이 아니라 고통을 추구하는 것을 도덕적으로 정당화하기도 한다. 고통과 쾌락의 박탈은 오직 그것이 직접적으로 더 큰 선을 가져올 때 정당화된다. 밀은 공리주의 계산식의 적용을 수정한다. 공리주의 이론이 개인들의 행동 결과에 대해 끝없는 평가를 부과한다는 주장이 제기된다. 이 주장에 대응하여, 밀은 도덕이 전반에 걸쳐 우리를 지도하는 것을 허용한다. 밀은 칸트의 2차 도덕 원칙이 일상의 도덕적 경험들을 충분히 지도해 준다고 설명한다. 그럼에도 불구하고, 밀은 각각의 특정한 행위의 가치는 효용성의 원칙에 따라 판단되어야 한다는 점을 강조한다. 특히 논쟁의 여지가 있는 행위들 또는 부담이 큰 행위들의 경우 효용성의 원칙에 따라 판단되어야 한다고 주장한다.

밀은 우리에게 옳은 일을 하도록 동기를 부여하는 것이 무엇인지에 대해 질문한다. 동기부여와 관련하여 밀은 벤담과 달리 처벌이라는 외적 제재에만 의존하지 않는다. 그는 자존감, 양심, 죄책감과 같은 내적 규제 또한 우리를 움직이게 한다고 주장한다. 우리는 다른 사람들을 돌보려는 경향이 있기 때문에, 우리가 도덕적으로 행동하는데 있어서 이타주의가 종종 충분히 작동한다. 다른 사람들의 비난이나 견책이 없다고 하더라도, 내가 무엇인가를 잘못했다면 아마도 내가 내 자신을 나무랄 것이다. 무엇을 할 것인지를 결정할 때 나는 합리적으로 심사숙고한다. 불편함은 이 과정에서 발생하는 고통들 가운데 하나이다. 밀은 우리 모두가 일반적으로 행복을 갈망하기 때문에, 우리가 모든 사람들의 행복을 희망한다고 주장한다. 따라서, 공리주의 원칙의 적용은 정의의 실현을 위한 우리의 요구와 전적으로 일치한다.

정의는 재산, 권리, 개인의 공적에 대한 존중 뿐만 아니라 신의성실과 중립성이라는 기본적인 전제를 필요로 한다. 밀은 이러한 미덕들이 효용성 원칙의 성실한 적용에 의해 효과적으로 지속된다고 공언한다. 왜냐하면 각각의 특정한 사례에서 미덕은 모든 당사자들에게 최대의 행복을 분명하게 가져다 주기 때문이다. 밀은 전통적인 정의 개념을 뒷받침하기 위해 보복적 처벌을 강조할 필요도 없다고 주장한다. 밀은 계속해서 공리주의적 근거에 따라 적절하게 제한된 외부 제재의 적용이 일반 복지에 대한 적절한 존중과 더 잘 조화를 이룬다고 말한다.

밀은 그의 서서 『자유에 관하여』에서 개인의 자유가 공리주의 원칙에 실질적으로 근거하고 있다는 입장을 강력하게 옹호한다.

> 효용과는 별개인 추상적 권리(abstract right)라는 관념으로부터 나의 주장에 유리한 점을 도출할 수 있지만, 나는 그러한 이점을 포기한다고 말하는 것이 적절할 것이다. 나는 효용을 모든 윤리적 문제에서 궁극적 판정자로 간주한다. 하지만, 이것은 진보적인 존재로서의 인간의 항구적 이익에 근거한 가장 넓은 의미의 효용이어야만 한다. 내가 주장하는 것은, 각자의 행동들이 다른 사람의 이익과 관련되는 경우, 개인의 자발성이 외부 통제에 종속되는 것을 항구적 이익이 정당화시켜 준다는 것이다.

밀은 개인의 자유가 일반적인 행복을 증가시킨다는 것을 근거로 개인의 자유를 강력하게 지지한다. 따라서, 그는 언론의 자유와 반대 의견을 가질 자유를 옹호한다. 그는 '진실'이 아이디어의 무제한적인 순환에 의해 발견될 수 있다고 주장한다. 이러한 주장의 논리적 결론은, 최소한 개인들이 발언할 권리를 실행하는 과정에서 있을 수 있는 권리 침해 행위를 차단해야 한다는 것이다.

그런데, 객관적인 진리가 '저 밖에' 존재한다는 밀의 가정과 이성의 지배에 대한 그의 확신이 반드시 옳은 것인가? 표현의 자유를 통해서 진리가 발견되고 지식이 진전되기 때문에, 표현의 자유는 하나의 사회적 재화라고 밀은 주장한다. 이 주장은 가장 건전하고 가장 합리적인 판단이 이루어지기 위해서는 그 판단을 지지하거나 반대하는 모든 사실들과 주장들을 고려해야 한다는 가정에서 출발한다. 그런데, 밀은 여기에서 훨씬 더 나아간다. 즉, 소수의 관점이 사실로 밝혀질 수 있으며, 그 경우 다수의 관점을 대체할 수 있다는 것이다. 어떤 경우든 간에, 아이디어의 자유시장 운영을 통해 지배적인 의견이 편견으로 굳어지는 것을 미리 막아야 한다.

이러한 공리주의적 발상의 혼합이, 다수의 복지 또는 행복을 위해서 한 사람이 억울하게 고통당하는 것을 소홀히 대하는 사회를 만들어 내는 것은 아닌가? 밀은 이 질문에 대해서 아니오라고 대답한다. 그는 누군가에게 관습 또는 다수의 신념에 따라 살 것을 강요하는 것은 잘못되었다고 주장한다. 왜냐하면, 그러한 강요가 사람들로 하여금 인간 존재의 최상의 목적인 인간능력의 충분하고 자유로운 향상을 어렵게 만들기 때문이다. 순응하는 순간 자유와 선택은 말살되고 만다. '어떤 것이 관습이기 때문에 한다고 말하는 사람은 선택하지 않는 사람이다…자신의 삶의 계획을 세상이 선택하도록 내버려 두는 사람에게는 원숭이의 모방 역량외에 더 필요한 능력이 없다.' 그런데, 밀이 그의 공리주의적 주장을 여기에서 내다 버리고 있는 것인가? 그는 지금 공공의 선보다 인간의 가장 깊은 본성의 중요성을 강조하고 있는 것은 아닌가?

공리는 쓸모가 없는 것인가?

최대다수의 최대행복은 달성될 수 있는가? 결과주의와 공리주의는 실현 가능한가? 그것이 너무 조잡하고, 지나치게 단순한 것은 아닌가? 칼 마르크스(Karl Marx)는 벤담을 '구부러진 속물(俗物)'이라고 불렀다. 스코틀랜드 작가인 토머스 카라일(Thomas Carlyle)은 벤담의 이론을 '돼지 철학'이라고 묘사했다. 공리주의에 대한 핵심적인 비판의 중심에 있는 견해는, 공리주의가 '사람들의 개별성'을 소홀히 취급한다는 것이다. 공리주의 반대자들은 벤담이 '모두가 한 사람으로 계산되어야 하고, 아무도 한 사람 이상으로 계산되어서는 안 된다'라는 친절한 격언으로 사람을 현혹시키고 있다고 주장한다. 그들은 벤담의 이 친절한 격언이 사실은 인간을 목적이 아니라 수단으로 전락시키고 있다고 강조한다. 일반적인 쾌락이 일반적인 고통을 초과했는지를 계산할 때, 각 개인들은 하나의 숫자에 지나지 않는다. 법학자 하트(H.L.A. Hart)의 말을 인용하면, '공리주의자들은 가치있는 것이 발견되어지는 장소 또는 경로에 있는 개인들만을 중요하게 대우한다.' 즉, 공리주의는 사람들을 가치를 가지지 않은 존재로 효과적으로 다룰 수 있을 때에만 개인들을 평등하게 취급한다. 공리주의는 개인을 하나의 사람으로서가 아니라 쾌락 또는 행복의 '경험자'로서 의미와 가치를 부여한다. 하지만, 이것이 아마도 공리주의의 필연적인 특징은 아닐 것이다. 측정 가능한 가치(commensurable value)가 또한 대체 가능한 가치(fungible value)라는 것에 대해서는 최소한 논쟁의 여지가 있다. 곤경에 처한 두 사람 중 한 사람만 도와야 하는 선택 상황에 직면한 공리주의자가 자신이 도울 수 없게 된 나머지 한 사람의 고통에 반드시 둔감한 것은 아니다. 아마도 그 공리주의자는 그가 직면한 선택 상황을 곤경에 처한 두 사람의 운명 간의 상충관계(trade-off)로 받아들일 것이다. 따라서, 공리주의가 사람들의 독특성을 무시한다고만 말할 수는 없다. 공리주의 원칙은 직면한 문제를 상충관계를 다루는 하나의 경연 즉, 한편으로는 이익에 의해 손해가 상쇄되고, 다른 한편으로는 손해가 여전히 안타깝지만 이익이 더 큰 상황이 존재한다는 관점에서 바라본다.

효용에 대한 다양한 주장들이 있다. 그런데 그 주장들이 무엇이든지 간에, 정말 사람의 행동이 가져오는 결과를 예측하고 계산하는 것이 가능한 것인가? 우리가 하자고 제안하는 것이 어떠한 결과를 가져올지 우리는 알 수 있는가? 우리의 행동이 어떠한 결과를 가져올지 평가하는 시간이 언제나 주어질까? 그리고, 우리가 한 행동의 결과를 미래로 확장하는 것이 가능한가? 가능하다면 어느 정도 미래까지 확장할 수 있는가? 철학자 윌리엄 경(Sir Bernard Williams)은 이렇게 말한다. '어떤 범주에 속하든지 간에, 어느 누구도 모든 것이 그것의 결과 덕분에 가치를 가진다고 말할 수 없다. 만약 결과 덕분에 모든 것이 가치를 가진다면, 상황은 영원히 계속될 것이고, 명백하게도 희망없는 퇴보가 있을 것이다.' 하지만, 벤담은 우리가 모든 행동을 하기 전에 이러한 계산을 수행하는 것이 일반적으로 불가능하다는 것을 인정한다. 그는 대부분의 상황에서 적절하게 참조할 수 있는 가이드로서, 행복을 증가시키는 행동의 과거 경험을 언급한다. 물론, 우리는 미래를 확실하게 예측할 수 없다. 우리가 할 수 있는 최선은 실행가능한 대안 중에서, 최선의 결과를 가져올 것으로 우리 대부분의 이성이 확신하는 것을 선택하여 행동으로 이행하는 것이다.

행동의 효용이 그 행동의 동기와는 무관하다는 벤담의 주장이 얼마나 설득력이 있는가? 또는 얼마나 현실적인가? 보통 우리가 무엇인가를 할 때, 그 행동을 하도록 만드는 동기는 중요한 요소이다. 하지만, 벤담은 '선한' 또는 '나쁜' 동기가 있을 수 있다는 사실을 부정한다. 그 행동이 선하든지 악하든지 상관없이 한 가지 행동의 효용은 단지 그 행동의 결과에 의해 결정된다. 즉, 그 행동이 이익이 되는 결과를 가져왔는지 아니면 손해가 되는 결과를 가져왔는지가 중요한 것이다. 하지만, 우리의 동기가 상대적이란 사실은 분명하다. 한 가지를 가정해 보자. 당신과 내가 수영장에서 한 아기가 익사하고 있는 것을 본다. 나는 그 아기를 구조하기를 간절히 원해서 물 속으로 들어갔지만 수영을 하질 못해 아기를 구조하는데 실패했다. 당신은 뛰어난 수영실력을 가지고 있다. 하지만 뒤로 물러나는 것을 선택했다. 왜냐하면, 방금 당신은 머리 손질을 마쳤고, 잘 다듬어진 머리모양이 망쳐지는 것을 원하지 않았다. 그 사이 아기는 익사했다. 당신과 나의 결과는 동일하다. 하지만 당신과 나의 동기는 완전히 다르다. 벤담과 밀은 나와 당신의 행동이 같은 가치를 가진다고 주장할 것이다. 그런데, 이 주장이 옳은 것인가? 이타심, 사랑, 성실 등의 가치는 중요하지 않은 것인가?

 밀은 행위의 도덕성과 행위자의 동기가 무관한 것이긴 하지만 행위자의 가치와 행위자의 동기는 큰 관련이 있다고 주장함으로써 자신의 입장을 변호한다. 공리주의자들은 개인이 행한 옳은 일이 그 사람의 미덕을 결정적으로 증거하는 것은 아니라고 말한다. 그리고, 한 개인의 좋은 행동이 그 사람의 덕망 있는 인격을 반드시 입증하는 것도 아니다. 나쁜 행동들이 미덕에서 기인하기도 한다. 벤담은 자기보호와 관련된 동기에 대한 사례를 제시한다. 자기를 보호하려는 열망으로 인해, 범인이 자신이 저지른 범죄의 유일한 증인을 죽이기도 한다. 이것은, 자기보호 동기가 나쁜 결과를 가져온 사례라고 할 수 있다. 이에 반해, 만약 자기보호를 위한 동기로 인해 자신의 나라를 지키는 전쟁영웅이 되었다면, 이것은 자기보호 동기가 좋은 결과를 가져온 것이다. 개인의 동기는 개인의 행동이 아니라 개인의 도덕적 가치와 연관되어 있다.

 벤담이 주장하는 것처럼, 우리가 시를 읽을 때의 쾌락과 푸시핀 게임(역자

주: 각 플레이어가 테이블에 핀(바늘) 하나를 놓고 자신의 핀을 상대방의 핀 위로 밀어내는 게임)을 할 때의 쾌락이 같은 것일까? 모든 쾌락이 정말 평등할까?

심지어 밀 조차도 쾌락들 간에 질적인 차이가 존재한다고 주장한다. 밀의 이 주장이 사실이라면, 쾌락들을 어떻게 측정할 것인가? 우리는 좋음과 좋음을 어떻게 비교할 수 있을까?

벤담이 제시한 쾌락기준은 쾌락의 단순한 계산을 용이하게 한다. 그리고, 다양한 쾌락들 간의 차이를 수량적으로 구분할 수 있도록 해 준다. 하지만 벤담의 기준은 쾌락들 간의 질적 차이를 허용하지 않는다. 영국 시인 키츠(Keats)의 시를 읽으면 벤담이 말하는 쾌락의 '생산성' 측면에서 더 많은 쾌락이 만들어진다. 우리는 키츠가 쓴 한 편의 시인 '나이팅게일에 부치는 송가(Ode to a Nightingale)'를 읽은 후 오랜 시간이 지나도 그 시를 통해 얻은 쾌락을 기억할 것 같다. 밀은 올바른 교육과 기회가 주어진다면, 우리는 '더 높은' 쾌락과 '더 낮은' 쾌락을 구별해 낼 수 있다고 주장한다. 우리 인간의 이성은 우리로 하여금 하이든(Haydn)과 힙합(hip-hop)의 차이를 구분할 수 있도록 해 주며, 우리로 하여금 '더 높은' 쾌락을 추구하도록 한다. 왜 우리는 행복, 복지 등의 분배에 관한 질문은 생략한 채 오직 쾌락이나 행복의 총합만을 가치 있는 것으로 간주해야 하는가? 심지어 두 사회의 행복의 총합이 같다고 하더라도, 두 사회에서 행복이 서로 다르게 분배될 수 있다. 이러한 공격으로부터 공리주의를 구출하는 한 가지 방법은, 효용의 원칙에다가 분배적 정의의 원칙을 통합하는 것이다. 밀이 주장한 것처럼, 노예 사회는 재화가 공평하게 분배되는 사회보다 더 많은 효용을 실질적으로 창출할 수 없을 것이다.

그런데, 어떤 욕망이 가치가 없거나 심지어 하찮은 것일 때에도 우리는 그 욕망을 만족시켜주기 위해 노력해야 하는가? 반 사회적 행동으로 쾌락을 누리는 경우를 생각해 보자. 이것은 인간 사회의 어두운 측면을 반영한 것이기도 하다. 이를 감안하여 벤담은 쾌락과 고통 모두에 '악의(惡意)' 항목을 추가했다. 악의의 고통은 '불쾌감의 대상이 되는 어떤 존재가 누리는 쾌락'의 결과로부터 나온다. 악의의 고통은 '악감정의 고통, 반감의 고통, 노여움의 고통, 반사회적 감정의 고통' 등으로 묘사될 수 있다. 사람이나 동물에게 고통을 가함으로서 쾌락을 얻는 비뚤어진 사람들이 있음을 벤담은 인정한다.

칸트는 무엇이 옳은가의 관점에서 무엇이 좋은가를 규정하는 반면에, 공리주의는 무엇이 좋은가의 관점에서 무엇이 옳은가를 규정한다. 즉, 공리주의는 무엇인가 좋은 것이 있다면 바로 행동을 시작하고 그 행동이 선을 극대화할 때 그 행동이 옳다고 판정한다. 일부 사람들은 공리주의가 오직 복지를 극대화하는 것에만 관심을 가진다는 이유로 공리주의를 멀리하기도 하나 일부 사람들은 복지의 정당한 분배 문제를 더 중요한 문제로 간주하기도 한다.

다음으로, 우리의 욕구가 설득이나 광고에 의해 조작된 것은 아닌지에 대한 질문이 있다. 만약 우리의 욕구가 조작된 것이라면, 우리는 우리의 '진짜' 선호와 우리의 '조정된' 선호를 어떻게 구별해 낼 수 있는가? 공리주의자들은 사람들이 만화잡지보다 콘래드(Joseph Conrad)의 작품 읽는 것을 더 선호하도록 권고해야 하는가? 만약 그래야 한다면, 우리는 어떻게 이러한 권고를 정당화할 수 있을까? 만약 우리가 그 질문에 대해 효용 원칙이 당신을 권고하도록 우리에게 요구한다고 대답한다면, 우리는 그 순간 '행복 계산법(felicific calculus)'에 우리가 원하는 것 뿐만 아니라 우리가 설득의 결과로 어느날 우리가 원하기로 결심할지도 모르는 것이 포함된다고 말하는 것이다!

마지막으로, 나의 쾌락과 당신의 고통을 측정하는 것이 정말 가능한 것인가? 입법가들 또는 판사들과 같은 의사결정권자들에게 쾌락과 고통을 측정하도록 하는 것은 어떠한가? 그들이 둘 또는 그 이상의 행동 경로들 중에서 하나를 선택할 때, 현실적으로 다수의 행복과 소수의 불행 사이에서 균형을 맞출 수 있을까?

요약하기

공리주의자들이 정의를 최대다수의 최대행복을 보장하는 그리고 측정될 수 있는 하나의 물품으로 인식한 것은 공정하고 민주적인 생각처럼 보인다. 그리고, 모든 사람의 선호를 같은 가치로 인정한 것은 우리의 평등과 공평 의식에 잘 맞는다. 그런데, 공리주의는 모든 사람이 자신만의 특별한 필요, 권리, 의무, 욕구를 가지고 있음을 인정하는데 실패했다. 다른 말로 하면, 공리주의는 존경심을 가지고 사람들을 대우하는데 실패한 것이다. 정의라는 개념을 간단한 비용-편익 계산식으로 축소시킬 수 있는가? 존 롤즈의 정의 이론에 의하면, 정의는 그렇게 축소시킬 수 있는 것이 아니다. 존 롤즈의 정의 이론을 다음 장에서 살펴볼 것이다.

5장

공정으로서의 정의
(Justice as Fairness)

"**공리주의에** 대해서는 잊어버려라. 정의는 근본적으로 공정에 대한 것이다." 이것은 가장 유명하고 영향력 있는 정의 이론서인 존 롤즈(John Rawls) 저서의 핵심주장이다. 정의에 대한 롤즈의 설명은, 사회계약론 즉, 한 사회가 그 사회 구성원들간의 계약에 기반하여 만들어진 것이라는 고대 사상에 기반하고 있다.

'사회계약'이 정확히 무엇인가? 사회계약의 가장 초기 모습은 플라톤의 대화가 담긴 문헌인 『크리톤(Crito)』에 등장한다. 이 책에서 소크라테스는 그가 법을 준수해야 하는 의무를 다하기 위해 감옥에 머물고 있고, 끝내 사형을 당하게 될 것이라고 말한다. 법의 준수는 개인의 생활방식과 심지어 개인의 존재를 용이하게 한다. 아테네에 머문다는 것은 아테네 법을 준수하겠다는 자발적인 동의를 의미하는 것이다. 소크라테스에게 합의의 정의가 주어졌고, 그는 그 사회의 규약을 준수했다. 소크라테스가 인정한 것은, 우리의 도덕적 그리고 정치적 의무가 이러한 사회계약에서 기인한다는 것이다.

5장 공정으로서의 정의(Justice as Fairness) | 77

롤즈는 초기 사회계약론자들의 주장을 기반으로 그의 선구적인 저서『정의론(A Theory of Justice)』을 완성했다. 롤즈의 가장 강력한 반대 철학자들 중 한 명인 로버트 노직(Robert Nozick)은 롤즈의『정의론』에 대해 '강력하고, 깊이 있고, 미묘하고, 광범위하고, 체계적인 저서이다…존 스튜어트 밀의 저서 이래로 이와 같은 저서는 보지 못했다. 이 저서는 빛나는 아이디어들의 샘이며, 이 아이디어들이 하나의 사랑스러운 전체로 통합된다'고 묘사했다. 우리는 먼저 사회계약론의 원천들을 간략히 살펴보도록 하자.

홉스와 공포(Hobbes and horror)

토마스 홉스(Thomas Hobbes)는 영국 내전과 내전 이후의 정치적 붕괴상황을 경험했다. 이 경험을 바탕으로, 홉스는 안으로부터의 붕괴를 회복시킬 수 있는, 국가의 기초를 형성하는 합리적인 아이디어를 발전시켰다. 그가 확신했던 것은, 심지어 가장 억압적인 정부라고 하더라도 내전의 무시무시한 재앙보다는 더 낫다는 것이다. 이러한 대격변을 회피하기 위해서 사람들은 절대적인 정치 권위를 기꺼이 수용해야 하며, 평화와 조화를 유지시키기 위해서 사람들은 어떤 형태의 폭동에도 저항해야 한다.

홉스가 제기하는 주장의 핵심은 그의 유명한 저서『리바이어던(Leviathan)』에 서술되어 있다. 홉스는 저서에서 사회계약 이전에 인간들은 '자연 상태'에서 '고독하고, 가난한고, 불결하고, 야만적이고 연약했다.' 인간들은 자연스럽게 자기보전을 추구하는 상태에 놓여 있었다. 이 상황에서, 질서와 안전을 지켜 줄 수 있는 법과 정부가 필요했다. 질서 있는 사회를 만들기 위해서는 자신의 자연적 자유를 양도하는 사회계약이 필요했다. 이것은 질서를 정의보다 우선시하는 권위주의 철학의 주장에 해당한다. 특히, 홉스의 주장들은 심지어 사악한 정부에 대항하는 혁명의 정당성까지도 수용하지 않는다. 그의 주된 관심사는 그 형태가 어떠하든 상관없이 효과적으로 정부를 보전하는 것이다. 홉스의 주장은 나에게 알렉산더 포프(Alexander Pope)의 풍자시 중 하나인 '인간론(Essay on Man)'을 떠올리게 한다.

> 정부 형태에 대해서는 바보들이 경쟁하도록 하자
> 어떤 정부형태든지 가장 잘 관리되는 것이 가장 좋다

홉스는 입법부, 사법부, 행정부의 권력분립에 반대한다. 그는 한 가지 권력의 실패가 다른 권력들의 권력집행을 좌절시킬 것이고, 결국 정부를 마비시킬 것이라고 주장한다. 그는 국가 권력을 제한할 경우, 정부 권력이 과도한지를 두고 제어할 수 없는 논쟁이 발생할 것이라고 단언한다. 절대 권위는 안정을 가장 확실하게 보장해 준다. 그는 우리가 행하는 모든 행동들, 심지어 이타적으로 보이는 행동까지도 사실은 자신의 보존을 위한 것이라고 말한다.

내가 노숙자에게 몇 개의 동전을 준 것에 대해서, 홉스는 내가 실제로 한 것은 나의 힘을 즐긴 것이라고 말한다. 도덕적 행위를 포함해서 인간의 모든 행동들은 인간의 근본적인 이기심에 기반한 것임을 인정해야 한다고 홉스는 강조한다. 그는 인간의 근본적인 정신적, 신체적 평등을 인정한다. 심지어 가장 약한 사람도 가장 강한 사람을 살해할 정도의 힘을 가지고 있다. 하지만, 이러한 평등은 의견 불일치와 불화를 만들어 낸다. 우리가 서로 다투는 핵심적인 이유는 세 가지이다. 불신, (물질적 소유물의 제한적 공급에 따른) 경쟁 그리고 영광이 그것이다. 우리는 우리의 권력과 명예를 보전하기 위해 여전히 적대적이다. 결국, 우리는 도덕성이 존재하지 않고 모두가 끊임없이 공포 속에 살아가는 자연상태에서, 서로가 서로에 대한 끊임없는 투쟁을 하게 된다. 이것이 홉스의 결론이다. 모든 사람들은 다른 사람들의 생명을 포

함해서 모든 것에 대한 권리를 가지고 있다.

자연상태의 공포를 끝내기 위해서, 평화가 첫 번째 자연법칙이 된다. 두 번째 자연법칙은 평화를 실현하기 위해서 우리 자신들이 기지고 있는 (다른 사람의 생명을 취할 수 있는 권리와 같은) 특정한 권리들을 공동으로 제거하는 것이다. 이러한 권리의 상호 양도는 하나의 계약이자 도덕적 의무의 기초이다. 자기 이익의 관점에서, 인간들은 서로를 향한 전쟁 상태를 끝내기 위해 호혜적으로 자신들이 가지고 있는 권리를 포기한다. 홉스는 이러한 합의들이 언제나 효력을 가지는 것은 아니라고 주장한다. 왜냐하면, 이 합의들이 공포에 기반하고 있기 때문이다. 만약 당신이 합의내용을 위반할지도 모른다는 공포를 내가 가지고 산다면, 그것은 사실 계약이 존재하는 상태가 아니다. 공동의 권위에 복종하기로 한 우리의 상호계약에 따라 우리는 '제도에 의한 주권'을 확립한다. 정치적 정당성은 정부가 어떻게 권력을 확보하는가에 달려 있는 것이 아니다. 정치적 정당성은 정부에 복종하기로 동의한 사람들을 보호할 능력을 정부가 가지고 있는가에 달려 있는 것이다.

홉스는 단지 합의만 체결되면 평화가 보장될 것이는 환상에 빠지지 않는다. 홉스가 제시하는 세 번째 자연법칙은 이러한 합의들이 존중될 필요가 있다는 것이다. 내가 나의 이익을 실현하기 위해, 합의를 위반하고도 발각되지 않을 수 있다고 확신한다면 내가 합의를 위반할 수 있다는 것을 당신은 알고 있다. 사람들이 합의 위반을 하지 못하도록 하는 가장 확실한 방법은, 정치 주권자에게 무제한의 권력을 부여하여 그로 하여금 상호 의무를 준수하지 않는 사람을 처벌하도록 하는 것이라고 홉스는 말한다. 우리는 모두 이기심을 가지고 있다는 것을 알고 있기 때문에, 처벌할 권력을 가진 권위의 설립을 기꺼이 받아들이게 된다. 그런데, 홉스에 의하면, 이러한 정치 주권자가 존재할 때에만 옳고 그름을 객관적으로 판단할 수 있다. 홉스는 네 번째 자연법칙을 포함하여 여러 가지 자연법칙들을 추가로 제시한다. 그리고, 홉스는 자연법칙을 준수하는 사람들에게 감사를 표한다. 도덕성은 전체적으로 이러한 자연법칙들로 구성되며 자연법칙들은 사회계약을 만들어진다.

로크와 자유

홉스의 영향을 받았음에도 불구하고, 존 로크(John Locke)는 인간 본성에 대한 홉스의 냉소적인 견해에 의문을 제기한다. 로크가 볼 때, 사회계약은 생명, 자유, 재산, 개인권리의 향유에 관한 자연권을 보장해 준다. 시민사회에서 행복의 추구는 공동선을 만들어낸다. 사회계약 이전 인간의 삶은 홉스가 말한 악몽이 아니었다. 그것은 사실 낙원이었다!

로크는 그의 『통치에 관한 두 편의 논고(Two Treatises on Government)』에서, 자연 상태에 있는 것이 절대 주권자의 자의적인 권력에 종속되는 것보다 더 낫다고 주장한다. 그럼에도 불구하고, 자연상태는 심각한 결점이 있다. 즉, 개인 재산이 적절히 보호되지 않는다는 것이다. 이 문제를 해결하기 위해서, 인간들은 사회계약을 맺고 자신들의 일부 자유권을 양도한다. 로크의 철학은 인간의 권리와 책임에 대한 한 가지 해석에 기반한다. 그것은 하나의 복잡하고, 난해한 시도로서 사회계약과 사회협정의 운영을 설명한다. 여기에서 두 가지 핵심 아이디어가 두드러진다. 첫째는, 정부가 부정의하거나 권위주의적일 때, 로크는 '억압받는 사람들'이 '폭정에 저항'하고, 그 정부에 대항할 권리를 가진다고 주장한다. '폭군에게는 권위가 없다.' 둘째, 로크는 재산권에 강조점을 둔다. 이것은 로크의 이론에서 가장 영향력 있는 특징 중 하나이다. 땅을 소유한 신이 땅을 우리에게 향유하도록 주었다. 따라서, 재산권이란 존재할 수 없다. 하지만, 노동자가 자신의 노력을 물질적 대상에 투여함으로써, 그 노동자는 그가 창조한 사물에 대한 권리를 획득한다. 자연상태에서 모든 것은 공동의 소유물이다. 하지만, 신이 인간에게 자신의 보존과 재생산을 위해 사용할 수 있는 이성과 감각을 준 것처럼, 개인이 자신의 노력으로 자연상태에서 획득한 모든 것은 그의 소유물로 전환된다. 이것은 자연스럽고 정의로운 것이다.

홉스의 우선적 관심은 어떤 형태의 정부이든지 상관없이 정부를 지키는 것이었다. 이와 달리 로크는 제한된 형태의 정부를 선호했다. 정부 부서 간의 견제와 균형 그리고, 입법부의 진정한 대표성은 로크가 보기에 정부를 축소하고 개인의 자유를 극대화하기 위해 필요한 것이었다. 자신들의 왕에게 대항할 수 있는 시민의 권리와 사회계약을 지지하는 로크의 주장들은 미국의 민주주의 혁명 특히, 토마스 제퍼슨과 독립선언서 및 헌법 초안작성에 심대한 영향을 끼쳤다. 로크는 재산권 보호에 큰 중요성을 부여했다. 이로 인해 로크는 사유 재산권 사상의 원천으로 칭송을 받기도 하고, 현대 자본주의의 선구자로 비난을 받기도 한다. 다음 장에서 우리는 한 명의 저명한 현대 철학자에게 로크의 사상이 어떤 영향을 끼쳤는지 살펴볼 것이다.

루소의 '일반의지'

장 자크 루소(Jean-Jacques Rousseau)의 저서에 서술되어 있는 사회계약의 개념이 이념적 열정을 불러 일으켰고, 결국 프랑스 혁명으로 이어졌다. 그의 저서 『사회계약론(The Social Contract)』은 다음의 자주 인용되는 문구로 시작한다. '인간은 모두 자유롭게 태어났지만, 어디서나 사슬에 매여 있다.' 인간은 자연상태에서 자유로왔다. 하지만, 사회가 진보하면서 사회적, 경제적 불평등이 발생했고, 다른 사람들에 대한 의존과 복종이 생겨났다. 이 과정에서 자유는 점차 약화되었다. 우리는 자연상태로 되돌아 갈 수 없기 때문에, 정치를 통해 우리의 자유를 다시 회복시켜야 하며, 우리가 진짜 누구인지 그리고, 어떻게 더불어 살아야 하는지에 대하여 함께 논의하여야 한다.

우리는 어떻게 하면 다른 사람들에게 압력을 행사하지 않으면서도 자유롭고 조화로운 삶을 함께 살아갈 수 있을까? 이것이 루소가 『사회계약론(The Social Contract)』에서 제기하는 본질적인 질문이다.

루소는 우리가 그렇게 살아갈 수 있다고 확신한다. 루소는 그렇게 살아가기 위해서 우리들은 우리가 가지고 있는 개인적이고 특정한 의지를 집단의지 또는 '일반의지'에 복종시켜야 한다고 말한다. 일반의지는 자유롭고 평등한 사람들 사이에 맺어진 합의에 의해 형성된다. 우리는 자유롭고 평등하게 태어났기 때문에, 그 누구도 다른 사람들을 통치할 자연권을 가지고 있지 않다. 유일하게 정당화된 권위는 사람들의 동의에서 나온 권위이다.

루소에 의하면, 사회계약은 개인과 공동체 간의 합의이며 개인들은 이 합의를 통해 '일반의지'의 일부가 된다. 공동체는 대체적으로 사회에 무엇이 유익한지를 판단한다. 사회계약은 이렇게 표현된다. '우리 각자는 자신의 신체와 모든 힘을 일반의지의 최고 지도하에 있는 공동의 것으로 한다. 그리고 하나의 몸체로서의 우리는 각 구성원을 하나의 전체를 구성하는 불가분의 부분으로 받아들인다.'

루소의 일반의지 개념은 그의 주권 개념과 결합된다. 루소의 관점에서 주권은 정당성을 갖춘 정치적 권력 그 이상의 의미를 가진다. 공익과 일반의지를 추구하기 위해 주권이 행사된다. 주권이 규칙, 사회 계층 또는 심지어 군주제도를 만들 수 있다는 점에서 주권의 목적이 '일반적'이긴 하지만, 주권은 결코 규칙에 종속되는 개인들이 정확히 누구인지, 계층들에 속하는 개인들이 정확히 누구인지, 지배자의 지배를 받는 개인들이 정확히 누구인지를 특정하지 않는다. 이 개인들의 정체성을 특정하게 되면, 일반의지가 개별의지들의 연합이 되면서 개인들 또는 특정 집단들의 욕구를 전체 공동체의 필요보다 더 우위에 두게 되며, 결국 전체의 선을 추구한다는 근본적인 아이디어가 악화될 수 있다고 **루소**는 말한다. 루소는 일반의지와 개별의지의 연합을 구별한다. 루소는 『사회계약론』 제 2권에 이렇게 서술했다.

> 전체의지와 일반의지 사이에는 대체로 커다란 차이가 있다. 일반의지가 공동의 이익만을 신경 쓰는 반면, 전체의지는 개인의 이익에 신경 쓰는 개별의지들의 총합일 뿐이다. 그러나 이런 개별의지들에서 서로를 상쇄하는 넘치거나 부족한 의지들을 빼면 상이한 의지들의 합으로서 일반의지가 남는다.

루소는 서로 다른 세 가지 종류의 의지를 상상한다. 첫째, 개인들은 모두 자신의 이기적인 이익에 부합하는 개별의지(private will)를 가지고 있다. 둘째, 개인들은 집단을 지지하고 시민으로서의 역할을 수행한다. 이러한 개인들은 그 집단의 일반의지(general will)를 그들 자신의 것으로 인정하고, 평등한 자유의 조건 아래에서 상호 공존할 수 있는 법을 옹호한다. 셋째, 개인들은 공동체 안에 있는 집단의 공유된 의지(shared will)에서 자신들의 정체성을 찾게 된다.

하나의 잘 조직된 사회에서는 개별의지와 일반의지 사이에 긴장이 발생하지 않는다. 왜냐하면, 사람들은 정의와 그들의 이기적인 이익을 실현하기 위해서, 다른 사람들의 지배와 폭력으로부터 자신들의 자유를 보호해 주는 법을 준수해야 한다는 것을 인정하기 때문이다. 루소는 이 정도의 규율과 조화를 성취한 사회가 거의 없다는 것을 받아들인다. 일반의지가 그들의 자유를 제한하는 것에 대해 일부 사람들이 저항하는 것은 필연적이다. 또 다른 일부 사람들은 경쟁하는 파벌들을 만들어 국가에 자기 파벌의 의지를 강요하기도 한다.

따라서, '인간은 자유로워져야만 한다'는 루소의 인기없는 명제는 일반적으로, 국민 주권을 창출하기 위해 개인들이 자신의 자유의지를 포기하는 것을 의미하는 것으로 해석된다. 루소는 법이 개인의 자연권을 정당하게 침해할 수 있다고 말한다. 사실, 정부가 일반의지를 대표하는 한에 있어서, 정부는 실질적으로 무엇이든지 할 수 있다. 따라서, 비록 루소가 민주주의를 옹호하긴 했지만, 루소는 일반의지를 대표하는 입법부에 거의 무제한적인 권력을 부여하고자 했다. 따라서, 루소는 역설적이다. 즉, 민주주의자이자 전체주의자이다. 그럼에도 불구하고, 일반의지는 오직 사회 전체의 이익에 부합할 때만 개입되고, 루소가 자유와 평등의 조화를 우선시 하기 때문에, 루소의 표면적인 권위주의 주장은 약화될 수 있을 것이다. 우리는 주권이 자유와 평등을 약화시키는 것이 아니라 오직 자유와 평등을 향상시키는데 필요한 경우에만 개입하는 것으로 해석할 수 있다. 국가의 절대 권력과 개인의 권리 사이의 균형은 사회계약에 기반을 둔다. 사회계약은 파벌, 특정집단, 계층의 이익 추구로부터 사회를 보호해 준다.

임마누엘 칸트의 집 벽에 걸려 있었던 유일한 그림이 바로 루소의 초상화였다. 전해지는 바에 의하면, 칸트가 루소의 교육 저서인 『에밀』을 읽는데 집중한 나머지 매일 하던 산책을 유일하게 잊어버리기도 했다! 칸트의 정언명령 제 3공식('목적의 왕국 공식')에 루소가 강력한 영향을 미쳤다는 증거가 있다. 칸트의 제 3공식에는 루소의 『사회계약론』에 나오는 일반의지 설명이 반영되어 있다.

존 롤즈와 사회계약

나는 벤담, 밀, 칸트, 홉스, 로크, 루소와 같이 저명한 선조들의 철학을 살펴보았다. 이제 나는 우리 시대의 포괄적인 정의 이론을 명확히 하기 위한 선도적 노력을 살펴보고자 한다. 20세기 하버드 대학 교수이자 철학자였던 존 롤즈가 집필한 저작의 중요성은 아무리 강조해도 지나치지 않다. 롤즈가 『정의론(A Theory of Justice)』에 제시한 많은 아이디어들이 현대사회의 정의에 대한 토론을 여전히 지배하고 있다. 롤즈의 이론은 인간과 인간의 능력에 대한 칸트의 분석에 크게 의존하고 있다. 롤즈의 사회계약론적 정의 이론은 보편적 권리에 대한 광범위한 칸트의 도덕체계를 보존하면서도 칸트의 보다 관념론적인 개념들은 회피하고 있다. 롤즈는 스스로 '공정으로서의 정의'라고 부르는 자신의 이론에서, 인간이 '자유롭고 평등'하며, 도덕적으로 독립적이고, 합리적인 행위자라는 칸트의 관점을 채택한다. 즉, 인간이 필연적으로 이기주의자는 아니라는 것이다. 롤즈가 분명하게 선언하는 것은, 그의 이론이 공리주의보다 더 나은 대안이라는 것이다. 그는 도덕이라는 아기는 지키면서, 형이상학이라는 목욕물은 버리고자 했다.

사회계약

롤즈의 '공정으로서의 정의' 이론은 사회계약의 아이디어에서 출발한 것이다. 그렇다고 해서 롤즈의 이론이 앞선 사회계약 이론가들의 주장과 완전히 일치하는 것은 아니다. 『정의론』의 중요한 한 문단 속에 롤즈의 구상이 가장 잘 드러나 있다.

> 나의 목적은 이를테면 로크, 루소 그리고 칸트에게서 흔히 알려져 있는 사회계약의 이론을 고도로 추상화함으로써 일반화된 정의관을 제시하는 것이다. 그러기 위해서 우리는 원초적 계약을 어떤 사람이 특정 사회를 택하거나 특정형태의 정부를 세우는 것으로 생각해서는 안된다. 오히려 핵심이 되는 생각은 사회의 기본구조에 대한 정의의 원칙들이 **원초적 합의**의 대상이라는 점에 있다. 그것은 그들 자신의 이익 증진에 관심을 가진 **자유롭고 합리적인 사람들**이 **평등한 최초의 입장**에서 그

들 조직체의 기본 조건을 규정하는 것으로 채택하게 될 원칙들이다. 이러한 원칙들은 그 후의 모든 합의를 규제하는 것으로서, 참여하게 될 사회 협동체의 종류와 설립할 정부 형태를 명시해 준다. 정의의 원칙들을 이렇게 보는 방식을 나는 **공정으로서의 정의**라고 부를 것이다.

위의 글은 롤즈의 정의론의 의미와 정신을 모두 명확히 표현하고 있다. 내가 진한 글씨로 강조한 단어들은 롤즈의 사회계약론적 주장의 핵심 부분이다. 이 주장이 추구하는 초연함과 중립성에 그 주장의 매력이 있다. 롤즈는 사람들의 정의에 대한 진정한 판단과 사람들의 주관적이고 이기적인 의견을 구분해야 한다고 강조한다. 이러한 면에서, 어떤 사안에 대한 결정의 결과에 직접적인 영향을 받는 개인들보다, 상상 속에 존재하는 냉정한 외부인이 그 사안에 대해 더 공정한 결정을 내릴 것이라고 보는 것이 더 합리적일 것이다. 공평하고 냉정한 심의에 대한 롤즈의 아이디어가 구체적으로 구현된 것이 배심원 제도이다. 배심원 제도는 재판에서 공정한 결과를 얻기 위해, 해당 사건과 아무런 관련이 없는 개인들을 재판절차에 참여시키는 것이다.

다음 단계는 이렇게 객관적으로 확보된 원칙들과 우리의 주관적 판단을 비교 평가하는 것이다. 객관적 원칙과 우리의 주관적 판단 사이에 불가피하게 편차가 발생하게 되는데, 이 편차는 객관적 원칙과 우리의 주관적 판단이 서로 비슷해지는 지점에 도달할 때까지, 우리의 주관적 판단을 수정해 나감으로서 해소시킬 수 있다. 이를 통해 우리는 롤즈가 말한 '반성적 평형 상태(reflective equilibrium)'에 도달한다. 이 상태에서, 우리의 모든 신념은 하나의 일관된 전체를 형성한다. 예를 들어, 나는 고문이 언제나 잘못된 것이라고 확신한다. 이 확신은 개인의 권리를 선호하는 나의 일반적인 정치적 의견을 지지한다. 그리고, 모든 사람들은 자유와 평등을 누릴 자격이 있다는 추상적인 신념을 더욱 확고하게 해 준다. 모든 조각들이 직소 퍼즐처럼 깔끔하게 맞쳐진다. 완벽한 반성적 평형이 언제나 실현 가능한 것은 아니다. 하지만, 이 방법은 우리의 도덕적, 정치적 견해의 정당성을 설명하고 개선하는데 활용될 수 있을 것이다.

공리주의 거부하기

공리주의에 대한 거부는 롤즈의 정의론에서 나타나는 한 가지 중요한 특징이다. 롤즈는 정의를 측정하거나 고안해 내는 공리주의적 수단을 받아들이지 않는다. 그는 사회적 불평등이 최대의 복지를 가져온다고 하더라도 받아들이지 않는다. 공리주의에 대한 롤즈의 반대는 부분적으로 칸트가 전제한 개인들의 구별성 또는 분리성에 기반한다. 공리주의는 이러한 칸트의 전제를 경멸한다. 그리고, 공리주의에 대한 롤즈의 반대는 정의가 행복보다 앞서야 한다는 그의 입장에 기반한다. 이것은 철학자들이 좋아하는 표현인 '옳음이 좋음보다 우선한다'와 같은 의미이다.

원초적 입장(The original position)

롤즈는 종종 원초적 입장에 있는 사람들이 실제로 존재하거나 과거에 존재했다고 암시하는 것으로 오해를 받는다. 롤즈는 처음부터 원초적 입장을 하나의 '실제 역사적 상황, 더 나아가 원시적 문화 조건'으로 생각해서는 안 된다고 분명하게 말한다. 원초적 입장은 하나의 '특정한 정의 개념에 도달하기 위해 그려낸 순수한 가설 상황'으로 이해되어야 한다. 다른 말로 표현해서, 원초적 입장은 정의로운 사회의 필수 요소들에 대한 중립적 관점을 구축하는데 도움을 주는 발견적 또는 진단적 도구이다. 롤즈는 앞선 사회계약론자들(홉스, 로크, 루소)과 같이 개인들의 모임을 상상한다. 이 모임에 참여한 각 사람들은 '무지의 베일'에 싸인 상태에서 정의의 원칙을 토론한다. 그들은 자신들의 성별, 계층, 종교, 사회적 지위에 대해서 알지 못한다. 또한 그들은 자신이 어느 시대, 어느 나라에 살고 있는지도 모른다. 그들은 오직 과학과 심리학 법칙에 대한 기초지식만 가지고 있다.

우리는 종종 모르는게 축복이라고 말한다. 원초적 입장은 하나의 목적을 가진 축복이다. 무지의 베일이 싸인 사람들은 그들이 살아가야 할 사회의 조건들을 규정하는 일반원칙들을 만장일치로 결정해야 한다. 당신은 어떻게 하겠는가? 확실히 우리 대부분은 합리적인 자기이익에 기반해서, 우리가 생각하는 좋은 삶에 도달할 가능성을 가장 높여주는 원칙들을 지지할 것이다. 롤즈는 『정의론』에서 개별성과 독특성이 제거된 원초적 입장에 놓인 사람들이 결국 다음의 두 가지 원칙들을 선호하게 될 것이라고 주장한다.

제 1원칙: '각 사람들은 모든 사람의 유사한 자유의 체계와 양립할 수 있는 평등한 기본적 자유의 가장 광범위한 체계에 대하여 평등한 권리를 가져야 한다.'
제 2원칙: '사회, 경제적 불평등은 다음의 두 가지 조건을 모두 만족시킬 때 허용될 수 있다.'
(a) 정의로운 저축 원칙에 지장이 없는 범위에서 최소 수혜자에게 최대 이익이 돌아갈 때
(b) 관련된 모든 직위와 직책이 공정한 기회균등 조건에 맞게 모두에게 개방되어 있을 때

제 1원칙은 기본적 자유의 평등 원칙으로서 정치적 헌법의 제정과 관련된다. 제 2원칙은 주로 경제 제도에 적용된다. 원칙의 이행 측면에서 제 1원칙이 제 2원칙보다 우선한다. 제 2원칙 내에서 공정한 기회 균등이 차등의 원칙보다 우선하며, 롤즈가 '최소 극대화' 전략이라고 부르는 것 때문에 자유가 평등보다 우선한다. 즉, 무지의 베일 속에 있는 사람들 중에서, 무지의

베일이 벗겨지고 자신이 가장 가난한 사회 구성원 중 한 명이라는 것이 밝혀졌을 때 그의 자유가 위기에 처하길 원하는 사람은 아무도 없다.

롤즈와 롤즈의 저서: 비평가들의 칭찬들

로버트 노직(Robert Nozick): '강력하고, 심오하고, 미묘하고, 광범위하고, 체계적인 정치 및 도덕 철학 저서이다. 존 스튜어트 밀의 저서 이후로 이와 같은 저서는 찾아볼 수 없었다. 이 저서는 깨달음을 주는 아이디어들로 넘쳐나며, 아름다운 전체로 통합된다. 정치 철학자들은 이제 롤즈의 이론에 따라 연구하거나, 롤즈의 이론을 따르지 않는 이유를 설명해야 한다.'

로널드 드워킨(Ronald Dworkin): '현대 법철학에 정치 철학자 존 롤즈보다 더 큰 공헌을 한 이론가는 없다... 나는 당신에게 사과 없이 고백을 하나 하겠다. 우리 각자는 자신만의 임마누엘 칸트를 가지고 있다. 하지만, 이제부터 우리 각자는 존 롤즈의 축복을 받기 위해 노력할 것이다. 그의 모든 책, 그의 모든 각주, 그의 모든 훌륭한 토론을 거쳐, 우리는 이제 막 그 사람에게서 배워야 할 것이 얼마나 많은지 알아차리기 시작했다.'

그런데, 이것이 현실에서 어떻게 실현될 수 있을까? 차등의 원칙에 대해 살펴보자. 페이스북 설립자 마크 저커버그(Mark Zuckerberg)와 같이 막대한 부를 가진 사람과 미국 사회에서 가장 가난한 사람을 비교해 보라. 차등의 원칙을 적용하는 것이 가난한 사람들에게 정말 도움이 될까? 롤즈는 저커버그의 재산을 부정하지 않는다. 그는 재능있는 사람들이 자신의 능력을 개발하는 것을 장려한다. 그리고, 그는 정의의 관점에서 차등의 원칙이 가난한 사람들의 이익을 위해서 작동할 것이라고 설명한다. 예를들어, 저커버그와 같은 사람들에게 무거운 세금을 부과함으로써, 가난한 사람들은 개선된 복지, 건강관리, 교육을 제공받을 수 있고, 빈부격차가 감소할 수 있다.

롤즈는 자신의 두 가지 원칙에 따라 운영되는 사회가 공리주의 사회보다 더 낫다고 주장한다. 모두에게 기본적인 자유를 평등하게 보장해 주면 상호 존중에 기반한 협력의 정신이 강화된다. 그리고, 특정 집단들에게 평등한 권리를 허용하지 않음으로써 발생하는 충돌이 제거된다. 이에 반해, 공리주의 사회는 불신으로 인해 분열될 수 있다. 왜냐하면 공리주의 사회의 여러 집단들이, 사회 분열과 불화를 야기할 수 있는 프로그램을 도입하면서 평균 효용을 증대시킬 수 있다고 주장할 수 있기 때문이다. 롤즈의 이득과 손실 도표가 '최소 극대화' 전략을 잘 설명해 준다. 다음 표 2를 참고하기 바란다.

[표 2] 롤즈의 이득과 손실 도표

	상황 1	상황 2	상황 3
결정 1	-700파운드	+800파운드	+1200파운드
결정 2	-800파운드	+700파운드	+1400파운드
결정 3	+500파운드	+600파운드	+800파운드

세 가지 가능한 결정 중에서 최선의 결과는 어느 것인가? 만약에 내가 결정 1을 선택하고 상황 1이 발생한다면 나는 700파운드 손해를 보게 된다. 반면에 상황 2가 발생한다면 나는 800파운드 이익을 얻을 것이고, 운좋게 상황 3이 발생한다면 나는 무려 1200파운드 이익을 얻게 된다. 결정 1과 동일한 과정이 결정 2와 결정 3에 똑같이 적용된다. 이득은 나의 결정과 상황에 따라 달라진다. 나는 어떤 결정을 해야 하는가? '최소 극대화' 원칙은 나로 하여금 결정 3을 하도록 안내한다. 왜냐하면, 결정 3에서는 최악의 상황이 발생해도 나는 500파운드 이익을 획득할 수 있기 때문이다. 다른 선택을 할 경우 나는 최악의 상황에서 700파운드 또는 800파운드 손실을 입게 된다.

이와 마찬가지로, 원초적 입장에서 합리적 개인들이 선택하는 원칙은, 무지의 베일이 벗겨졌을 때 그들이 처할 수 있는 최악의 조건에서 선택가능한 대안 중 가장 적은 손해가 보장되는 원칙이다. 롤즈는 이와 동일한 논리가 원초적 입장에 있는 사람들이 '최소 극대화' 규칙을 선택하는 것에 적용된다고 말한다. 원초적 입장에 있는 사람들은 제 2규칙 (a) 항목, 즉 소위 '차등의 원칙'을 선택할 것이다. 왜냐하면, 차등의 원칙이 사람들에게 특정한 불가침의 권리를 보장해 주기 때문이다. 구성원들이 불가침의 권리를 가지는 것은 자유 사회의 필수적인 특징 중 하나이다.

원초적 입장에 있는 사람들은 결정적으로 자유를 평등보다 우위에 두는 사회에 있을 때 자신들의 조건을 개선하는데 유리할 것이다. 왜냐하면, 자유 사회에 있을 때 다양한 '사회적 기본재(social primary goods)'를 더 쉽게 획득할 수 있기 때문이다. 롤즈는 '사회적 기본재'에 권리, 자유, 권력, 기회, 소득, 부 그리고 특히 자기존중을 포함시켰다. 한편, 원초적 입장에 있는 사람들은 또 다른 이유로 차등의 원칙을 선택할 것이다. 차등 원칙은 두 가지 경쟁자 즉, '자연적 자유 체제'와 '공정한 기회 균등'이라는 개념보다 더 낫다. '자연적 자유 체제'는 부의 재분배에 대한 의무를 인정하지 않는 무제한의 시장 경제를 의미한다. 롤즈는 원초적 입장에 있는 사람들이 '자연적 자유 체제'를 거부할 것이라고 주장한다. 왜냐하면, 자연적 자유 체제는 '도덕적 관점에서 볼 때, 운과 같은 임의적 요인들이 재분배 몫에 부적절하게 영향을 끼치는 것을 허용'하기 때문이다. 당신이 우연히 부유한 가정에서 태어날 경우 재분배 몫을 부적절하게 많이 받게 될 것이다. 이것은 도덕적 관점에서 그리 적합한 것이 아니다.

'공정한 기회 균등'의 조건 하에서, 개인들은 자신들을 효과적으로 개발하기 위해 자신들이 가진 천부적 재능과 에너지를 사용하며, 이를 기반으로 개인의 가능성을 꽃 피우고자 한다. 공정한 기회 균등은 자연적 자유 체제보다 더 우월하다. 하지만, 롤즈의 시각에서 볼 때 공정한 기회균등 개념 또한 자연적 자유 체제와 비슷한 반론에 직면하게 된다. 즉, 내가 백만장자의 아들로 태어났다는 사실보다 나의 천부적 재능이 도덕적으로 더 중요해야 하는 이유가 무엇인가? 어떤 경우에도 이러한 우연들은 내가 받아야 마땅한 것(공평의 원칙)과는 아무런 관련이 없다. 차등의 원칙에 따르면, 나의 천부적 재능을 활용하여 나의 부를 증대시킬 수 있지만, 이 과정에서 최소 수혜자의 부도 함께 증대되어야 한다.

제 2원칙에는 한 가지 중요한 제한이 포함되어 있는데, 이 제한은 선택된 사회적 합의 하에서 최소 수혜자의 이익을 보호하기 위한 것이다.

롤즈가 '정의로운 저축 원칙'이라고 명명한 것이 있다. 이것이 의미하는 것은, 다른 모든 세대가 동일한 비율로 저축할 것이라는 가정 하에, 원초적 입장에 있는 사람들이 각 발전 단계에서 얼마만큼의 돈을 기꺼이 저축할 것인지를 스스로에게 질문할 필요가 있다는 것이다. 롤즈는 미래세대의 복지 또한 중요하다고 주장한다. 한 사회가 무엇을 저축할 것인지 그리고, 그로 인해 그 사회가 어떤 부담을 질 것인지 하는 것이 정의의 문제이다. 롤즈는 자신의 생각을 이렇게 표현한다.

> ...각 세대는 문화와 문명의 성과를 보존하고, 이미 확립된 제도를 그대로 유지해야 할 뿐만 아니라 각 시대에 축적된 적절한 양의 실질 자본을 따로 저축해야 한다. 이러한 저축은 기계와 기타 생산 수단에 대한 투자로부터 교육과 학습에 대한 투자에 이르기까지 다양한 형태를 띠게 된다.

롤즈는 '정의로운 저축 원칙'에 대해 보다 자세히 설명한다.

> ...각 발전 수준에 적합한 저축율이 할당된다. 아마도 그 저축율은 각 사회의 발전단계에 따라 달라질 것이다. 사람들이 가난하고 저축이 어려우면 낮은 저축율이 요구될 것이다. 반면에, 보다 부유한 사회에서는 저축의 실제 부담이 적을 것이므로 더 많이 저축할 것이라고 기대하는 것이 합리적이다. 결과적으로, 일단 정당한 제도가 굳건히 확립되고 모든 기본적 자유가 실질적으로 실현된다면, 요구되는 순수한 축적은 0으로 떨어질 것이다.

한 가지 분명한 것은, 원초적 입장에 있는 사람들이 미래 세대를 위해 자원의 일부를 저축하는 것에 찬성할 것이라는 점이다. 왜냐하면, 그들은 자신들이 대표하는 시민들이 어떤 시대에 살고 있는지 전혀 모르기 때문이다. 원초적 입장에 있는 사람들이 고도의 경제성장 시대에 수반되는 저축 원칙을 선택할 필요는 없다. 대신에, 그들은 두 가지 원칙이 모두 충족되는 세대가 등장할 때까지 실질 성장률을 0으로 유지하는 것을 선택할지도 모른다.

롤즈는 그의 정의론을 시민 불복종 문제에 적용한다. 그는 시민 불복종을 '주로 정부 정책 또는 법의 변화를 가져오려는 목적으로 행해지는 하나의 공개적이고, 비폭력적이고, 양심적이지만 법에 반하는 정치적 행위'라고 정의한다. 나치 독일이나 남아프리카공화국의 아파르트헤이트처럼 근본적으로 부정의한 사회인 경우, 시민들은 특정 종교나 피부색을 가진 구성원을 차별하는 명백히 부정의한 법에 불복종할 도덕적 의무가 있다고 느낄 것이다. 하지만 롤즈는 그들의 법 위반이 정당화 되기 위해서는 세 가지 조건이 충족되어야 한다고 말한다.

첫째, 그러한 행위가 일반적으로 평등한 시민적 자유(정의 제 1원칙)와 '공정한 기회 균등'(정의 제 2원칙 두 번째 부분)의 침해를 다루어야 한다. 정의 제 2원칙 첫 번째 부분인 차등의 원칙 침해는 덜 명확하게 나타나기 때문에, 그 행위를 정당화하기 어렵다. 둘째, 시민 불복종 행위는 정치적 다수에게 합리적으로 호소했지만 그 호소가 받아들여지지 않은 경우에만 실행되어야 한다. 셋째, 시민 불복종 행위가 사회에 해악보다 더 큰 이익을 가져올 가능성이 있어야 한다.

그럼에도 불구하고, 비록 이 세 가지 조건이 모두 충족되고, 그 행위가 정당해 보인다고 하더라도, 현실에 있어서는 시민 불복종 행위에 관여하는 것이 '현명한 것인지 또는 신중한 것인지'에 대한 질문이 여전히 남는다. 롤즈가 제시한 조건을 충족시키는 것으로 보이는 시민 불복종 사례에는 마하트마 간디의 평화적 인도 독립 운동, 마틴 루터 킹 주니어가 이끈 미국 시민권 운동, 남아프리카공화국 아파르트헤이트 반대 투쟁이 있다.

실무작업에 착수하기

원초적 입장에 있는 사람들이 정의의 두 가지 원칙과 '정의로운 저축 원칙'에 일단 동의하면 무지의 베일이 약간 걷힌다. 그리고, 원초적 입장에 있는 사람들은 자신들이 대표하는 시민들이 살고 있는 실제 사회 환경에 일반 원칙들을 적용할 수 있다. 이제 원초적 입장에 있는 사람들은 주어진 사회의 정치 문화와 경제 발전에 대한 자료를 더 많이 제공받는다. 그리고 나서, 그들은 두 가지 원칙이 반영된 하나의 헌법 초안을 작성하기 시작한다. 그들의 최우선 목표는 시민들이 자신의 능력을 개발하고, 각자의 선(善) 개념을 추구할 수 있는 자유 체계를 확립하는 것이다. 그들은 정치적 평등을 실현하는데 가장 적절한 제도를 결정해야 한다. 롤즈는 여기에 선거에 대한 공적 자금 지원, 선거 자금 기부 제한, 미디어에 대한 평등한 접근이 포함되어야 한다고 주장한다. 만약 그렇지 않으면, 정치과정이 사적인 경제권력에 장악될 것이다.

롤즈는 기회의 평등이라는 것이 교육과 고용에서의 차별을 단순하게 억지하는 것 이상을 요구한다고 강조한다. 국가는 또한 저소득층을 위한 양질의 교육, 기초 최저임금 그리고, 보편적 의료 보장을 지원해 주어야 한다. 하지만, 롤즈는 복지국가를 명백히 반대한다. 그 이유는 복지국가 자본주의가 부유한 개인들을 회원으로 하는 집단이 경제를 통제하도록 허용하기 때문이다. 복지국가 자본주의는 심지어 평등한 정치적 기회, 고용기회, 교육기회를 만들어 내는데 적절한 자원들을 제공하지 않는다. 그리고, 의기소침한 하류계층을 만들어 내는 경향이 있다. 하지만, 롤즈는 자유방임 자본주의 체제가 평등 증진에 훨씬 더 해롭다고 주장한다. 사회주의 통제경제 또한 평등을 보장하지 않는다. 왜냐하면, 국가권력이 직업선택의 자유와 같은 기본적 자유와 정치적 평등을 위협하기 때문이다.

롤즈의 '공정으로서의 정의' 모델은 민주적 사회주의 또는 재산소유 민주주의(property-owning democracy)의 형태를 선호한다. 민주적 사회주의 정부와 재산소유 민주주의 정부는 생산 자산의 광범위한 소유 그리고, 교육 및 훈련에 대한 포괄적 접근에 찬성한다. 민주적 사회주의와 재산소유 민주주의가 서로 비슷한 목표를 가지고 있지만, 민주적 사회주의만 노동자 관리 기업을 인정한다. 민주적 사회주의와 재산소유 민주주의 모두 최소 수혜자를 포함한 모든 시민들에게 지속가능한 사회적, 경제적 평등의 틀 안에서 그들 자신의 삶을 관리해 나갈 권한을 부여하려고 한다. 이것은 '기본적 정의'의 문제이다.

미세 조정

롤즈는 『정의론』(1971)을 출판한 이후 많은 저서를 통해 자신의 사상을 다듬었다. 특히, 롤즈는 그의 마지막 저서인 『정치적 자유주의』(1993)를 통해, 『정의론』에서 제시한 몇 가지 가정들을 삭제하고, 보다 공동체주의적인 접근 방식을 채택했다. 그리고, 인간을 공정한 시민으로 바라보는 그의 관점이 자유민주적 정치문화를 가장 잘 설명한다고 주장하면서, 시민들이 추구하는 정치공동체의 합의 규칙을 확립하는 것이 그의 목적이라고 강조했다. 『정치적 자유주의』의 핵심은 종교와 민주주의의 관계를 고찰하고, 자유 사회에서 도덕적, 종교적, 철학적 세계관이 얼마나 폭넓게 평화적으로 공존할 수 있는지를 살펴보는 것이다.

그의 초기 저서에 대한 비평에 대응하여, 롤즈는 자신의 입장을 명확히 하고, 그의 초기 저서가 야기한 오해를 바로잡고자 했다. 그는 특히 자신의 정의 원칙들을 아르키메데스적 윤리 관점 즉, 하나의 보편적 사회 정의 기준을 제공하는 관점의 한 종류로 만들 의도였다는 주장을 반박했다. 롤즈의 의도는 현대 입헌 민주주의에 적용되는 이론을 제시하는 것이었다. 『정치적 자유주의』라는 책 제목에서 알 수 있듯이, 이 책에서 다루는 것은 선의 도덕적, 종교적, 철학적 관념과 대비되는 정의의 정치적 개념이다. 이에 맞게, 그의 이론은 다음과 같은 평범한 주장을 한다. '공정으로서의 정의라는 개념은 하나의 인식론적 또는 형이상학적 사항을 다루는 것이 아니라 정치적 사항을 다룬다.' 다른 말로 하면, 정의의 개념은 본질에 있어서 실천적인 것이다.

자유 사회에서 정치권력은 정의라는 정치적 개념과 일치되게 사용될 때 정당성을 가진다. 그런데, 시민들은 왜 그들의 정치적 의견과 주요한 차이가 있음에도 불구하고, 한 가지 특정한 개념에 의해 창출된 법을 준수하는 데 동의하는 것인가? 롤즈는 '중첩적 합의(overlapping consensu, 역자주: 서로 다른 포괄적 교리를 가진 사람들이 공통된 정치적 정의관에 동의하는 것을 말한다.)'의 존재에 그의 희망을 건다. 중첩적 합의는 단순한 '타협 모델'이라고 불리는 것보다 더 나은 안정적 전망을 제공한다. 롤즈는 자신의 두 가지 정의의 원칙이, 서로의 이익과 가치가 상충되는 다원주의적이고 민주적인 사회의 구성원들이 정치적 조화를 이룰 수 있는 조건이라고 전제한다. 롤즈의 정치 자유주의 사상은 공유된 도덕적 또는 종교적 교리의 발전이 '중첩적 합의'에 위협이 된다는 점을 인정한다. 하지만, 그는 공동체의 정의 인식이 국가의 특정한 공공선 개념을 압도할 것이라고 강조한다.

이러한 중첩적 합의 속에서, 시민들은 동일한 법을 서로 다른 이유로 지지할 것이다. 정치개념은 자립적이다. 즉, 정치개념은 시민들이 가진 다양한 관점에 맞춰 조정될 수 있는 하나의 '모듈'이다. 시민들은 그들 자신의 독특한 관점 하에서 이 공유된 '모듈'을 지지할 것이다. 이것은 민주적 안정의 최상의 토대를 제공해 준다. 민주적 인정은 다양한 관점을 기진 시민들 사이에서 요동치는 권력 균형보다 더 바람직하다. 시민들은 그들 자신의 인식 속에서 하나의 정치개념을 열정적으로 지지한다. 그리고, 그 정치개념에 대한 지지는 심지어 그들의 특정 집단이 권력을 상실하는 상황에 직면하더라도 지속될 것이다. 이것이 중첩된 합의가 가지는 매력이다.

롤즈는 중첩적 합의의 도달 가능성 또는 지속성에 대하여 아무런 환상도 가지고 있지 않다. 모든 사회가 자유적 정의 개념을 지지하기 위해 단결할 만큼 충분히 공유된 공통 이익을 가지고 있는 것은 아니다. 비이성적이고, 억압적인 정책들이 나타나서 자유 가치들을 짓밟을 수도 있다. 그런데, 중첩적 합의가 안정과 정의를 위한 최선의 희망일까? 롤즈는 중첩적 합의가 하나의 지나치게 이상주의적이고 몽상적인 비전이라고 하는 주장을 강하게 거부한다. 당신은 롤즈의 거부가 납득이 되는가? 이런 조건에서 차등의 원칙은 더욱 받아들이기 어렵다. 그리고, '평등'을 구성하는 것이 무엇인지에 대한 동일한 판단없이 중첩적 합의 원칙이 적용될 수 있는지 의문이다. 중첩적 합의가 가능한지 한 가지 질문을 제시해 보겠다. '동일 임금'은 노동의 필요성, 생산성, 노력, 중요성, 가치와 관련되어 있는가?

1999년 롤즈는 『만민법』에서 자신의 견해를 재평가하였다. 그는 이 저서에서 자유주의가 모든 사회에 적절한 것이 아닐 수 있음을 인정하고, '품위 있고, 질서가 확립된 사회'라고 부르는 하나의 모델을 제시하기까지 했다. 다른 사회를 적대적으로 침략하지 않고, '정의의 공동선 개념'과 '합리적인 협의 위계체계'를 드러내며, 기본적인 인권을 보호한다면, 비록 그 사회가 비민주적이라고 하더라도 자유사회는 그 사회를 수용하여야 한다.

그의 설명은 대체로 공정으로서의 정의와 정치적 자유주의라는 두 가지 비슷한 개념에 기반한다. 그의 목적은 억압, 대량학살, 부정의한 전쟁, 종교박해 등과 같은 악의 역사가 얼마나 많이 정치적 부정의에서 기인한 것인지를 보여주는 것이다. 정의로운 제도가 정치적 불의를 제거하고 그 자리를 대신한다면, 불의는 궁극적으로 쇠퇴할 것이다. 질서가 잡히고, 정의로운 또는 거의 정의로운 정치제도가 없다면, 세계정의의 전망은 암울할 것이다. 이것은 제 12장에서 자세히 검토한다.

불평과 트집잡기

놀랍지 않게도, 롤즈의 정의 이론이 모든 사람을 만족시키는 것은 아니다. 심지어 수정된 형태라고 하더라도 그러하다. 롤즈의 정의 이론이 수많은 찬사를 받기도 했지만, 그의 이론은 다양한 분야로부터 강력한 비판을 받았다. 그의 이론에 대한 공격 범위는 사회 계약론과 '심층이론' 같은 롤즈의 전체 프로젝트에 대한 일반적인 우려로부터, '원초적 입장', '차등의 원칙', '반성적 균형', '최소 극대화 원칙' 등과 같이 롤즈가 채용한 개념적 도구의 세부사항에 대한 특정한 공격에 이르기까지 광범위 하다. 롤즈의 이론에 대해 어떤 공격들이 제기되었는지 당신에게 간단히 보여주기 위해, 나는 여기에서 몇 가지 공격을 잠시 살펴볼 것이다. 가장 중요한 공격들은 다음 장에서 보다 자세하게 검토할 것이다.

일부 비평가들은 '원초적 입장'이라는 개념에 결점이 있다고 불만을 제기한다. '원초적 입장' 개념이 심지어 발견적 고안으로서도 결점이 있다는 것이다. 그들이 주장하는 것은, 사람들이 자신들의 가치를 실제로 박탈당할 수 있다고 상상하는 것이 잘못되었다는 것이다. 또 다른 비평가들은 롤즈 이론의 '원초적 입장'이라는 근본적인 개념 상황에서 롤즈가 가정하는 결과가 필연적으로 도출될 수 있는지에 대해 의문을 제기한다. 로널드 드워킨은 각 개인이 동등한 관심과 존중을 받을 권리가 있다는 것이 롤즈의 '심층이론' 핵심이라고 주장하면서, 이 권리가 사회 계약의 결과로 도출된 것이 아니라, 롤즈의 계약 적용 가정에서 나온 것이라고 설명한다.

경제학자이자 노벨상 수상자인 아마르티아 센(Amartya Sen)은 롤즈가 정의로운 제도들에 초점을 맞추는 것을 좋아하지 않으며, 대신에 특정 사회에서 정의가 '실제로 실현'되는 것을 살펴보는 것을 선호한다고 주장한다. 정의에 대한 롤즈의 초월적 접근 대신에, 그는 '정의로운 사회'의 본질에 대한 '이성에 근거한 접근'을 제안한다. 이성에 근거한 접근을 통해 실행가능한 대안들이 비교되고 선택될 수 있다. 이 책 제 7장에서 그가 소위 '역량 접근'이라고 명명한 것에 대해 살펴볼 것이다.

비슷한 비판을 하는 비평가들은, 원초적 입장에 있는 사람들이 롤즈가 말한 두 가지 원칙들을 선택할 것인지, 그리고 설령 그들이 두 가지 원칙들을 선택했다고 하더라도 평등보다 자유를 선호할 것인지 아니면 선호해야만 하는지에 대해 의문을 제기한다. 승자독식 접근 방식을 선호하는 위험 감수자가 있다면 어떻게 되는 것인가? 다른 비평가들은 기본적 자유들 간에 발생하는 갈등은 어떻게 해결되는지 궁금해 한다. 일부 비평가들은 롤즈의 제1원칙과 제 2원칙이 서로 충돌한다고 주장한다. 즉, 부와 권력의 불평등이 필연적으로 기본적 자유의 불평등을 초래할 수 있다는 것이다. 한편, 하지만, 롤즈는 정의의 원칙이 고정된 것이라고 주장하지 않는다. 정의의 원칙이라고 하는 것은 우리가 만들고자 희망하는 사회의 종류에 대한 민주적 토론의 대상이 되는 잠정적인 개념일 뿐이다.

일부 비평가들은 롤즈의 이론에서 하나의 '편향성'을 지적한다. 놀랍지 않게도, 마르크스주의 분석을 채택한 사람들은 롤즈가 몇 가지 전통적인 '부르주와적, 자유주의적 가정들'을 내세운다고 주장한다. 롤즈는 사람들이 본질적으로 '자유롭다'고 간주하는 반면에 마르크스주의자들은 개인들을 대체로 계급 이익의 산물로 바라본다. 이와 마찬가지로, 롤즈의 국가 개념은 사회 갈등 모델보다는 사회 합의 모델을 채택한다. 한 비평가는 계급으로 분화된 사회에서, 가장 부유한 사람들의 대표들이 차등의 원칙을 선택할 것 같지는 않다고 단언한다. 계급으로 분화된 사회에는 가장 가난한 사람들과 가장 부유한 사람들이 모두 받아들일 수 있는 제도적 장치가 없다. 따라서 롤즈의 이론은 사회의 평등주의적 구조를 가정한다.

마찬가지로, 공동체주의적 정의관을 받아들이는 사람들은 롤즈의 개인주의가 인간의 본질에 대해 충분히 설명하지 않고 있다고 지적한다. 마이클 샌델(Michael Sandel)이 설득력 있고 두드러지게 제시한 공동체주의적 관점의 출발점은, 개인들이 그들의 공동체에 의해 부분적으로 정의되어진다는 것이다. 이 책 제 11장에서 이러한 접근에 대해 살펴볼 것이다.

롤즈의 가정들이 많은 페미니스트 저자들 또한 설득시키지 못하고 있다. 캐럴 페이트먼(Carole Pateman)은 사회계약이라는 장치가 남성과 여성의 관계에 관한 더 중요한 계약을 은폐시키고 있다고 주장한다. 계약이론이 가부장제에 반대하는 것으로 묘사되지만, 현실에서는 계약이론이 여성에 대한 남성의 통제를 실현시키고 있다. 페이트먼은 이러한 남녀 간의 권력 관계가 최소한 세 가지 유형의 현대 계약 즉, 혼인, 매춘, 대리모 계약에 존재한다고 단언한다. 각각의 계약은 남성의 통제력을 보여주는 전형적인 사례이며, 이를 통해 사회계약이 남성의 여성 지배 도구임을 확인할 수 있다. 다른 페미니스트 저자들은 계약이론의 핵심에 있는 사람의 본성에 대해 의문을 제기한다. '자유로운 개인'은 표면적으로 어느 계급도, 어느 인종도, 어느 성별도 아니다. 그런데, 이러한 전형(典型)이 어느 특정한 유형의 사람에게 유리하도록 설정된 것은 아닐까? 일부 사람들은 날카롭게 이런 질문을 한다. 사회계약이론이 어머니와 자녀의 유대와 같은 우리의 도덕적 의무를 결정하는 관계성을 고려하지 않고 우리의 권리와 의무를 정의하는 경향이 있는 것은 아닌가? 순전히 계약적인 관점에서 인간관계를 해석하게 되면, 우리의 완전한 도덕적 경험이 설명되지 않는다.

사회의 최소 수혜자에게 최대의 이익이 돌아가도록 해야 한다는 차등의 원칙이 다양한 관점들로부터 공격을 받고 있다. 공리주의자들은 차등의 원칙이 최대 다수의 최대 행복을 보장하지 못하기 때문에 받아들일 수 없다는 입장이다. 한마디로 표현한다면, 차등의 원칙은 효용을 극대화하지 않는다.

한 비평가는 차등의 원칙이 우리의 천부적 재능을 '집단적 자산'으로 가정하고 있다고 주장한다. 로버트 노직은 이렇게 문제를 제기한다. 만약 천부적 재능을 집단적 자산이라고 한다면, 우리의 신체기관도 마찬가지로 집단적 자신이라고 할 수 있다. 일부 비평가들은 차등의 원칙이 진정으로 평등을 증진시키는지 아니면 단순히 모든 사람들을 가난하게 만드는지에 대해 의문을 제기한다. 차등의 원칙에 의하면, 재능을 가진 사람들은 자신이 가진 재능으로 가장 가난한 사람들을 도울 수 있을 때에만 그 재능의 혜택을 누릴 수 있다. 이러한 원칙에 재능있는 사람들이 왜 동의해야 하는가? 재능을 가진 사람들이 덜 성실하게 일하는 것을 선호하거나 또는 자신의 재능을 아예 개발하지 않는 것을 선호한다면 어떻게 될 것인가?

만약 가난한 사람들을 돕기 위해서 재능있는 사람들에게 고율의 소득세를 부과한다면, 그들은 입자물리학을 연구하는 대신에 일반 사무직을 선택하지 않겠는가? 롤즈는 이러한 상황에서 한 가지 평등의 예외를 허용한다. 즉, 그는 가난한 사람들의 상황을 개선하기 위해 인센티브를 제공하는 것이 필요할 수 있다는 것을 인정한다. 재능있는 사람에게 인센티브를 제공하여 경제성장을 촉진시키고, 이를 통해 가난한 사람들이 이전의 평등 상태 보다 더 나은 위치로 이동할 수 있다면, 차등의 원칙은 이 상황을 묵인할 것이다. 한편, 롤즈의 '사회적 기본재' 개념 또한 공격을 받고 있다. 원초적 입장에 있는 사람들이 모든 사람들을 평등하게 대우하는 돌봄 사회(caring society)보다 말하자면 권리, 권력, 돈 등과 같은 것들을 반드시 선택할 것인가? 사람들을 소유욕이 강하고, 탐욕적이고, 이기적이라고 가정하고 있는 것은 아닌가?

롤즈가 정의에 대한 이론을 전혀 제시하지 못했다고 비난하는 비평가들도 있다! 일부 비평가들에 의하면, 정의는 근본적으로 보응(報應)과 관련이 있다. 즉, 우리가 받을 만한 무엇인가를 받는 것이 공정하고 정의롭다. 만약 당신이 열심히 일을 했다면, 당신은 보상을 받을 자격이 있다. 하지만, 롤즈의 공식에 의하면, 당신이 열심히 일한 것에 대한 보상은 오직 가장 가난한 사람들이 가능한 잘 살 수 있도록 하기 위해서만 필요하다. 롤즈는 이렇게 말한다. '도덕적인 보상을 주는 것을 최우선 원칙으로 삼아 한 사회를 조직하는 것은 도둑들을 처벌하기 위해 재산제도를 창출하는 것과 같은 것이다.'

마사 누스바움(Martha Nussbaum)의 공격 또한 매우 도전적이다. 그는 롤즈가 세 가지 사회 정의 문제를 간과하고 있다고 주장한다. 그 세 가지는 장애인, '모든 세계시민' 그리고 비인간 동물(제 10장 참조)에 대한 공정성 문제이다. 그리고, 다음 장에서 논의하겠지만, 로버트 노직처럼 사회적 재화의 패턴화된 분배 개념 조차 비난하는 사람들도 있다.

『정의론』처럼 야심차고 심도 깊은 저서에 대해 불만과 반대가 제기된다는 것은 그리 놀라운 일이 아니다. 롤즈가 매우 뛰어난 학자이긴 하지만, 나는 그의 기념비적인 저서가 어떤 공격도 받지 않을 것이라고 롤즈가 생각했다고 상상하지 않는다. 실제로, 그는 책 서문에 그의 동료들과 학생들이 자신이 작성한 세 가지 버전의 원고들을 읽고 논평해 주었다고 밝히면서, '그들의 모든 비판을 다 다룰 수는 없었다'고 인정했다. 그리고, 그의 저서에 '결점들이 여전히 남아 있다는 것을 잘 알고 있음'도 시인했다. 롤즈는 스스로에게 엄청난 과제를 설정했다. 그의 간결한 주장의 핵심은 정의가 사회제도의 첫 번째 미덕이라는 것이다. 600쪽에 달하는 저서인 『정의론』은 영어판으로 50만 부가 팔렸고, 30개 언어로 번역되었으며, 포괄적이고 세심하게 심사숙고한 대안을 공리주의에 제공했다. 이 고전의 마지막 부분에 매우 감동적인 글을 기록하는 것으로 롤즈는 그의 긴 논문을 마무리했다.

> 영원의 관점은 이 세상 너머의 특정 장소에서의 관점도 아니고, 초월적인 존재의 관점도 아니다. 오히려 그것은 합리적 인간들이 이 세상에서 채택할 수 있는 특정한 형태의 사고와 감정이다. 그렇게 함으로써, 합리적 인간들은 그들이 어떤 세대에 살아가고 있든지 상관없이 모두의 개별적인 관점들을 하나의 체계로 통합할 수 있고, 규제 원칙들에 함께 도달할 수도 있다. 이 규제 원칙들은 자신들의 관점을 가지고 다른 사람들과 함께 살아가는 모든 사람들의 지지를 받을 것이다. 만약 우리가 순수한 마음을 가질 수 있다면, 이러한 관점에서 순수한 마음을 가진 사람들이 분명하게 보고, 우아하고 자제력 있게 행동할 것이다.

나는 이 글에서 당신이 칸트, 루소, 로크의 소리를 들을 수 있기를 희망한다.

요약하기

부와 기회의 격차는 모든 사회에 존재한다. 불공평한 분배로부터 야기되는 부정의는 모든 정의 이론에 도전이 된다. 롤즈는 가상의 사회계약을 활용하여 원초적 입장에 있는 사람들이 두 가지 정의 원칙을 선택할 것이라고 주장한다. 롤즈의 차등의 원칙이 추구하는 것은, 재능있는 개인들이 그들의 목표를 추구하는 것을 좌절시키지 않으면서 이러한 불균형을 시정하는 것이다. 이를 위해서 재능있는 개인들의 재능의 성과는 대체로 사회의 공동자산으로 귀속시켜야 하는 조건이 부과된다. 부의 분배 개념은 롤즈의 정의론에서 핵심이다. 하지만, 이 개념은 부자들이 자신이 번 것을 지킬 자유를 제한한다. 다음 장에서 살펴보겠지만, 이것은 자유주의자들을 불편하게 만든다.

6장

자유주의
(Libertarianism)

자유주의자들은 자유를 사회의 주요 목표로 설정한다. 그들은 개인의 자유와 자율성을 극대화하고 싶어하고, 정치적 자유와 개인의 선택의 중요성을 강조한다. 그들은 일반적으로 권위에 대해 의심의 눈초리를 거두지 않으며, 자유방임 자본주의와 사적 소유를 지지하는 경향이 있다.

'자유' 사회에서 부의 분배는 시장에 의해 결정되며, 대부분의 정의 이론은 시장을 삶의 한 부분으로 인정한다. 실제로, 롤즈의 차등의 원칙이 시장을 최소 수혜자들을 돕는 수단으로 받아들인다. 공리주의자들은 시장을 이용하여 효용을 극대화하는 분배를 달성한다. 그리고, 성과기반 이론들도 성과에 따른 재화의 분배를 시장에 의존한다. 다른 한편으로, 자유주의 분배 원칙을 지지하는 사람들은 시장을 하나의 특정한 패턴을 위한 수단으로 간주되는 것에 거의 동의하지 않는다. 자유주의 분배주의자들은 특정한 패턴의 분배 개념에 반대한다. 그들은 시장 거래를 정확히 시장거래 그 자체로 받아들인다. 이것이 의미하는 것은, 사람들이 시장에서 그들의 소유물을 정당하게 취득하거나 교환하기만 한다면, 더 이상 말할 필요가 없다는 것이다. 한 사회가 정의롭기 위해서는 특정하게 패턴화된 분배가 요구되어서는 안 된다. 국가는 시민의 재산사용에 간섭하지 말아야 하며, 개인이 합법적으로 취득한 것을 강제로 가져가서도 안된다.

소위 '정의의 자격 이론(entitlement theory of justice)'이라고 불리는 이론이 있다. 이 이론은 미국의 정치 철학자 로버트 노직이 그의 저서『무정부, 국가, 유토피아』에서 가장 효과적으로 설명한 이론이다. 분배의 정의에 대한 노직의 공격은 상당한 논쟁을 불러일으켰다. 심지어 한 비평가는 노직을 향해, 가난한 사람들을 굶주리게 하고, 노인과 장애인 그리고 병든 사람을 내다 버리려고 하는 부적절한 욕망을 가진 사람이라고 비난했다. 이 장에서는 노직에 대한 여러 비난들이 과연 타당한 것인가를 검토하게 될 것이다.

'야경(night watchman)' 국가

공리주의에 대해 롤즈보다 더 강한 거부감을 가지고 있는 노직은 개인의 권리에 대한 존중이 국가의 행위를 평가하는 근본적인 기준이라고 주장한다. 그는 유일하게 정당한 국가는 국가의 활동을 시민의 생명권, 자유권, 사유재산과 계약의 보호에 한정시키는 최소한의 국가라고 단언한다. 노직은 국가의 역할을 '야경'국가의 역할로 제한하기를 희망한다. 즉, 국가의 업무를 국가방위, 경찰, 사법 행정으로 한정하고자 한다. 교육, 보건, 복지 등과 같은 분야는 사적영역이 책임져야 한다. 사적영역에는 자선단체, 교회 그리고, 시민사회의 여러 기관들이 포함된다. 노직은 이러한 종류의 업무를 수행하는데 있어서 시장이 정부보다 더 효율적이라고 주장한다. 그의 논리는 도덕적, 자유주의적 근거에 의존한다. 그는 자유주의 사회를 정당화시켜 주는 가장 강력한 요소가 개인의 권리 존중이라고 강조한다.

노직은 노벨상을 수상한 경제학자이자 철학자인 하이에크(F.A. Hayek)의 저서들 특히, 『노예의 길』과 『자유의 헌법』의 영향을 강하게 받았다. 이 책들은 아인 랜드(Ayn Rand)의 소설과 함께 특히 롤즈에 의해 제안된 부의 분배 개념 자체에 반론을 제기한다. 인간을 결코 수단으로 취급해서는 안 된다는 칸트의 주장과 우리가 우리 자신을 소유한다는 로크의 주장을 차용하여, 노직은 자기소유(self-ownership) 개념을 발전시켰다. 자기소유 개념의 핵심은, 개인들이 자신의 신체와 능력에 대한 권리를 가지기 때문에 자신의 노동과 재능의 성과에 대한 권리도 가지게 된다는 것이다. 개인들로서 우리는 수단이 아니라 목적이다. 개인이 수단이 아니라 목적이라는 사실은 특정한 권리들을 만들어 낸다. 이 권리에는 개인이 노동을 통해 획득한 것에 대한 로크주의적 권리가 포함된다. 우리가 하나의 물건을 소유할 때, 우리는 그 물건을 파괴하거나 다른 사람에게 양도할 권리를 가진다. 유사하게도, 내가 내 자신을 소유한다는 것은, 나를 구성하고 있는 다양한 신체 부분에 대한 권리를 내 자신이 가진다는 것이다. 이러한 나의 권리들은 당신의 행동에 '부가적 제약(side constraints)'으로 작용한다. 즉, 당신은 나를 다치게 하거나 죽일 수 없다. 왜냐하면, 그것은 나의 재산을 파괴하거나 손상시키는 것과 같기 때문이다. 당신은 또한 나의 신체 장기를 떼어내서 다른 사람에게 이식할 수도 없다. 그것은 나의 재산을 도둑질하는 것이기 때문이다.

노직은 우리 개인들이 가지는 도덕적 권리가 법과 정치 제도보다 우선한다는 로크의 또 다른 견해인 '자연상태에서의 권리' 개념을 받아들인다. 한편, 자연상태에서의 권리는 개인과 집단의 행위 그리고, 제도를 평가하고 제한할 수 있는 기준을 우리에게 제공해 준다. 노직은 로크를 상기시키면서, 이러한 도덕적 권리들이 사회계약보다 먼저 생겨났다고 주장한다. 사회계약이 없는 상태에서도 도덕적 권리들이 개인, 집단, 제도에 도덕적 제한을 부과한다.

모든 개인들이 계약이전의 도덕적 권리를 가진다는 것이 노직주의자들이 공유하는 이상의 근본이다. 개인들은 심지어 도덕적으로 또는 사회적으로 바람직한 목적을 위해서 그들에게 행해지는 특정한 것들이라고 하더라도 반대할 수 있는 도덕적 권리를 가진다. 따라서, 공리주의는 정의로운 결과를 가져올 수 없다. 왜냐하면, '전체적으로 큰 사회적 선을 이루기 위해 우리 중 한 사람의 삶을 다른 사람들의 삶보다 우선시할 수 없고, 우리 중 일부를 다른 사람들을 위해 희생시키는 것은 정당화될 수 없기 때문이다.' 효용에 대해서도 노직은 롤즈보다 더 강한 거부감을 드러낸다. 그는 바람직한 사회적 이익을 추구하기 위해 한 명의 개인에게 희생을 강요하는 것은, 개인을 목적이 아닌 수단으로 취급하는 것이기 때문에 받아들일 수 없다고 주장한다.

노예제도로서의 과세

노직은 부의 재분배를 거부할 정도로 급진적인 자유주의 이론가이다. 개인이 힘들여 일해서 얻은 결과물인 소득에 국가가 세금을 부과하는 것은 일종의 노예제도이다. 세금부과는 개인이 생산한 부를 강압적으로 **빼앗아가**는 것이다. 국가가 개인의 노동 수익의 일부에 대한 권리를 가지게 됨에 따라 국가는 개인의 일부를 소유하게 된다. 이것은 자기소유 원칙에 맞지 않는 것이다.

> 누군가의 노동의 결과물을 빼앗는 것은, 그의 시간을 빼앗아 그로 하여금 여러 가지 행동을 하도록 지시하는 것과 같은 것이다...그들이 당신으로부터 이러한 결정권을 취하는 과정을 통해, 그들은 당신의 일부를 소유하게 된다. 이 과정을 통해

당신이 가진 소유권을 그들이 가져간다. 동물 또는 물건에 대한 이러한 부분적인 통제권과 결정권을 가진다는 것은 그에 대한 소유권을 가진다는 것과 마찬가지다.

노직은 식품, 건강과 안전, 검열, 최저임금과 같은 것에 대해 금지하거나 규제하는 '유모 국가(nanny state)'를 아주 싫어했다. 그는 국가가 '본질적으로 부도덕'하기 때문에, 국가가 평등을 실현하기 위해 자원을 재분배하지 않을 것이라고 주장했다. 사회에 부를 재분배하고자 하는 국가는 과도한 권력을 추구하게 되고, 국가는 칸트주의자들이 말하는 '개인의 독특성'에 근거한 개인의 자유를 침해하게 된다.

당신의 것 지키기

노직은 개인들이 이미 가지고 있는 권리를 보호하는데 더 많은 관심을 기울인다. 노직의 '정의의 자격이론'은 다음의 3가지 원칙에 기반을 둔다.

- **취득 원칙:** 개인들이 이전에 소유하지 않았던 자원들에 대한 소유권을 획득할 수 있는 상황을 결정하는 원칙
- **양도 원칙:** 자원들에 대한 소유권을 개인들 간에 양도하는 방법을 결정하는 원칙
- **교정 원칙:** 부정의한 재산 취득 또는 부정의한 재산 양도를 어떻게 교정해야 하는지 정하는 원칙(예: 사기로 재산을 취득한 경우).

노직은 하나의 사회를 상상한다. 그 사회에서는 부의 분배가 사람들의 자격을 따지지 않는 방식으로 이루어진다. 이 사회는 평등한 분배를 선호하는 사회이다. 물론 분배가 공과 또는 진취성을 기반으로 평등하게 이루어질 수도 있다. 그는 이러한 분배를 D1이라고 부른다.

노직은 한 가지 상황을 가정한다. 한 사회의 구성원 가운데 특출한 농구 선수, 월트 체임벌린(Wilt Chamberlain)이 있다. 체임벌린이 팀과 맺은 계약

조건에 따르면, 그는 모든 관중이 경기장 입구에 있는 특별 상자에 25센트를 넣는 경우에만 경기에 출전할 수 있다. 그 특별상자에 든 돈은 모두 체임벌린이 가져간다. 이 계약의 결과로 새로운 분배방식인 D2가 생겨난다. 농구 경기 시즌 동안 백 만명의 팬이 그가 경기하는 것을 보기 위해 각자 25센트를 상자에 넣었다고 가정해 보자. 체임벌린은 25만 달러 만큼 더 부유해졌고, 결국 그 사회의 어느 누구보다 더 부유해 졌다. 이 분배방식은 D1에서 정한 원래의 분배 패턴에서 완전히 벗어난다. 그러면, D2를 정의롭다고 할 수 있는가? 체임벌린은 그 돈을 받을 자격이 있는가?

노직은 이 질문들에 '예'라고 대답할 것이다. D1에 있는 모든 사람들이 D2에서 자신이 가지고 있는 것에 대한 소유 자격을 인정 받기 때문에, D2가 생겨나는 시작점에 아무런 부정의가 없다. D1에서 D2로 분배방식이 변경되는 과정에서 25센트를 지불한 관중들도 매우 자유로운 상황에서 선택을 한 것이기 때문에 불만이 없다. 그리고, 체임벌린의 경기를 보기 원하지 않았던 사람들은 아무 것도 잃은 것이 없기 때문에 불만이 없다. 어떠한 부정의도 발생하지 않았다. 노직의 관점에서, 이 가정 상황은 모든 정의의 '비자격(non-entitlement)' 이론들이 결함을 가지고 있음을 보여준다. 비자격 이론들은 하나의 특정한 구조를 포함하거나 또는 한 가지 특정한 패턴에 부합하는 것이 공정한 분배를 위한 필수조건이라고 가정한다. 하지만, 노직은 어떠한 패턴도 자유를 파괴한다고 주장한다. 한 가지 분배 패턴을 강요하기 위해서는 견딜 수 없는 수준의 강압이 요구된다. 그리고, 이러한 강압은 개인들이 자신들의 재능과 노동을 자신들이 적합하다고 생각하는 데로 사용할 권리를 부정한다. 노직에 따르면, 분배적 정의는 결코 부의 재분배를 요구하지 않는다. 사실 분배적 정의는 부의 재분배를 금지한다. 따라서 최소국가는 분배적 정의를 확보하는 최선의 국가형태이다.

만약 부가 불공평하게 분배된다면 어떻게 되는가? 노직에게는 부의 불공평한 분배가 문제되지 않는다. '만약에 각 개인들이 정당한 소유물을 가지고 있다면, 소유물의 전체 분배는 정당한 것이다.'

당신은 로크가 천연자원에 개인의 노동을 혼합함으로써 공공재산이 사적재산으로 전환된다고 주장한 것을 기억할 것이다. 노직은 로크의 이러한 주장에 제한을 가한다. 즉, 개인들은 '적어도 공공재산이 다른 사람들과 공유할 수 있을 정도로 충분하고 그만큼 좋은 상태로 남아 있는 경우'에만 공공재산을 사적재산으로 전환할 수 있다. 개인은 여전히 다른 사람들과 공공재산의 많은 부분을 공유해야 한다. 노직은 한 가지 질문을 한다. 이 질문은 최근의 민간 우주 프로그램 발전의 측면에서 보면 매우 선견지명이 있는 질문이다. '만약 한 명의 우주비행사가 목성의 한 장소를 청소했다면, 그가 자신의 노동을 사람이 살지 않는 행성인 목성 전체와 혼합한 것인가, 아니면, 목성의 특정한 장소에만 혼합한 것인가?'

노직은 소위 '로크의 단서조항(Lockean proviso, 역자 주: 개인이 자연에서 노동을 통해 사유재산을 획득할 권리가 있지만, 그렇게 할 수 있는 것은 "아직 충분한 것이 남아 있고, 아직 제공되지 않은 것보다 더 많은 것이 남아 있을 때"에만 가능하다.)'이라는 개념을 채택하여 다음과 같이 주장한다. 만약 당신의 공정한 사유재산 취득이 나를 '충분하고 그만큼 좋은' 상태에 남겨두지 못한다면, 나는 당신의 공정한 사유재산 취득에 정당한 반대를 제기할 수 있다. 이것이 의미하는 것은, 당신의 사유재산 취득으로 인해 나의 형편이 궁색해질 경우, 나는 정당하게 문제를 제기할 수 있다는 것이다. 하지만, 비록 당신의 행위로 인해 내가 취득할 수 있는 공공재산의 감소로 나의 복지가 줄어든다고 하더라도, 만약 당신의 행위로 인해 발생한 다른 효과로 나의 손실이 적절하게 보충되었다면, 나는 정당하게 문제를 제기할 수 없다.

국가는 왜 필요한가?

노직은 포괄국가(over-arching state)에 대해 반감을 가지고 있다. 이것이 시사하는 것은 노직이 무정부주의자라는 것이다. 하지만, 그는 실세로 국가를 완전히 폐지해야 한다고 주장하지 않았고, 무정부주의자 또한 아니라는 것을 입증하기 위해 많은 애를 썼다. 만약 이 세상에 국가가 없다면, 사람들은 자신의 생명과 재산을 스스로 보호해야만 할 것이다. 노직은 만약 국가가 없다면, 사람들이 자연스럽게 연합하여 자발적인 보호 조합을 결성하고, 이 조합을 통해 교대로 서로의 재산을 감시하며, 어떻게 위반자를 처벌할 것인지를 결정할 것이라고 확신한다. 시간이 지나면, 한 집단이 나타나서 적절한 가격에 보안서비스를 제공해 주는 비즈니스를 시작할 것이다. 얼마 지나지 않아, 다른 집단들이 더 낮은 가격을 제시하거나 더 나은 품질의 서비스를 공급하겠다고 약속하면서 비즈니스 경쟁에 나설 것이다. 결국에는, 무정부주의자들이 가장 신뢰하는 하나의 거대 기업이 나타나게 될 것이다. 또한, 경쟁은 필연적으로 다른 기업들을 출현시킨다. 경쟁이 심화되면서 다툼이 일어날 것이고, 이 다툼은 조정 또는 중재를 통해 해결될 가능성이 높다. 당신은 지금 큰 그림을 보았다. 등장한 것은 하나의 사적 조직이다. 국가처럼 보이고, 국가처럼 들리긴 하지만 국가는 아니다. 시장의 '보이지 않는 손'의 힘이 하나의 거대한 민간 기업을 만든다. 이 기업의 주된 목적은 기업의 고객들을 보호하고 방어하는 것이다.

이 시스템의 일부가 되기를 희망하지 않고, 그들 자신을 스스로 돌보는 것을 선호하며, 그들의 권리를 침해하는 사람들을 스스로 처벌하기를 원하는 개인들은 어떻게 되는 것인가? 노직의 기관 또는 회사는 이러한 개인들을 허용하지 않을 것이다. 사실, 회사는 독립적으로 살고자 하는 개인들에 대해서는 도덕적으로 아무런 의무가 없다. 왜냐하면, 회사의 존재 이유는 회사 고객들만을 보호하는 것이기 때문이다. 이와 함께, 회사 고객들은 부당하게 또는 과도하게 처벌 받거나, 기소되거나, 체포되지 않을 권리를 가진다. 회사는 독립적으로 살고자 하는 개인들이 회사 고객들에게 위해를 가하지 못하도록 해야만 한다. 따라서, 회사는 회사 고객을 보호하는 범위 내에서 정의를 구현할 것이다.

그런데, 이 주장은 회사가 국가의 필수적인 역할 중 하나인 무력의 정당한 사용에 대한 독점권을 확보함을 의미하는 것이 아닌가? 이 회사는 노직이 '극 최소국가(ultra-minimal state)'라고 명명한 것으로 전환된다. 그러면, 추위 속에 방치되어 있던 '독립적으로 살고자 하는 개인들'은 어떻게 되는가? 극 최소국가는 적절한 가격에 국가의 보호를 '독립적으로 살고자 하는 개인들'에게 까지 확장할 것이다. 독립적으로 살고자 하는 개인들도 국가가 자신들을 보호하는데 지불하는 금액만큼 댓가를 지불해야 할 것이다. 이로써 이 명목상의 국가는 또 다른 국가기능을 떠맡게 된다. 그것은 바로, 국경 안에 있는 모든 사람들을 보호하는 것이다. 사람들이 지불하는 요금은 사실상 세금이다. 하지만, 그 요금은 고객들이 자발적으로 지불하는 것이기 때문에, 노직이 소중히 여기는 자기소유권을 침해하지 않는다. 이제 극 최소국가는 하나의 완전한 최소국가로 변모했다.

부정한 취득

초기 재산 취득과정에서 부정한 일들이 매우 자주 발생했다. 수세기 전에 전 세계적으로 수 많은 식민지 국가 사람들이 자신들의 땅을 빼앗긴 것을 생각해 보라. 재산은 약탈당할 수도 있고, 사기나 무력으로 획득할 수도 있다. 명백한 것은, 한 국가의 개인들에 의해 저질러진 재산의 부정한 취득은 보다 쉽게 교정될 수 있지만, 다른 국가가 저지른 부정한 재산 취득은 교정되기 어렵다는 것이다. 그런데, 노직은 심지어 역사적 부정의조차도 바로잡아야 한다고 주장한다. 하지만, 그것이 어떻게 가능한가? 땅을 빼앗긴 사람들의 후손들이 땅을 빼앗아 이득을 본 사람들을 상대로 배상을 요구할 수 있을 것이다. 그런데, 우리는 땅을 빼앗긴 사람들을 보상하는 만족스러운 방법을 어떻게 형식화할 것인가?

노직은 롤즈의 차등의 원칙을 거부한다. 차등의 원칙이 주장하는 것은, 모든 사회 구성원들이 사회적 협력을 통해 이득을 보아야 하기 때문에, 가난한 사람들은 보다 성공한 구성원들의 소득 중 일부를 자동적으로 가져갈 자격을 가지게 된다는 것이다. 한편, 롤즈와 마찬가지로, 노직은 최소 수혜자 특히, 역사적 부정의가 없었더라면 지금처럼 그렇게 궁핍하지 않았을 사람들의 지위를 극대화하는 '경험법칙'을 도입하는 것이, 그들을 위해 할 수 있는 최선이라고 주장한다. 역사적 부정의가 없었더라면 지금처럼 그렇게 부유하지 못했을 사람들이 그 반대편에 있는 사람들에게 보상을 해 주어야 할 것이다. 이것은 롤즈의 차등 원칙을 노직이 수용한 것처럼 보인다. 노직이 비록 제한적이긴 하지만 국가의 필요성을 분명하게 인정한 것이 하나의 유해한 타협인가? 여기에 대해 그는 다소 모호한 입장을 취한다.

> 비록 우리의 죄에 대한 처벌로 사회주의를 도입한다는 것은 너무나 지나친 것이지만, 과거의 부정의가 너무 커서 그것을 교정하기 위해 단기적으로 보다 더 확장적인 국가가 필요할 수는 있다.

이것이 제안하는 것은, 정의를 보장하기 위해서 또는 최소한 역사적 잘못을 바로잡기 위해서 일부 강제적인 제도의 도입이 요구되어진다는 것이다.

노직에 대한 반론

노직의 주장을 둘러싸고 벌이는 수많은 논쟁들을 검토해 보면, 노직의 급진적인 명제의 중심에 놓여 있는 몇 가지 핵심적인 가정들이 선명하게 드러난다. 노직의 주장에 비판적인 사람들 중에는 사회민주주의자들처럼 물질주의와 자유시장체제의 탐욕을 경멸하는 사람들이 있다.(나는 제 9장에서 이러한 진퇴양난의 상황에 대해 살펴볼 것이다.) 이 사람들의 비판은 노직의 저서를 대체로 적대적으로 받아들이는 입장들 중 일부를 설명한다. 노직의 주장에 대한 가장 강력한 반론은 정의를 사회 내 부의 불균형을 해소하거나 감소시키는 도구로 인식하는 사람들로부터 나온다. 그들이 볼 때 노직의 재분배에 대한 거부 또는 '패턴화'된 공정성 원칙들에 대한 거부는 이상적인 사회질서 실현에 해로운 것이다.

일부 사람들은 노직이 부족한 근거를 바탕으로 공리주의를 비판한다고 주장한다. 하트는 노직의 공리주의 비판이 역설적이라고 묘사한다. 왜냐하면, 노직이 공리주의에 가하는 비판과 '절대적 극대화 공리주의(an absolute maximizing utilitarianism, 역자주: 공리주의의 한 형태로서 모든 행위는 그 결과로 발생하는 쾌락의 총량을 최대화 해야 하며 쾌락이 고통보다 많아야 옳다고 인정하는 관점)'의 최소 만족 함의가 많은 공통점을 가지고 있기 때문이다. 즉, 노직의 주장과 '절대적 극대화 공리주의' 모두 '소수의 사람들이 큰 행복을 누리는 반면 매우 많은 사람들이 매우 작은 행복을 누리는 사회(사회 1)와 행복이 보다 평등하게 나누어지는 사회(사회 2) 중에서 아무 것도 선택할 수 없는 특정한 조건을 제시한다.' 공리주의자는 양쪽 사회(사회 1과 사회 2)의 복지가 전체적으로 또는 평균적으로 같은 것으로 간주할 것이다. 노직은 그 상황을 역사적인 상황으로 다룬다. 하트는 공리주의자와 노직 모두 현존하는 분배 패턴이 불공평하다고 하더라도 폐지시키지 않을 것이라고 판단한다. 다른 비평가들은 노직의 보상원칙이 초기 공리주의의 입장과 다르지 않다고 주장한다! 그들의 주장에 따르면, 만약 노직의 보상원칙이 일반적으로 적용된다면, 그 원칙에 영향을 받는 개인들의 운명을 개선하기 위해 (보상을 해 주어야 하는) 다른 사람들의 권리 침해를 용인해야 하며, 이로인해 노직의 자유주의가 훼손될 것이다. 하지만, 노직의 보상 원칙이 없다면, 최소 국가는 노직이 말한 최악의 악몽인 복지국가로 전환 될 수도 있다!

노직이 말하는 최소국가 또는 야경국가를 설립하는 것이 현실적으로 가능한가? 자연상태에서 어떻게 실현될 수 있을까? 개인의 권리 침해없이 이런 국가 설립이 정말 가능한가? 최소국가가 설립된 이후에도 계속 최소국가로 남을 수 있는가? 누가 야간 경비원을 감시할 것인가? 가난한 사람들이 정치권력을 획득하는 것을 어떻게 막을 수 있는가? 최소국가는 경제적 궁핍을 감소시키고 해소할 수 있는가?

노직의 반대자들 중에서 노직의 역사 자격이론에 큰 관심을 보이는 사람은 거의 없다. 재산의 강제적 또는 비자발적 이전은 재산 소유자의 권리를 침해하는 것이다. 어떠한 재산 재분배도 반드시 재산 소유자의 동의를 얻어야 한다. 노직은 역사적 최초 재산 취득을 인정하고, 그 재산 취득자에게 절대적인 권리를 부여하며, 그 권리가 다음 소유자에게 이전되는 것을 허용한다. 그런데, 내가 보기에, 노직은 이 초기 재산권이 어떤 원칙에 따라 보장되는 것인지를 말하지 않고 있다. 우리가 살펴본 것처럼, 노직은 로크의 소유권 개념을 받아들인다. 하지만, 첫 번째 소유자가 그의 권리를 정확히 어떤 방법으로 만들어 내었는지가 여전히 불명확하다. 땅에다가 깃발을 꽂았는지 아니면, 공개 선언을 했는지. 그것이 여전히 명확하지 않다.

사유 재산이라는 개념이 실질적으로 자유를 감소시킨다는 주장이 제기되어 왔다. 18세기 영국에서 있었던 인클로저 운동을 생각해 보라. 당시 법에 따라, 공유지가 '인클로저(대규모 농장에 통합)'되어 그 공유지를 이전에 이용했던 사람들이 더 이상 접근할 수 없게 되었다. 시인 존 클레어(John Clare)는 그의 시 '황무지(The Moors)'에서 당시의 비통한 결과를 생생하게 그리고, 가슴 아프게 그려냈다. 그는 이렇게 한탄한다.

"하늘이 경계를 지어주던 황무지가 모두 막혀 버렸다...울타리는 지금 소유자들의 작은 경계 안에서 울타리를 만난다. 황무지는 우리에게 교회였다. 그리고, 황무지에는 자유로 가는 그리고 어린시절로 가는 길이 있었다 / '여기에 길이 없다'는 것을 알리는 안내판이 꽂혀 있다...인클로저가 와서 노동자의 권리의 무덤을 짓밟았고, 가난한 사람들을 노예로 만들었다."

노직은 세금 부과를 강제노동에 비유했다. 당연하게도 이 비유는 여러 비평가들의 공격을 받았다. 노직이 강력하게 주장한 것처럼, 만약 우리의 삶이 도덕적 가치가 있다면, 우리에게는 그 삶을 살아갈 기회 또는 역량이 요구되어 진다. 만약 내가 빈곤에 처해 있다면 나는 그런 기회와 역량을 거의 가질 수가 없다. 성취감을 주는 삶을 살기 위해서 나에게 필요한 것은, 바람직한 목표에 합리적으로 도달하는 데 필수적인 재화이다. 노직의 체계는 나에게 이러한 능력 또는 '역량'을 분명히 주지 못할 것이다. 이것은 '역량'과 '능력'에 기반한 정의 이론을 채택한 사람들의 핵심 주장이다. 여기에 대해서는 다음 장에서 자세히 설명할 것이다.

요약하기

노직의 극단적인 형태의 자유주의는 로크의 자격 개념에 기반한다. 즉, 모든 사람들이 그들이 소유한 것에 대한 소유 자격을 가질 때, 분배는 공정해 진다. 그런데, 일부 사람들은 다른 사람들을 속일 것이고, 다른 사람의 재산을 탈취할 것이며, 다른 사람을 억압할 것이다. 그렇기 때문에 '교정'의 원칙이 필요하다. 자유주의 사상가로서 노직은 '야경국가'로 국가의 개념을 제한한다. 야경국가의 역힐은 국방, 안보, 사법 행정으로 한정된다. 나머지는 민간영역이 담당해야 한다. 자유 시장이 일반적으로 정부보다 더 효율적이라고 노직은 주장한다. 그의 분석은 도덕적, 자유주의적 근거 특히 개인의 권리 존중에 기반한다.

만약 보통 사람들이 제도에 의해 보장되는 권리와 기회를 누릴 능력(capacity to enjoy)이 부속하다면, 정의의 원직과 공정한 제도의 설립이 무슨 의미가 있는가? 만약 사람들이 존 롤즈의 사회계약에서 제시한 사회계약을 실현할 능력이 부족하다면, 공정한 사회라는 개념은 공허해진다. 사람들에게 유익한 권리와 이익을 부여하는 것은 매우 좋다. 하지만, 그들이 이 권리와 이익을 실질적인 결과로 전환할 수 없다면, 그 권리와 이익이 별 소용이 없다. 따라서, 우리는 '모든 사람들이 이상적인 행동을 할 것이라고 가정 하기 보다, 사람들이 실제로 어떤 행동을 하는지에 집중'해야 한다. 이것은 노벨상 수상자인 아마르티아 센이 한 말이다. 그는 수십년에 걸쳐 정의(Justice)라는 주제를 중심에 두고, 동양과 서양, 경제학과 철학의 광범위한 연구를 진행했다. 아마르티아 센과 함께 여러 학자들 특히, 미국 철학자 마사 누스바움은 정의와 관련하여 '역량'에 기반한 접근을 추구한다.

이러한 접근방식은 사람들이 실제로 살아가는 삶에 초점을 맞춘다. 아마르티아 센이 주장하는 핵심은 만국 공통의 지지를 받을 수 있는 단일하고, 완벽하게 공정한 사회제도는 존재하지 않는다는 것이다. 정의의 개념은 더욱 미묘하고 복잡하다. 우리는 롤즈가 주장하는 방식이 포괄적인 정의 이론이 한계를 가진다는 것을 인정하고, 지구에 살고 있는 수백 만명이 겪고 있는 부정의에 초점을 맞추어야 한다. 우리는 이 주제에 대해 제 12장에서 논의할 것이다.

다면적인 접근은 개인의 복지, 건강 그리고 일반적인 웰빙에 강조점을 두며, 사회 변화를 진척시키는 사회적 조치와 정책들을 높게 평가한다. 이 접근법은 개인들이 특정한 목적을 달성하고, 특정한 일을 실제로 할 수 있는 자유를 강조하며, 사람들을 '다면적 시각'에서 그리고 총체적으로 바라보고자 한다. 이 접근법은 보통 사람들이 그렇게 하는 것처럼, 더 나은 삶, 건강, 교육, 사회적 관계 그리고, '좋은 삶'의 여러 요소들을 추구하며 행복이나 부유함처럼 주관적인 범주들에만 초점을 맞추는 이론들과는 그 관심사에서 차이가 난다. 이로 인해, 철학자들 뿐만 아니라 개발 연구, 복지 경제학 그리고, 사회 정책에 관여하는 사람들로부터 지지를 받는다. 이 접근법은 불평등, 빈곤, 질병과 같은 사회 부정의가 어떤 것인지 설명하는 대신에, 이러한 부정의가 발생하는 근본 원인을 제시한다. 만약 당신이 이 접근법을 주장하는 학자들의 저서를 읽게 된다면, '순수 이론'이 가지는 한계를 뚜렷이 알게 될 것이고, 아주 많은 사람들에게 고통을 가하는 질병, 기근 그리고 여러 형태의 비참함을 해소하고자 하는 강한 열망을 느끼게 될 것이다.

무엇을 하기 위한 자유인가?

다른 사람의 도움이 없이는 어떤 활동도 제대로 할 수 없는 장애인이 있다고 생각해 보라. 다음과 같은 3가지 사례가 있을 수 있다.

- **사례 1.** 그는 누구의 도움도 받지 못하며 집 밖으로 나갈 수도 없다.
- **사례 2.** 그는 국가가 제공해 주는 상주 도우미의 도움을 받기 때문에, 원할 때마다 그의 집을 떠나 자유롭게 돌아다닐 수 있다.
- **사례 3.** 그는 높은 임금을 지급받는 하인들을 두고 있다. 하인들은 그의 지시에 순종하도록 요구받는다. 결과적으로, 그는 자신이 원할 때마다 집을 떠나 자유롭게 돌아다닐 수 있다.

역량 접근법은 이렇게 질문한다. 그가 원하는 것을 할 자유가 있는가? 사례 1의 장애인이 그의 집을 벗어날 역량이 없다는 것은 분명해 보인다. 한편 자유이론 중에는 자유개념을 단순하게 '어떤 사람이 무엇인가를 할 수 있다는 것'으로 제한하지 않고, 비록 그 사람이 원했다고 하더라도, 다른 사람들이 그 사람의 역량을 제거할 수 없다는 요구사항이 포함되어야 한다는 이론이 있다. 이 이론은, 비록 그 힘이 실제로 발휘되지 않는다고 하더라도, 사회 구성원들의 자유를 임의로 방해할 수 있는 힘이 존재한다고 가정한다. 이 접근법에 따르면, 사례 1뿐만 아니라 사례 2의 장애인도 자유가 침해당할 수 있다.

사례 2에서, 장애인이 집을 떠날 자유는 그 장애인에게 도우미를 제공해 주는 사회 복지제도에 의존한다. 한편, 역량 접근법은 사례 1을 다른 두 개의 사례와 근본적으로 다른 것으로 간주한다. 왜냐하면, 사례 1에서 그 사람은 그의 집을 떠날 역량을 완전히 박탈당하기 때문이다. 사례 1과 사례 2를 동등한 것으로 취급한다는 것은 사회보장제도와 돌봄 사회의 형성이 장애인의 자유에 아무런 영향을 미치지 않는다는 입장을 수용하는 것이다. 이것은 정의 이론에서 하나의 주요한 결함이 될 수 있다.

 이 접근법에서 중요한 것은, 만약 우리가 정의로운 사회를 만들기 원한다면, 모든 사람을 위한 역량이 추구되어야 한다. 모든 사람을 특정한 목적을 위한 수단이 아니라 목적 그 자체로 대해야 한다. 이 접근법은 공리주의를 거부한다. 공리주의자들은 한 국가의 1인당 국내총생산(GNP)과 같은 지표로 삶의 질을 주로 판단한다. 그런데, 1인당 국내총생산은 소득과 부가 실질적으로 어떻게 분배되는지 보여주지 않는다. 그리고, 국내총생산 지표에는 기대수명, 유아 사망률, 교육 기회, 사회의 여러 중요한 특징들과 같이 부와 필연적으로 관련되지 않는 조건들이 제대로 반영되어 있지 않다. 우리가 제4장에서 살펴본 것처럼, 공리주의적 계산은 행복이나 부의 축적에 관심이 있다. 누스바움에 의해 진전된 역량 접근법은 인간의 존엄성 개념에 기반하고 있다. 인간은 번영할 수 있고, 존엄한 삶을 살아갈 가치가 있다. 누스바움은 다음의 10가지 '핵심적인 인간 역량'을 제시한다.

1. **생명**
   - 인간의 정상 수명을 다 누릴 수 있는 능력

2. **신체 건강**
   - 모성 건강을 포함하여 좋은 건강상태를 향유할 수 있는 능력
   - 적절한 성장을 할 수 있는 능력
   - 적절한 거주지를 가질 능력

3. **신체 보전**
   - 한 장소에서 다른 장소로 자유롭게 이동할 수 있는 능력
   - 성 폭력과 가정 폭력을 포함하여 폭력적인 공격으로부터 안전할 수 있는 능력
   - 성적 만족을 위한 기회를 가질 수 있는 능력
   - 자녀출산에 관하여 선택할 수 있는 능력

4. 감각, 상상, 사고
- 적절한 교육(문자 해독력, 기초적인 수학적, 과학적 훈련 포함)을 통해 배우고 함양된 감각을 사용할 수 있는 능력
- '참으로 인간적인' 방식으로 상상하고 사고하고 추론할 수 있는 능력

5. 감정
- 자신 밖에 존재하는 사물과 사람에게 애착을 가질 수 있는 능력
- 우리를 사랑하고 돌봐주는 사람들을 사랑할 수 있는 능력
- 그들의 부재를 슬퍼할 수 있는 능력
- 공포와 불안으로 인해 개인의 감정 발달이 손상되지 않는 능력

6. 실천 이성
- 선의 개념을 형성할 수 있는 능력
- 자신의 삶의 계획에 대한 비판적 반성에 참여할 수 있는 능력
  이 능력을 위해서 양심의 자유와 종교적 의식의 보장이 수반되어야 한다.

7. 관계
- 타인과 함께 살 수 있는 능력
  타인과 관계를 맺으며 살 수 있는 능력
- 타인을 인정하고 관심을 보일 수 있는 능력
- 다양한 형태의 사회적 상호작용에 참여할 수 있는 능력
- 타인의 상황을 상상할 수 있는 능력
- 자존감과 굴욕감을 느끼지 않을 능력
- 타인과 동등하게 가치 있는 존재로서 존엄하게 대우받는 능력

8. 인간 이외의 종
- 동물들, 식물들 그리고, 자연 세계에 관심을 가지고, 관계를 맺고 살아갈 수 있는 능력

9. 놀이
- 웃고, 놀고, 여가활동을 즐길 수 있는 능력

10. 자신의 환경 통제
- 자신의 삶을 지배하는 정치적 선택에 효과적으로 참여할 수 있는 능력
- 정치적 참여를 할 수 있는 능력
- 언론과 결사의 자유를 보호할 수 있는 능력

- 타인과 평등한 기준으로 재산을 보유하고 재산권을 행사할 수 있는 능력
- 타인과 평등한 기준으로 일자리를 구할 수 있는 능력
- 영장 없는 수색과 체포를 당하지 않을 능력
- 한 명의 인간으로서 일할 권리를 가질 능력
- 다른 노동자들과 의미 있는 상호 인정 관계를 가질 능력
- 실천 이성을 발휘할 수 있는 능력

누스바움의 수많은 저서들에는 저명한 가톨릭 철학자 토마스 아퀴나스(St. Thomas Aquinas)의 저서 내용이 많이 반영되어 있다. 토마스 아퀴나스는 아리스토텔레스의 윤리학에서 영향을 받았다. 아퀴나스는 그의 저서『신학대전(Summa Theologiae)』에서 아리스토텔레스 사상을 세속적 권위와 기독교적 권위의 조화에 활용했다. 그리고, 그는 기독교 사상이 그리스인들이 도달하지 못한 인류 발전의 한 국면이라고 주장했으며, 국가를 천부적이고 우월한 형태의 결사체로 간주했다. 이것은 아리스토텔레스의 고대 그리스 도시국가(polis)에서의 정치생활 개념에서 가지고 온 것이다. 한편, 아퀴나스는 국가가 세상에 대한 신의 거룩한 인도에 종속되는 것으로 인식했다. 이러한 배경 하에, 누스바움은 폴리스에서 우리가 살아가도록 운명지어진 것이 기독교적이라고 말했다. 자연법은 창조를 지배하는 합리적 계획인 영원한 법의 '한 부분'이다. 우리가 자연법을 '받아들일'때, 자연법은 실천적 합리성의 원칙이 되어, 인간 행동이 합리적인지 비합리적인지를 판단한다. 자연법은 구속력이 있다. 왜냐하면, 합리적 존재인 우리는 본성적으로 자연법의 지도를 받기 때문이다. 자연법은 우리로 하여금 선과 여러 좋은 것들로 안내한다. 우리는 이 좋은 것들이 무엇인지 직관적으로 이해한다. 좋은 것들에는 생명, 지식, 출산, 사회 그리고, 합리적 행동이 포함된다. 아퀴나스는 아리스토텔레스처럼 선이 옳음보다 더 우선하다고 믿는다. 따라서, 어떤 행위가

선을 이루었는지 여부가 그 행위가 옳은지 여부보다 더 중요한다.

존 피니스(John Finnis)는 오늘날 아퀴나스 철학의 가장 강력한 옹호자이다. 그는 플라톤과 아리스토텔레스 사상을 바탕으로 자신의 사상을 진전시켜서 일곱가지 '인간 번영의 기본 형태'와 아홉가지 '실천적 합당성의 기본요건'을 제시했다. 이성은 우리의 욕구를 가장 잘 달성하는 방법을 우리에게 알려준다. 피니스는 아리스토텔레스의 "무엇이 훌륭하고, 가치있고, 바람직한 삶을 구성하는가?"라는 질문으로, 자신의 일곱가지 '인간 번영의 기본형태'에 대한 설명을 시작한다. 피니스의 일곱가지 '인간 번영의 기본형태'는 이러하다.

1. **생명:** 우리 모두가 가지고 있는 자기보존의 본능적 욕구. 여기에는 건강, 자녀 출산 그리고, 고통으로부터의 자유가 포함된다.
2. **지식:** 무지하거나 흐리멍텅한 것 보다 견문이 넓은 것이 더 좋다.
3. **놀이:** 오락, 즐거움, 재미있는 경험.
4. **심미적인 경험:** 예술이나 자연의 아름다움 감상.
5. **친교(우정):** 자신의 친구들의 이익을 위해 행동하는 것.
6. **실천적 합당성:** 자신의 지성을 이용해서, 무엇을 해야 할지 그리고 어떻게 살아야 할지를 결정하거나, 문제를 해결하거나, 자신의 성격을 형성하는 것.
7. **종교:** 우리 개인의 이익을 초월하는 사물의 질서에 대한 우리의 관심.

한편, 아마르티아 센은 누스바움과 달리 역량에 관해 더 포괄적이고, 유기적이며 덜 범주적인 설명을 선호한다. 그리고, 그는 역량의 발생 맥락이 역량에 영향을 미친다고 주장한다. 센의 상당히 많은 분석들이 그가 '공적 추론'의 역할에 부여한 중요성에 의존한다. '공적 추론'은 공동체의 다양한 부분에 존재하는 '다양한 목소리들'이 자기들의 소리를 낼 수 있도록 장려한다. 그런데, 어떻게 자유 또는 인간의 존엄성이, 사람들이 선택한 실제 생활과 연결이 되는 것인지에 대한 질문이 여전히 남는다. 이제 다소 우아하지 않게 주제인 '기능(functionings)'에 대해 살펴보자.

기능

어떤 종류의 것들이 우리를 우리다움으로 만들어 주는가? 보다 구체적으로, 인간 존엄성을 갖춘 가치 있는 삶을 향유하기 위해서, 우리에게 필요한 기능은 무엇인가? 역량 접근법은 기능이라는 용어를 활용하여 '존재와 행위' 즉, 한 사람의 다양한 조건들과 행동들을 설명한다.

'존재'에는 다음의 것들이 포함된다. 적절한 영양 섭취를 하는 것 또는 영양 결핍상태에 놓이는 것, 만족스러운 환경에서 생활하는 것 또는 노숙을 하는 것, 교육을 받는 것 또는 문맹으로 사는 것, 법을 준수하는 시민이 되는 것 또는 범죄자가 되는 것 등등. '행위'에는 아이들을 돌보는 것, 여행하는 것, 투표하는 것, 토론하는 것, 마약을 복용하는 것, 사냥하는 것 등이 포함된다.

이러한 사례들로부터 우리는 특정한 결론을 도출할 수 있다. 이 사례들의 핵심은, 어떻게 인간의 많은 측면들을 '존재' 또는 '행위'로 지정할 수 있는가를 보여주는 것이다. 이러한 범주들은 도덕적으로 중립적이다, 범주들이 좋은 것(건강한 것) 또는 나쁜 것(폭행당하는 것)일 수 있지만, 몇 가지 사례에서 알 수 있듯이, 범주의 도덕적 특성은 맥락에 따라 달라진다. 한 어머니가 그녀의 아이를 돌보는 것은 표면적으로 긍정적인 기능으로 보인다. 하지만, 만약 사회가 자녀를 돌보는 여성에게 공평한 기회와 적절한 지원을 보장하지 않는 상황에서, 그 어머니가 자녀를 돌보는 책임을 맡는 것을 선택하지 않았음에도 불구하고, 그 어머니가 아이를 돌보아야 한다면, 이것은 부정적인 기능이라고 페미니스트는 간주할 것이다.

우리의 역량들은 따라서 우리가 기능들을 획득하기 위해 가지고 있는 진정한 기회들이다. 예를들어, 내가 여행을 하는 것은 하나의 기능이다. 하지만, 내가 구체적으로 여행을 할 수 있는 전망은 나의 역량과 밀접한 관련이 있다. 내가 무엇을 성취하는 것과 내가 그것을 선택할 진정한 자유가 있는가 하는 것은 별개의 문제다. 누군가는 그의 건강을 개선하기 위해 단식을 결심할 것이다. 건강을 위해 단식을 선택하는 사람의 상황과 굶주림으로 고통받는 사람이 처한 상황은 너무나 다르다. 두 사람 모두 음식을 먹지 않는다. 하지만, 음식을 먹지 않는 상황이 완전히 다른 것이다. 각각의 '기능'은 개인의 웰빙에 영향을 미친다. 건강을 위한 단식은 명백하게 심사숙고한 선택의 결과다. 하지만, 굶주림은 그런 선택의 결과가 아니다. 이 두 사람의 복지를 비교할 때, 굶주리는 사람이 자신을 먹일 역량이 부족하다는 사실이 하나의 기준이 된다.

굶주리는 것 또는 노숙하는 것은 일종의 기능이다. 기능은 일반적으로 선택의 실행 결과가 아니다. 한 사람의 웰빙은 그의 생활방식이 어떠한가에 의해 주로 결정된다. 그것을 역량 접근법의 언어로 바꾸어 본다면, '나의 기능들의 총합은 나의 구체적인 성취'를 나타낸다. 즉, 나의 역량들은 다양한 기능들의 조합 중에서 하나를 선택할 자유로 구현된다.

이 모든 것은 결국 무엇을 의미하는가? 그리고, 정의와 무슨 관련이 있는가? 이 주장의 요점은 당신의 '기능'과 '역량'을 평가 함으로서, 당신이 되기를 희망하는 사람이 정말 될 수 있는 자유를 어느정도 가지고 있는지 그리고, 당신이 존중받는 행동을 할 수 있는 자유가 어느 정도 되는지를 가장 효과적으로 측정할 수 있다는 것이다. 당신의 존재와 행위가 당신의 삶을 가치있게 만든다. 하지만, 사람들에게 적용가능한 서로 다른 기능들을 검토하기 위해서, 우리는 포괄적인 접근을 채택할 필요가 있다. 즉, 우리는 어떤 역량들의 조합이 한 사람에게 실제로 적용 가능한지를 질문해야 한다. 나는 생계를 책임지는 사람과 좋은 부모가 되기를 원할지도 모른다. 내가 이 두 가지를 모두 할 수 있을까?

이 이론은 우리가 정부 정책이 사람들의 역량과 기능에 영향을 미쳤는지 여부를 판단하는데 도움을 준다. 예를들어, 우리는 이러한 질문을 할 수 있을 것이다. 사람들이 깨끗한 식수에 접근할 수 없는데도 좋은 건강을 유지할 수 있는지? 충분한 식량이 없어도 사람들이 건강할 수 있는지? 좋은 정부 없이도 안보가 보장되는지? 좋은 교육 없이도 효과적으로 기능이 작동될 수 있는지?

역량 접근법은 결과지향적이다. 사회계약론과 달리, 역량 접근법은 결과의 실질적인 내용을 검토한다. 실질적인 내용이 인간의 존엄성을 보장하고, 보다 정의로운 사회를 만드는 삶과 양립 가능한지를 살펴본다. 따라서, 이 접근법은 인간의 욕구에 대해 더 풍부하고, 더 섬세하고, 더 자비로운 설명을 제공해 줄 수 있다. 누스바움은 우리가 병든 사람들, 노인들, 장애인들 그리고, 인간 이외의 종들의 욕구를 인지해야 한다고 강조한다.(정의의 이러한 측면에 대해서는 제 10장에서 다룰 것이다.) 이 접근법이 주장하는 것은, 한 사회에 살고 있는 사람들의 역량이 심각하게 부족한 경우, 정의는 그 사회가 '피해자들'에게 금전적 보상을 시도하는 대신에 부족을 시정하기 위해 모든 노력을 다할 것을 요구한다.

이러한 논리가 나오게 된 주요 원인 중 하나는, 인간의 욕구를 일차원적으로 분석하는 사상에 대한 불만이다. 롤즈와 같은 사상가들은 '정상적인' 사람에 집중한다. 이로인해, 능력, 인종, 종교 등 여러 측면에서 나타나는 사람들의 다양성이 무시된다. 물론, 롤즈는 장애를 가진 사람 등에게 요구되는 '특별한 필요'가 있다는 점을 수용하기는 한다.

역량 접근법은 다양한 형태의 기능과 역량을 인정함으로써 다양성이 무시되는 것을 시정하려고 한다. 역량 접근법은 종종 간과되는 요인들을 개인 복지 평가에 포함시킴으로써 다양성이 무시되는 것을 시정한다. 예를들어, 여성의 복지를 평가할 때 단순히 직장에서 차별받는 정도만 따져서는 안 되고, 관계의 특성, 여성들이 받는 지원과 돌봄 등의 요소들도 평가요소에 포함시켜야 한다. 사회에서 이루어지는 여성의 지위에 대한 평가는 다면적이어야 하며, 여성의 지위에 대한 보다 복잡한 분석이 요구된다. 여기에 대해서는 제 10장에서 자세히 살펴볼 것이다.

전환

부유한 사람은 스포츠를 즐기기 위해 최신의 최첨단 산악 자전거를 구입할지도 모른다. 하지만, 자전거로 일터에 정시 출근만 하면 되는 가난한 사람에게는 자전거의 브랜드나 디자인이 별로 중요하지 않다. 이 이야기는 한 가지 기능, 즉 이동에 관한 것이다. 자전거라고 하는 하나의 특정한 자원이 이동이라는 하나의 기능으로 전환되었다. 센은 특정한 자원이 기능으로 전환되는 이 요소가 어떻게 시장에서 팔리는 상품과 서비스 뿐만 아니라 사람들이 매력을 느끼는 비시장 경제의 재화와 서비스로 확장되는지에 대해서 설명한다. 한 쪽에 있는 상품과 다른 쪽에 있는 특정 존재 및 행위의 관계를 '전환 계수'로 나타낼 수 있다. '전환 계수'는 한 사람이 자원을 기능으로 전환할 수 있는 정도를 설명한다. 예를 들어, 어린 나이에 자전거를 배운 사람은 전환 계수가 높다. 왜냐하면, 그는 큰 노력을 들이지 않고도 그의 자전거를 이동 수단으로 전환할 수 있기 때문이다. 이에 반해, 장애가 있는 사람의 전환 계수는 낮다. 왜냐하면, 그는 그의 자전거로부터 전혀 또는 제한된 정도의 기능(이동)만을 얻을 수 있기 때문이다.

전환 계수는 사회적 상황에 따라 달라진다. 어떤 계수는 특정한 개인에게 고유한 것이다. 여기에는 신체적 조건, 지능 또는 성별이 포함될 것이다. 사회는 당신의 전환 계수에 영향을 미칠 수 있다. 예를들어, 차별, 복지지원, 기타 사회 규범에 관한 대중의 태도와 정책 등이 당신의 전환 계수에 영향을 미친다. 심지어 환경적 요인도 당신의 소유물을 기능으로 전환하는 당신의 능력을 제한하거나 향상시킬 수 있다. 제대로 관리되지 않은 도로에서는 당신의 자전거가 제대로 이용되지 못할 것이고, 공기가 오염된 상태에서 자전거를 타는 것은 매우 위험하다. 센은 '역량'이 단순히 누군가가 어떤 것을 할 수 있는 능력만을 의미하는 것이 아니라, 기회를 현실로 바꿀 수 있는 가능성을 의미한고 주장한다. 그리고, 이 역량은 다양한 개인적, 사회적, 환경적 전환 요인들에 의해 제한을 받는다고 강조한다.

이것이 정말 정의 이론인가?

이 접근법은 여러 가지 의미 있는 실질적인 응용 지표 개발을 촉진시켰다. 특히 일부 응용 지표는 유엔에 의해 개발되었다. 이 접근법은 사회의 발전 수준을 측정하기 위해 소위 인간개발지수(HDI)라고 불리는 하나의 가치 있는 대안을 제시했다. 이 지수는 전통적인 지표인 국내총생산(GDP)과 국민총생산(GNP)에 대한 대안으로 제시되었다. 인간개발지수(HDI)는 심지어 국내총생산(GDP)이 높은 나라에서도 존재할 수 있는 빈곤, 불평등, 기타 역량 부족의 정도를 확인하는 요소로 기대수명, 성인 문해율, 학교 등록율과 같은 요인들을 포함시켰다. 유엔은 성 불평등 정도를 평가하기 위해서, 성 권한 척도(Gender Empowerment Measure, GEM)와 성 불평등지수(Gender Inequality Index, GII)와 같은 지표들을 개발했다.

역량 접근법이 공리주의 그리고 여러 분배를 설명하는 관점에 대해 신뢰

할 만한 대안을 제시해 주었을 뿐만 아니라, 역량과 역량의 부족을 측정하는 실질적인 지표도 제공해 주었다는 것은 확실하다. 그런데, 역량 접근법을 정의 이론이라고 부를 수 있을까? 정의 이론이라고 부를 수 있다면, 역량접근법의 어디까지가 정의 이론인가? 역량 접근법이 하나가 아니기 때문에 주어진 질문에 답을 하기 매우 곤란하다. 당신이 아마 예상했겠지만, 역량 접근법에는 수 많은 버전과 적용 사례가 있고, 역량 접근법 학자들 사이에 상당한 의견 불일치가 존재한다.

센의 분석은 '불충분하게 이론화'된 정의의 개념이라고 비판을 받는다. 그는 이러한 비난을 기꺼이 받아들이는 모습을 보인다. 그가 선호하는 것은, 그의 설명이 전 세계적으로 정의의 실현 가능성과 부정의의 제거 가능성을 높이고 있다는 사실에 중요성을 부여하는 것이다. 하지만, 누스바움은 역량 접근법에 보다 철학적인 토대를 제공하고자 한다. 우리가 살펴 본 바와 같이, 누스바움은 인간의 존엄성 개념과 아리스토텔레스적 의미의 인간 번영을 연결시키고자 한다. 이에 따라, 그녀는 역량 접근법이 '불충분하게 이론화'되었다는 주장을 받아들이지 않는다. 하지만, 그녀의 분석이 포괄적인 정의 이론을 실제로 구성하지는 않는다. 한편, 그녀는 역량적 접근을 '사회 정의에 대한 하나의 부분적이고 최소한의 설명'이라고 주장한다. 그녀는 모든 정부들이 시민들에게 보장해 주어야 하는 역량의 목록을 제시하면서, 반드시 성취되어야 할 최소 기준에 집중했다. 하지만, 그녀는 이 기준을 충족시킬 수 있는 정의의 실질적인 요구사항들이 무엇인지에 대해서는 설명하지 않았다. 그녀는 모든 사회에 적용할 수 있는 보편적 이론을 강요하려는 어떠한 시도도 거부한다.

우리가 살펴본 바와 같이, 센은 공적인 추론 과정 없이 이론가들에 의해 선택된 '표준적인' 역량 체크리스트의 필요성을 받아들이지 않는다. 센은 누스바움의 목록 또한 수용하지 않는다. 다른 한편으로, 센의 주장은 좋은 삶의 특정한 형태를 강요하거나 당연한 것으로 여기도록 만드는 가부장주의라고 비난받기도 한다. 역량 접근법의 또 다른 지지자인 잉그리드 로빈스(Ingrid Robeyns)는 모든 분야에 적용되는 역량의 목록을 제시하려는 어떠한 시도에도 반대한다. 대신에 로빈스는 특정한 목적에 적합한 역량 리스트를 선택하기 위한 절차적 방법을 제안한다. 특정한 목적에는 성 차별을 평가하는 것이 포함된다.

롤즈에 대한 역량 접근법 지지자들의 비판은 설득력이 떨어진다. 역량 접근법 지지자들은 롤즈의 사회계약을 원초적 입장에 있는 사람들 사이의 가설적 합의가 아니라 실제 합의인 것처럼 다루었다. 그리고 사회계약을 하나의 이상적이고, 경험적인 도구, 즉 자신의 정체성을 상실한 사람들이 정의의 원칙을 선택할 수 있도록 그 원칙들을 구체화하는 도구로 인식했다. 센과 그의 동료들은 정의를 풀뿌리 수준에서 증진시켜야 한다고 강력히 주장했다. 그리고, 이들은 두 가지 주요 근거를 들어 롤즈식 접근방식에 적대감을 드러낸다. 첫째, 롤즈식 접근 방식은 사회계약을 초월적이고 가설적인 것으로 간주한다. 둘째, 롤즈식 접근방식은 정의의 원칙에 대한 합리적인 공적 토론과 동의의 중요성을 무시한다. 하지만, 나는 이 요소들이 사회계약론적 접근의 핵심적인 특징들이라고 생각한다. 그리고, 이 논쟁은 사과와 오렌지를 비교하는 것이 아닐까? 롤즈는 하나의 이상적인 정의 이론을 제시한다. 이에 반해 역량 접근법은 그 논쟁을 실질적이거나 경험적인 쪽으로 이끌어 간다. 롤즈의 이론은 자유 민주주의 국가가 개별 시민들을 보호하기 위해 필요한 정의로운 제도를 구체화한다. 한편, 역량 접근법은 훨씬 더 거창하다. 역량 접근법은 범위를 모든 인류와 일반적인 사회규범 및 관습으로 확장한다.

말할 필요도 없이, 역량 접근법 지지자들의 주장에 대해 롤즈주의 이론가들은 많은 반론을 제기한다. 그들은 역량 접근법이 채택하고 있는 특정한 윤리적 입장의 전제에 반감을 가진다. 또한, 역량 접근법이 주장하는 정의의 공적개념에 대해서도 공감하지 않는다. 이 정의의 공적 개념에는 부정의에 대한 주장이 만들어 질 수 있는 정보의 제공이 수반된다. 롤즈주의자들은 사회적 안정을 위해 정의의 원칙에 대한 공통기준이 필요하다고 주장한다. 그들은 역량이 공식적인 방식으로 쉽게 평가되거나 계산될 수 없기 때문에, 역량 접근법은 실행가능한 정의 이론이 아니라고 단언한다. 로널드 드워킨처럼, 나는 왜 롤즈주의의 정의의 원칙들이 '현실 세계'의 문제 해결에 성공적으로 적용될 수 없는지 이해할 수 없다. 센이 주장하는 것처럼, 역량의 순위에 대한 대중의 추론이 현실 세계의 문제들을 확인하는 하나의 수단을 제공해 준다는 것 또한 명확하지 않다. 그리고, 하나의 논쟁적인 문제에 대한 현실 세계의 판단과 관련된 다양한 의견들을 어떻게 평가해야 하는지에 대한 권고를 해 주는 일반이론도 없다. 나는 제 12장에서 세계 정의의 광범위한 문제의 맥락에서 몇 가지 도전적인 문제들을 다시 검토할 것이다.

요약하기

정의에 대한 역량 접근법의 핵심에는, 웰빙을 실현할 기회를 가지는 것은 하나의 도덕적 필수사항이라는 신념이 자리잡고 있다. 모든 사람들은 그들 자신을 위하여 최고의 것을 성취할 기회를 가져야 한다. 역량 접근법에서 자유는 개인 역량의 한 가지 기능이다. 자유는 개인들이 가치 있다고 간주하는 것이 될 수 있고, 그것을 할 수 있는 실질적인 기회를 의미한다. 역량 접근법은 개인의 웰빙과 사회의 제도를 평가하고, '인간 개발 접근법'을 포함한 사회적 변화를 진전시키는 정책을 개발하고자 한다.

8장

정의와 자유시장
(Justice and the Free Market)

롤즈가 주장하는 것처럼, 정의가 부의 공평한 분배 또는 공평한 재분배와 아무런 관련이 없는 것인가? 롤즈는 '자유와 기회, 소득과 부, 자기 존중의 사회적 기반과 같은 모든 사회적 가치는 평등하게 분배되어야 한다. 하지만, 이 가치들 중 일부 또는 전부의 불공평한 분배가 모든 사람들에게 이익이 된다면 불공평한 분배가 가능하다'는 입장을 가지고 있다. 그런데, 개방적이고, 자유로운 시장의 자유가 '정의가 무엇인지'를 결정하도록 허용하면 왜 안되는 것인가?

이 장에서는, 규제를 받지 않는 자유로운 시장이 사회 정의의 필요 조건이라는 주장에 대해 검토하고자 한다. 앞 장에서 우리는 국가의 제약을 받지 않는 자율적인 개인들이 상품과 서비스를 자유롭게 교환하는 것이 정의로운 사회의 핵심이라는 주장을 살펴보았다. 이러한 주장을 한 이론가 중에는 로버트 노직도 있었다. 그들의 주장의 기반이 되는 것은, 개인들의 자발적인 교환 참여를 허용하는 것이 가지는 중요성이다. 개인들의 자발적인 교환 참여는 공평성을 증진시키고, 개인의 자유를 존중하도록 한다. 자발적인 교환을 강조하는 이론가들은 자유 시장이 공동체의 효율성과 일반 복지를 모두 증진시킨다고 주장한다.

개인의 자유로운 시장참여 권리를 보호하는 것은 자본주의 사회의 한 가지 중요한 특징이다. 많은 사람들은 이 권리가 모두를 위한 정의의 출현을 가능하게 했다고 말한다. 그러면, 이것이 사실일까?

자유 시장이 무엇인가?

자유시장은 수요와 공급이라는 경제적 조건에 기반하여 운영되며, 자유 시장에 대한 정부의 간섭이나 통제는 거의 없거나 전혀 없다. 각각의 교환과 거래는 당사자들 간의 자발적인 동의에 의해 이루어진다. 하지만, 현실에서는 정부가 세금을 부과하고, 가격과 경쟁을 통제한다. 이러한 정부의 시장간섭은 불가피하다.

자유시장과 관련하여 가장 영향력 있는 이론가들 중 으뜸은 스코틀랜드 철학자 아담 스미스(Adam Smith)이다. 그는 경제 이론의 창시자로도 널리 알려져 있다. 이후, 아담 스미스의 사상은 토머스 맬서스(Thomas Malthus)와 그의 친구 데이비드 리카도(David Ricardo), 요제프 슘페터(Joseph Schumpeter), 프리드리히 하이에크(Friedrich von Hayek) 그리고, 소위 '시카고 학파'의 학자들에 의해 더욱 발전되었다. '시카고 학파'의 학자들 중에서 가장 저명한 학자는 노벨상을 수상한 밀턴 프리드먼(Milton Friedman)이다.

일부 학자들은 자유 시장이 일반 복지를 증진시킨다고 주장한다. 이 주장을 하는 학자들은 사실 공통적으로 공리주의적 관점을 채택한다. 공리주의 관점에 의하면, 합리적인 사람은 언제나 그의 만족을 극대화하는 것을 선택한다. 만약 누군가가 어떤 것을 아주 많이 원한다면, 그는 그것을 얻기 위해 댓가를 지불할 준비가 되어 있을 것이다. 이 모든 것이 가능한 것은, 개인들이 자유롭게 상품을 사고 팔 수 있는 자유와 권리 그리고, 개인들이 원하는 데로 그들의 상품을 이용할 수 있는 자유와 권리를 시장이 보호해 주기 때문이다.

일부 자유 시장 이론가들은 시장의 소위 '보이지 않는 손'이 효율성을 창출하고, 이 효율성이 일반 복지와 경제 성장을 진전시킨다는 아담 스미스의 주장을 지지한다. 물론 이 주장은 부의 분배 문제를 간과하고 있다. 자유 방임 상태의 시장이 실제로 가장 가난한 사람들의 생활조건을 개선하는가? 경제적 어려움을 겪는 사람들에게 혜택이 돌아가는 '낙수효과'가 실제로 있는가? 다른 시장 옹호론자들은 경제적 자유의 결과를 바라본다. 즉, 시장은 합리성을 촉진하고, 다시 합리성은 미덕과 문명화된 가치 실현에 기여한다. 또 다른 자유 시장 이론가들은 시장이 분배에 미치는 효과를 높게 평가하면서, 시상이 성실하게 또는 북북히 일하는 사람들에게 그들이 마땅히 받아야 할 것을 준다고 주장한다.

자유 시장에 반대하는 학자들은 시장의 운영방식이 지나치게 물질적이라고 오랫동안 비난해 왔다. 루소, 칼 마르크스, 프리드리히 엥겔스(Friedrich Engels)는 자유 시장에 대한 저명한 반대론자들로서, 이들은 시장이 사회 빈곤층에 미치는 영향과 시장의 힘에 대해 부정적인 입장을 가지고 있다. 자유 시장의 주요한 대안은 소위 중앙계획 명령경제로서 이것은 통상 권위주의 정부를 필요로 한다. 중앙계획 명령경제는 소련과 동유럽 공산주의 체제가 붕괴될 때까지 지속된 바 있다. 존 스튜어트 밀과 경제학자 존 메이너드 케인즈(John Maynard Keynes) 같은 학자들은 자유 시장에 대해 보다 온건하고, 덜 억압적인 보완책을 제시한다. 이들의 견해는 특히 유럽의 사회 민주주의 운동에 영향을 미치고 있다. 물론 롤즈도 전 영국 총리가 '자본주의의 불쾌하고 용납할 수 없는 얼굴'로 묘사한 것을 정치적으로, 제도적으로 통제하고자 하는 사람들 중의 한 명일 것이다.

자유 시장주의자들의 주장 중에는 공리주의자들의 주장과 일치하는 부분이 많다. 공리주의자들은 시장 참여자들의 복지를 보장하기 위해 시장의 힘이 어떻게 작동하는지 설명하고자 했다. 자유 시장주의자들은 특히 이탈리아 경제학자 빌프레도 파레토(Vilfredo Pareto)의 이름을 딴 '파레토 효율'을 신뢰한다. 파레토 효율은 최소한 한 사람이 더 잘 살게 되고, 나머지 중 누구도 사정이 나빠지지 않을 때 달성된다. 예를들어, 내가 나의 차를 1000파운드에 팔고 싶어한다고 가정해 보자. 당신은 나의 차 가치를 2000파운드로 평가하고 나에게 1500파운드를 지불하겠다고 제안한다. 나는 그 제안을 기쁘게 수용할 것이다. 이 거래에 참여한 두 사람 모두 더 나은 삶을 살게 되었다. '파레토 최적'은 하나의 경제가 완전경쟁적이고, 균형상태에 도달했을 때 발생한다. 이 상황에서 가격은 시장가치를 반영한다. 만약 현재 어떤 활동에 사용되고 있는 한 단위의 상품 또는 서비스를 다른 활동에 투입할 경우, 더 많은 이익이나 만족이 창출될 수 있다고 가정해 보자. 그러면, 누군가 그 상품 또는 서비스에 더 많은 비용을 지불하고자 할 것이고, 결국 새로운 활동에 그 상품 또는 서비스가 투입될 것이다. 자유 시장 옹호론자들은 자신들이 '파레토 우위' 결과라고 부르는 개념을 선호한다. 왜냐하면, '파레토 우위'가 도덕적으로 우월한 결과를 도출하기 때문이다.

하지만, 현실에서는 파레토 상황이 거의 발생하지 않는다. 파레토 최적의 실현을 기대할 수 있는 시장은 실제로 존재하지 않는다. 통상적으로 패자는 있기 마련이다. 다른 누군가의 상황을 더 나쁘게 만들지 않으면서, 누군가의 상황을 더 좋게 만드는 것이 거의 불가능하기 때문에, 파레토 이론은 유용한 정책적 수단을 제공해 주지 못한다. 시장에는 독점, 정보의 부족, 거래 비용 등 모든 종류의 불완전성이 상존한다. 사실 거래 비용은 거래자의 수익 규모를 평가할 때 종종 무시된다. 예를들어, 나는 1등급 키안티 포도주를 리터당 20유로에 판매하고 있다. 당신은 내가 판매하고 있는 포도주와 유사한 포도주가 어떤 포도원에서 단지 15유로에 판매되고 있다는 것을 알게 되었다. 당신은 내가 너무 높은 이익을 취하고 있다고 생각할 것이고, 보다 값이 싼 포도주를 사고 싶은 마음이 들 것이다. 하지만, 당신은 내가 지불한 거래 비용을 고려하지 않았을 가능성이 높다. 내가 지불한 거래 비용에는 정보 비용(공급자 찾기), 협상 비용, 집행 비용(공급업자의 계약 위반으로부터 내 자신을 보호하는 비용), 규제 비용(유럽 규정 준수, 보험료 등)이 포함된다.

파레토의 계산은 두 명의 영국 경제학자인 니콜라스 칼도어(Nicholas Kaldor)와 존 힉스(John Hicks)에 의해 크게 개선되었다. 존 힉스는 노벨상을 수상한 학자이기도 하다. 그들이 제시한 소위 칼도어-힉스 기준은, 자원분배 변화가 패자들에게 보상할만큼 충분한 이익을 만들어낼 때 충족된다. 다른 말로 하면, 어떤 활동을 통해 얻어진 이익의 크기가 그 활동으로 이익을 얻은 사람들이, 이익을 얻지 못한 사람들에게 보상해 줄 만큼 이론적으로 충분히 커야 한다는 것이다.

자유시장이 실제로 정의를 만들어 내는가?

이것은 간단한 질문이 아니다. 경제는 부분적으로 개인들의 선호에 의존하면, 개인들의 선호는 계속해서 변화한다.

더욱 중요한 것은, '행위자들'이 결코 평등하지 않다는 것이다. 강자가 약자를 착취할 기회는 언제나 존재한다. 대기업들은 중소기업들을 사업에서 퇴출시키고 있다는 비난을 종종 받는다. 자본주의에 대한 비판론자들은 생산과 소유권의 끊임없는 중앙집권화와 집중을 지적한다. 시장에서 큰 기업들은 작은 경쟁사를 힘으로 누르거나 인수해 버린다. 기업이 커지면 커질수록, 물자와 공공 서비스 구입 비용이 저렴해 지고, 더 싼 가격에 생산품을 운송할 수 있다. 대기업은 또한 신용을 보다 쉽게 획득할 수 있으며, 신용을 통해 경기가 좋을 때 확장하고, 경기가 좋지 않을 때 생존할 수 있다. 대기업의 연구 개발, 마케팅 그리고 정치적 영향력은 경쟁사들을 압도하는 힘을 더욱 강화시킨다. 대기업은 또한 변호사, 고문 세무사의 도움을 받는데 더 좋은 위치에 있으며, 우리가 최근에 목격한 것처럼, 조세 피난처를 이용하는데도 더 유리한 위치에 있다.

외부 영향이 미치는 효과는 어떠한가? 높게 평가되는 시장의 효율성은 종종 개인의 욕구 충족과 관련이 있다. 그런데, 이러한 개인의 욕구는 광고 또는 여러 사회적 압력에 의해 조작될 수 있다. 코즈의 정리(The Coase theorem)는 협상을 통해 이러한 효과들을 모두 회피할 수 있다고 주장한다. 하지만, 이익들이 충돌하는 현실 세계에서 이것이 언제나 쉬운 것은 아니다. 이러한 사실들로 인해, 자유 시장은 마르크스주의자들, 공동체주의자들로부터 종종 비난을 받는다. 이들은 시장이 물질주의와 자기 이익을 조장함으로써, 사회 분열을 더욱 심화시킨다고 비판한다.

'자유' 시장은 정말로 자유로운가? 대부분의 사회는 시장의 독립성에 대해 다양한 법률적, 제도적 제한을 가하고 있다. 어떤 것들은 사고 팔 수가 없다. 아기, 자신의 신체기관, 상업적 대리모 판매는 대부분의 사회에서 금지되어 있거나, 적어도 법률적 통제를 받는다. 반독점법은 독점을 차단하기 위해 만들어졌다. 윤리적 사업 관행 장려, 기업 거버넌스 개선, 반부패법, 소비자 보호, 그리고 노동조합 권리 인정은 시장의 과도한 영향력, 학대 그리고 착취를 억제하기 위해 만들어진 많은 정책들 중 일부이다.

코즈의 정리(The Coase theorem)

한 공장이 연기를 내보냈다. 이로인해 인근 지역 주민 다섯 명이 실외에 널어놓은 세탁물이 손상을 입었다. 각 주민이 입은 피해액은 75파운드이고, 총 피해액은 375파운드이다. 공장 연기로 인한 피해문제를 해결하는 방법에는 두 가지가 있다. 첫 번째는 연기 차단막을 공장 굴뚝에 설치하는 것으로 비용이 150파운드 들어간다. 두 번째는 각 주민에게 50파운드 가격의 세탁물 회전식 건조기를 제공하는 것이다. 이 중 효율적인 해결방법은 분명하게도 연기 차단막을 설치하는 것이다. 150파운드를 들여서 총 375파운드의 피해를 막을 수 있다. 이것은 세탁물 회전식 건조기 다섯 대 가격인 250파운드보다 비용이 적게 들어가는 방법이다.

코즈가 제기하는 질문은 이러하다. 만약 주민들이 깨끗한 공기를 마실 권리가 있는 경우라면, 또는 만약 공장이 오염물질을 배출할 권리가 있는 경우라면, 가장 효율적인 해법이 무엇이 될 것인가? 먼저, 주민들이 깨끗한 공기를 마실 권리가 있는 경우라면, 공장은 세 가지 선택사항을 가진다. 첫째, 피해보상액 375파운드를 지불한다. 둘째, 150파운드를 들여 연기 차단막을 설치한다. 셋째, 250파운드를 들여 세탁물 회전식 건조기 다섯 대를 주민에게 제공한다. 이 선택사항 중에서 공장이 연기 차단막 설치를 선택하는 것은 자연스럽다. 왜냐하면, 그 선택이 가장 효율적이기 때문이다. 만약 공장이 오염물질을 배출할 권리가 있는 경우라면, 주민들은 세 가지 선택사항을 가진다. 첫째, 주민들이 집단적으로 375파운드에 해당하는 피해를 당한다. 둘째, 250파운드를 들여 세탁물 회전식 건조기 다섯 대를 구입한다. 셋째, 150파운드를 들여 공장에 연기 차단막을 설치한다. 세 가지 선택사항 중에서 주민들 또한 공장에 연기 차단막을 설치하는 것을 선택할 것이다.

효율적인 결과도출은 따라서 법적 권리가 누구에게 있는지와는 상관없이 실현될 것이다. 이 간단한 가설은 주민들이 공장과 협상하기 위해 함께 모이는데 비용이 발생하지 않는다고 가정한다. 코즈는 이런 상황을 '거래 비용 제로' 상황이라고 부른다. 불행하게도 현실세계는 훨씬 더 복잡하다. 일부 비용이 불가피하게 발생할 것이다.

코즈의 정리를 간단하게 설명하면 이러하다. 거래비용이 0원인 경우라면, 법적 규칙의 선택과는 상관없이 효율적인 결과가 도출될 것이다.

그런데, 경제적 자유가 정의의 큰 목적 실현에 기여하는지 여부는 여전히 의문으로 남는다. 경제적 자유는 부의 최초분배를 전제로 하는데, 부의 최초분배는 완전히 불공정할 수 있다. 효율적인 사회를 만든다고 하더라도 현존하는 불평등이 그대로 유지 될 수 있다. 부의 극대화라는 가치가 정의와 교환할 만한 가치인가? 사회적 부가 증가하면 그 사회가 도덕적으로 개선이 되는가? 개인의 필요 충족이 사회복지의 한 가지 윤리적 지표가 될 수 있는가?

마이클 샌델은 비사업성 거래(non-business transactions)에 대한 시장의 불만족스러운 영향을 보여주기 위해서 두 가지 대표적인 사례를 인용한다. 첫 번째 사례는 아이를 가질 수 없었던 부유한 스턴 부부의 사례이다. 그들은 노동자 계층의 젊은 어머니인 메리 베스와 계약을 맺었다. 베스는 스턴씨의 정자로 인공 수정을 하여 임신을 하고, 아기를 낳은 직후 그 아기를 스턴 부부에게 넘겨주기로 한 계약에 동의했다. 베스는 또한 자기가 낳은 아기를 스턴 부인이 입양할 수 있도록 자신의 모성권도 포기하기로 약속했다. 그 댓가로, 베스는 출산 직후 1만 달러와 의료 비용을 받을 예정이었다. 그런데, 베스는 아기를 낳은 직후, 아기를 내어주는 것을 거부하고 다른 주로 도망쳤다. 베스는 도망 간 주에서 경찰에 체포되었고, 법원의 명령에 따라, 그 아기는 스턴 부부에게로 반환되었다.

이후 법정에서 이 아기에 대한 양육권 분쟁이 벌어졌다. 법적인 문제는 별도로 하고, 샌델 교수는 무엇이 도덕적으로 옳은 결과인지를 질문한다. 시장 원칙을 엄격히 적용해야 한다고 주장하는 사람들은 계약 이행을 지지할 것이다. 하지만, 메리 베스가 계약에 동의할 당시, 자신이 아기를 낳게 되면 어떤 느낌일지를 예측하기 어려웠다는 점이 논쟁의 대상이 된다. 금전적인 고려 또한 그녀의 판단을 흐리게 했을 것이다. 더 근본적으로, 아기를 사고파는 시장을 만드는 것이 수용 가능한가? 아기를 상품으로 전환하는 것이 아닐까? 그리고, 임신을 상업적 기획으로 취급함으로써 여성을 착취하는 것이 아닐까?

판사는 계약을 인정했다. 판사는 계약이 평등한 상태에서 체결되었고, 각자는 서로가 원하는 것을 가지고 있었다고 주장했다. 판사는 대리모 행위를 아기 판매로 볼 수 없다고 판결했다. 스턴 씨는 메리 베스로부터 아기를 구입하지 않았다. 그는 베스에게 돈을 주고 자기의 아기를 임신하도록 한 것이다. 그 아기는 스턴 씨의 생물학적 자식이다. 아기는 이미 스턴 씨의 것이다. 따라서, 아기는 스턴 씨가 구입할 대상이 아니다. 그것은 일종의 서비스 계약이다. 판사는 이 상황을 정자 기증에 비유했다. 만약 남성이 자유롭게 자신의 정자를 판매할 수 있다면, 여성도 자신의 생식 능력을 자유롭게 판매할 수 있어야 한다.

해당 소송 건은 거기서 끝나지 않았다. 메리 베스는 판결에 불복하여 상급법원에 해당 건에 대한 판결을 다시 요청했다. 상급법원은 원심 판결과 달리 만장일치로 대리모 계약이 무효라고 판결했다.

대리모 계약이 무효임에도 불구하고, 상급법원은 아기에 대한 양육권은 스턴 부부에 있다고 판단했다. 그 근거는 그것이 최선의 이익이 되기 때문이었다. 상급법원은 메리 베스가 아기의 법적 어머니라고 선언했다. 상급법원은 왜 이러한 판결을 했을까? 첫째, 메리 베스의 계약 동의가 자발적이었다고 보기 어렵기 때문이다. 그녀는 자기 아기에 대한 감정이 어떠한지 알기도 전에 '변경할 수 없는 약속'을 했다. 둘째, 그녀는 가난했기 때문에 1만 달러 수수료의 유혹에 영향을 받았고, 계약을 맺은 후에는 계약 위반으로 소송을 당할까 봐 공포를 느꼈다. 실제로, 법원은 대리모가 될 가능성이 있는 여성들은 모두 가난한 여성들이라고 지적했다. 이와 함께, 법원은 매우 엄숙한 선언을 했다. "문명 사회에서는 돈으로 살 수 없는 것들이 있다." 이 계약의 의도와 목적은 아기를 사고 파는 것이었다. 아니면, 적어도 아기에 대한 어머니의 권리를 사고 파는 것이었다. 인공수정병원이 이러한 거래를 권유하는데, 이 거래의 중심에는 수익이 자리를 잡고 있다.

샌델이 인용하는 두 번째 사례는 군대 병사 모집과 관련된 것이다. 군대가 병사들을 강제로 징집하는 것과 공개 시장에서 병사들을 고용하는 것 중 어느 것이 더 공정한지에 대한 질문이 제기된다. 자유주의자들은 강제징집에 반대한다. 일부 자유주의자들은 강제징집이 강압적이고 노예제도와 다를 바가 없다고 주장한다. 심지어 공리주의자들도 강제징집 제도에 대해 찬성하지 않는다. 왜냐하면, 이 제도가 선택의 자유를 제한하고, 결과적으로 전반적인 행복을 감소시키기 때문이다. 자유주의자와 공리주의자 모두 자발적이고 시장에 기반한 병사 모집을 선호할 것이다. 하지만, 샌델은 다음과 같은 질문을 한다. 병사모집을 시장에 맡기는 것이 공정한 해결책인가? 그리고, 이것이 시민적 미덕과 공익을 증진시키는가? 샌델은 병사를 모집하는 시장이 진정으로 공정한지에 대해 의문을 제기한다. 우리는 군대에 자원해서 입대하려는 사람들의 배경을 깊이 살펴볼 필요가 있다. 그들이 평등한 기회를 누리고 있는 것인가 아니면 경제적 어려움 때문에 자원 입대을 하게 된 것인가? 미국 군대에 복무하는 가난한 집안 출신의 군인 숫자가 그렇지 않은 집안 출신 군인 숫자보다 훨씬 많다. 자원 입대자들이 행사하는 선택의 자유는 형식적인 것에 불과하다. 사실, 군대에서 복무하는 것은 배심원 봉사를 하는 것처럼 시민적 덕목과 책임을 증진시킨다. 우리는 군인들을 용병들로 취급하는 생각을 버려야 한다. 우리는 군 복무하는 사람들을, 모든 신체 건강한 사람들이 공통적으로 맡아야 할 시민적 의무를 수행하는 사람들로 인식해야 한다.

샌델은 공동체주의적 관점에서 시장 운영방식에 반대한다. 이러한 샌델의 입장이 앞의 결론에 반영되어 있다. 이 부분에 대해서는 제 11장에서 좀 더 자세히 살펴볼 것이다. 샌델은 여러 가지 다른 사례를 제시한다. 여기에는 군 복무를 외부기관에 맡기기, 민간 업체에 죄수 심문 위탁하기, 장기 매매하기, 성취도가 낮은 학교 학생들에게 현금으로 보상하기, 이주민에게 시민권 판매하기 등이 포함된다. 이 문제들은 단순히 효용과 동의에 관한 것이 아니다. 이 문제들은 '핵심적인 사회적 관행을 평가하는 올바른 방법에 대한 것이다...사회적 관행의 시장화는 우리가 시장의 침범으로부터 보호하기를 희망했던 규범을 부패시키거나 약화시킨다.'

이것은 매우 적절한 주장이다. 하지만, 시장의 힘이 이러한 영역으로 스며들어간 정도가 더욱 두드러지게 나타나는 국가는 미국과 유럽 선진국가들이다. 샌델의 사례에서 보듯이, 미국법은 대리모 계약의 상업화에 제동을 걸었다. 그리고, 샌델이 언급한 여러 상품화 사례에 대한 대중의 불쾌감이 분명하게 존재한다. 확실한 것은, 인간의 신체 장기 판매는 이란을 제외한 모든 국가에서 불법이다.

요약하기

정의는 자유시장이 운영될 때 가장 잘 달성된다는 주장은 매우 논란의 여지가 많다. 자유시장 옹호론자들은 자유시장이 수 많은 자유의 가치들을 지지하고 보호한다고 주장한다. 자유의 가치에는 개인의 권리, 정부의 제한, 법 앞에서의 평등 그리고 재산권이 포함된다. 자유시장을 비판하는 사람들과 비난하는 사람들은 무제한적인 경쟁이 가져오는 위험성을 지적한다. 무제한적인 경쟁에는 독점, 가격 담합, 이윤 추구 욕구의 파괴적인 사회적 영향이 포함된다. 정부가 시장의 힘을 제한하기 위해 반독점법 등을 활용하여 시장에 직접 개입해야 한다는 주장이 자주 제기된다. 그리고, 시장의 역량으로 해결할 수 없는 여러 가지 사회 부정의가 존재한다. 여기에 대해서는 다음 장에서 살펴볼 것이다.

9장

평등
(Eqality)

사람들을 평등하게 대하는 것은 정의의 대표적인 특징으로 오랫동안 간주되어 왔다. 진보적인 정치운동들은 보다 정의로운 사회를 향한 그들의 추구를 보여주는 하나의 슬로건으로 평등의 개념을 빈번하게 활용했다. 인종, 종교, 신념, 연령, 장애, 성적 취향을 근거로 차별하는 것은 현대의 공평과 정의 개념에 정면으로 위배된다. 정치 영역에서 강조되는 것은, 참여의 기회가 평등하게 분배되어야 한다는 것이다. 이러한 목표를 현실화 시키기 위해서, 경제적이든, 신체적이든 또는 다른 손상에 의하든 불리한 조건에 있는 사람들이 민주적 절차에 평등하게 참여할 수 있는 기회를 가질 수 있도록 사회제도가 설계되어야 한다.

이와 마찬가지로, 사회적 평등이 요구하는 것은, 동등한 능력을 가진 사람들이 채용 또는 지위 획득 과정에서 그들의 경제적 또는 사회적 계층과는 상관없이 대체로 같은 기회를 가져야 한다는 것이다. 일자리가 영향력 또는 사회적 지위에 근거해서 분배되어서는 안 된다. 일자리는 최고의 자격을 갖춘 사람에게 주어져야 한다. 정의에 관한 핵심적인 질문은, 국가가 세금 부과를 통해 부를 재분배함으로써 또는 부, 건강, 교육의 제공 과정에서 더 큰 평등을 창출해 냄으로써, 사회적 환경을 평등하게 만들어야 하는가 그리고, 만약 그렇다면 얼마나 많이 평등하게 만들어야 하는가이다.

평등은 무엇인가?

겉으로 보면, 평등은 무척 간단한 개념처럼 보인다. 하지만, 평등이 무엇인지 한 마디로 정리하는 것도 쉽지 않고, 평등이 정의와 어떤 연관이 있는지를 보여주는 것도 쉽지 않다. 평등에 대해서 여러 가지 주장이 제기되어 왔다. 평등이 한 가지 의미만을 지닌 것이 아니라는 주장도 있고, 평등은 본질적으로 모호한 개념이라는 주장과 심지어 평등은 의미 자체가 없다는 주장도 있다. 현재 평등이라는 단어는 매우 다양한 뜻으로 사용되고 있다. '도덕적 평등(moral equality)'이라는 개념의 핵심에는, 도덕적 측면에서 모든 사람들이 평등한 관심과 존중을 받을 자격이 있다는 인식이 자리잡고 있다. 비록 우리 모두가 정확히 똑같지는 않지만, 우리 모두는 특정한 본질적인 특성을 공유하고 있기 때문에 동등하게 존중받을 가치가 있다. 그러면, 이 주장이 내포하고 있는 것은 정확히 무엇인가? 이 주장은 평등을 현실에 적용하면서, 평등을 두 가지 평등 즉, '형식적 평등(formal equality)'과 '실질적 평등(substantive equality)'으로 구분한다. 형식적 평등은 서로 비슷한 것을 비슷하게 대우하는 것을 의미한다. 즉, 서로 다른 사람들이 동일한 상황이 놓여 있다면, 정의의 측면에서, 그 사람들은 동등하게 대우 받아야 한다. 모든 사람은 동등한 권리를 가질 자격이 있으며, 동등한 의무에 종속된다. 실질적 평등은 사람들 사이에 어떤 유사점과 차이점이 있는가를 따지는 단순한 논의를 넘어선다. 실질적 평등은 유사점과 차이점이 나타나는 근본 원인을 밝히고, 그 근본 원인이 차별적 대우와 관련되어 있는지 여부를 판단한다. 실질적 평등은 차별을 일으키는 사회적, 정치적, 경제적 요인이 무엇인지를 밝히고, 정부로 하여금 불평등을 감소 또는 해소하기 위한 행동에 나서도록 촉구한다. 실질적 평등은 많은 국가들이 법과 정책에 평등과 비차별 조항을 삽입하는데 중요한 역할을 하고 있다.

여성 투표권

뉴질랜드는 여성들에게 세계 최초로 투표권을 허용했다. 반면에, 사우디아라비아는 가장 최근에 여성들에게 투표권을 허용했다. 바티칸 시티는 남성들에게만 투표권을 허용하는 유일한 국가다. 예를 들어, 새로운 교황을 선출할 때 추기경들만 투표에 참여한다. 그런데, 추기경은 모두 남성들이다. 일부 국가들은 다른 국가들에 비해 여성 투표권 허용이 더 늦었다. 각 국가의 여성 투표권 허용 연도를 정리하면 아래와 같다.

1893년 뉴질랜드	1902년 오스트레일리아
1906년 핀란드	1913년 노르웨이
1915년 덴마크	1917년 캐나다
1918년 오스트리아, 독일, 폴란드, 러시아	1919년 네덜란드
1920년 미국	1921년 스웨덴
1928년 영국, 아일랜드	1931년 스페인
1934년 튀르키예	1944년 프랑스
1945년 이탈리아	1947년 아르헨티나, 일본, 멕시코, 파키스탄
1949년 중국	1950년 인도
1954년 콜롬비아	1957년 말레이시아, 짐바브웨
1962년 알제리	1963년 이란, 모로코
1964년 리비아	1967년 에콰도르
1971년 스위스	1972년 방글라데쉬
1974년 요르단	1976년 포르투갈
1989년 나미비아	1990년 서 사모아
1993년 카자흐스탄, 몰도바	2005년 쿠웨이트
2006년 아랍 에미레이트	2011년 사우디아라비아

평등의 원칙에 대한 사법적 인정의 가장 극적인 사례는, 그 유명한 1954년 미국 대법원의 '브라운 대 토피카 교육위원회(Brown v Board of Education of Topeka)' 판결이다. 대법원은 이 판결을 통해, 인종에 기반한 학교 분리는

헌법에 위배되며, 수정 헌법 제 14조 평등보호 조항을 위반한 것이라고 선언했다. 얼 워런(Earl Warren) 대법원장은 이렇게 말했다. "교육 분야에서 '분리하되 평등하게'라는 원칙은 말이 되지 않는다. 교육 시설을 분리한 것 자체가 본질적으로 불평등한 것이다." 평등이라는 근본적 가치에 대한 이러한 강력한 지지는 미국 헌법의 중심 원칙으로 남아있다.

또 다른 평등의 개념으로는, 앞의 제 2장에서 다루었던 '비례적 평등(proportional equality)' 개념이 있다. 아리스토텔레스는 사람들이 처한 상황이 다른데도 불구하고 동등하게 대우하는 것은 평등한 것이 아니라고 주장한다. 정의는 각자가 처한 특수한 상황에 비례해서 그들을 대우할 것을 요구한다. 이를 통해, 각 사람들은 평등하게 대우를 받을 수 있게 된다.

기회의 평등(equality of opportunity)과 결과의 평등(equality of outcome)으로 평등을 구분하기도 한다. 기회의 평등은 단지 아무런 방해 없이 물품을 획득할 수 있는 기회의 보장만을 의미하는 것이 아니라, 사람들이 자신의 몫의 물품을 받을 수 있는 기회를 보장해 주는 것을 의미한다. 기회의 평등은 통상적으로 고용, 교육, 주택, 여러 지위 또는 서비스에 대한 공정한 경쟁으로 묘사된다. 그리고, 기회의 평등은 불공정한 차별을 제거하고자 한다. 다른 한편으로 결과의 평등은, 사람들이 대체로 똑같은 수준의 번영 또는 유사한 경제적 환경을 누릴 수 있는 상황을 의미한다. 결과의 평등은 불가피하게 부유한 사람의 부가 가난한 사람들에게 재분배되는 몇 가지 방식을 필요로 한다.

강한 또는 약한 평등?

평등의 또 다른 구분은, 강한 의미의 평등과 약한 의미의 평등으로 평등을 구분하는 것이다. 철학자 버나드 윌리엄 경은 강한 의미의 평등과 약한 의미의 평등을 이렇게 설명했다. 먼저 강한 의미의 평등은 '우리가 모두 평등하게 태어났다'는 추상적인 주장에 담긴 평등이고, 약한 의미의 평등은 '우리가 공통된 인간성을 공유하기 때문에 평등하다'는 표현 속에 담긴 평등이다. 그는 '모든 사람들이 평등하다'는 사실적(factual) 주장과 '모든 사람들이 평등하게 대우받아야 한다'는 규범적 주장을 구분한다. 그런데, 그는 이 두 가지 주장이 지나치게 강하거나 또는 지나치게 약하기 때문에 문제가 될 수 있다고 지적한다. 즉, 우리 모두가 재능 또는 능력 면에서 똑같다고 주장하는 것은 지나치게 강한 주장이다. 왜냐하면 우리 모두가 그렇지 못하기 때문이다. 그리고, 우리가 모두 인간이기 때문에 평등하다고 주장하는 것은 지나치게 약한 주장이다. 왜냐하면, 그것이 사실이긴 하지만, 그렇게 중요한 것이 아니기 때문이다. 그럼에도 불구하고, 그는 약한 평등의 주장이 정치적으로 사소하지 않을 뿐 아니라 도리어 중요하다고 강조한다. 왜냐하면, 약한 평등의 주장이 우리의 공통된 특징인 고통 느끼기, 의사소통하기, 애정 표현하기 등을 포착해 내기 때문이다.

 여기서 제기되는 한 가지 질문은, 평등에 대한 사실적 주장이 평등에 대한 규범적 주장을 뒷받침할 수 있는지 여부에 대한 것이다. 다른 말로 하면, 우리가 평등하다는 사실이 우리는 평등하게 대우받아야 한다는 것을 의미하는가? 예를 들어, 장애를 가진 사람의 경우 또는 사회적 약자 우대정책의 대상인 경우, 불공평한 대우가 정당화될 수 있다. 평등에 대해 '지나치게 강한' 해석을 하는 윌리엄스는 우리가 모두 똑같은 능력을 가지고 있지 않다는 것을 인정하면서도, 우리가 도덕적으로 살아갈 수 있는 역량 즉, 옳고 그름을 구분할 수 있는 역량과 좋고 나쁨을 구분할 수 있는 역량을 똑같이 가지고 있다고 강조한다. 그는 우리가 그런 역량을 가지고 있는 것에 대해 감사한다.

평등에 대한 반대

당신은 제 6장에서 살펴보았던 노직과 같은 우익 자유주의자들이 평등에 반대한다는 것을 기억할 것이다. 우익 자유주의자들은 사회적 평등을 이루기 위해서는 정부의 간섭이 필요하다고 주장하면서 평등에 반대한다. 한편, 좌익 진영에서도 평등에 반대하는 사람들이 있다. 그들은 사람들을 평등하게 대우하는 것이 도덕적으로 잘못된 것이라고 주장한다. 그리고, 정의가 하나의 '절대적(absolute)' 가치로서 사람들의 삶의 개선을 요구하는 반면, 평등은 하나의 '상대적(comparative)' 가치라는 입장을 취한다. 그들은 최소 수혜자들의 고통을 감소시켜 주는 것이 우리의 도덕적 의무라고 말한다. 그들이 중요하게 생각하는 것은, 모든 사람이 똑같은 것을 가지는 것이 아니라, 모든 사람이 충분히 가지는 것이다. 만약에 이것이 실현될 수 있다면, 일부 사람들이 다른 사람들보다 더 많은 부를 가지는 것이 그리 중요한 문제가 되지 않는다.

평등에 대한 또 다른 의문을 표현하는 사람들은, 평등을 중시하면서도 '평등주의에 초점을 맞추는 것이 사회 정의를 실현하는 최선의 방법인가'라는 질문을 제기한다. 철학자 데렉 파핏(Derek Parfit)은 한 사회 안에서 가장 가난한 사람들과 가장 약한 사람들의 어려운 처지에 집중하는 것을 선호한다. 그는 더 많이 궁핍한 사람들이 더 많은 도움을 받아야 한다고 주장한다. 즉, 가장 가난한 사람들이 부유한 사람들보다 더 중요하게 다루어져야 한다는 것이다.

'우선주의'로 알려진 이 관점을 지지하는 사람들은, 어려운 사람들을 더 중요하게 다루는 관행이 실질적으로 평등을 증진시킨다고 주장한다. 왜냐하면, 이 관행이 모든 사람들에게 적용되는 하나의 절대적 또는 탈비교적인 기준을 만들어 내기 때문이다. 이 관점을 옹호하는 사람들은 분배보다 가난한 사람들을 돕는데 더 많은 관심을 보인다.

데렉 파핏은 소위 '본질적' 평등주의자라고 불리는 사람들의 견해에 이의를 제기한다. 본질적 평등주의자들은 평등을 언제나 바람직한 것으로 간주한다. 이들은 설령 평등이 그 영향을 받는 개인들에게 도움이 되지 못한다고 하더라도 평등은 바람직하다는 입장이다. 예를들어, 모든 사람들의 삶의 수준을 낮추어야만 평등이 이루어진다고 하더라도 평등은 바람직한 것이다. 데렉 파핏은 평등이 도구적 가치일 수 있다는 점에 동의한다. 그리고, 평등을 장려하는 것이 다른 가치 있는 목적을 성취하는데 도움이 될 것이란 점도 받아들인다. 하지만, 그는 평등이 그 자체로 선하다는 주장에는 반대한다. 한편, 평등주의자들은 우리가 분배 정의의 상대적인 본질에서는 벗어날 수 없다고 주장한다.

평등 추구에 대한 몇 가지 반론들이 있다. 첫째, 일부 사람들은 개인들에게 엄격하고 평능한 분배를 실시하게 되면 개인들의 다양성이 인정받지 못하게 된다고 주장한다. 즉, 우리는 서로 다른 필요와 욕구를 가지고 있는데, 왜 모든 사람들이 똑같은 것을 받아야 하는가? 아픈 사람은 건강한 사람과 다른 필요를 가지게 된다고 말할 수는 없을까? 단순한 평등은 자유를 침식시키고, 개인의 고유한 특성을 무시한다. 둘째, 우리는 우리의 개인적 필요를 존중받을 권리가 있는 동시에, 우리의 행동에 대한 책임을 져야 할 의무가 있다는 주장이다. 이것이 의미하는 것은, 만약 우리의 잘못이 아닌 이유로 우리가 불평등해 진 것이라면 우리가 보상을 받을 자격이 있지만, 우리가 자유롭게 선택한 것으로 인해 불평등이 발생했다면 우리는 그 책임을 져야 한다는 것이다. 우리의 주관적 기대와 의무를 강조하는 이러한 반대 입장으로 인해, 많은 평등주의자들이 결과의 평등보다 기회의 평등을 더 선호한다. 즉, 그들은 모든 사람들이 마치 똑같은 사람처럼 대우를 받아야 한다고 주장하기 보다는, 모든 사람들이 자신이 추구하는 자원 또는 번영을 획득할 기회를 평등하게 가져야 한다는 생각을 지지한다.

철학자 피디 웨스턴(Peter Westen)은 평등이 하나의 '공허한 개념'이라고 말한 것으로 유명한다. 그는 평등이라는 개념을 여러 가지 면에서 비판했다. 특히, 그는 평등이라는 개념이 실제로는 권리에 관한 것이라고 말한다. 즉, 만약 사람들이 서로 비슷하다면 평등하게 대우 받아야 한다. 그는 평등이 종종 권리와 혼동된다고 말한다. 그는 평등이라는 개념이 당신에게 한 개인이 특정한 권리를 가지고 있는지에 대해 말해 줄 수 없을 뿐만 아니라, 한 개인이 어느 정도의 특정한 재화를 가질 자격이 있는지에 대해서도 말해 줄 수 없다고 주장한다. 그리고, 평등을 내세워서 우리 모두를 똑같이 대우하라고 국가에 요구할 수 없다. 왜냐하면, 국가는 정당한 근거가 있을 때 우리를 서로 다르게 대우할 수 있기 때문이다. 웨스턴은 가장 잘 알려진 격언인 '같은 경우는 같게 대우하라'는 표현이 무의미한 것이라고 말한다. 왜냐하면, 핵심 질문이 항상 이렇기 때문이다. '어떤 경우가 다른 경우와 같은 것인가?' 웨스턴은 평등에 관한 진술들이 동어반복적이며, 분배 정의에 대한 주장과 구별이 되지 않는다고 주장한다. 그는 우리가 특정한 특성을 공유하고 있긴 하지만, 우리가 모든 면에서 같지는 않다는 것을 전제로 한다. 따라서, 평등이라는 개념은 순환론적(circular)이다. 즉, 평등은 우리에게 '같은 사람을 같게 대우해야 한다'고 말한다. 그런데, 우리가 누가 '같은 사람'이냐고 질문하면, '우리가 같게 대우해야 하는 사람'이라고 답한다. 따라서, 평등은 공허한다. 평등은 독립적인 도덕적 내용을 가지고 있지 않다. 평등은 우리에게 우리가 어떻게 행동해야 하는지에 대해 아무것도 말해주지 않는다. 그래서 평등은 불필요하다. 평등은 정의에 대한 한 가지 표현으로 축소될 수 있을 것이고, 정의 또한 평등의 한 가지 표현으로 축소될 수도 있을 것이다. 이런 주장에도 불구하고, 평등개념의 유용성을 강력하게 옹호하는 철학자들이 많이 있다는 사실 또한 두말할 필요가 없다.

단순한 평등에 대한 또 다른 반론의 핵심은, 평등이 문제 행동 뒷면에 있는 의도는 무시한 채, 결과만을 기준으로 상황을 평가하는 경향이 있다는 것이다. 예를들어, 특정 사회의 불평등이 도덕적 의도를 가지고 시작한 자원 재분배 시도가 실패해서 나타날 수도 있고 또는 부당한 효율성 추구의 결과로 나타날 수도 있다. 특정 국가에 말라리아가 널리 퍼져 있다고 가정해 보자. 사회의 한 부분이 이 치명적인 질병으로 고통을 받게 된다. 그것은 분명한 불평등의 증상이다. 그럼에도 불구하고, 그 사회가 정의로울 수도 있다. 그 사회가 말라리아를 전염시키는 모기의 확산을 막기 위해 자원을 공정하게 분배했음에도 불구하고, 모기의 확산을 막는데 실패했다면, 이 상황은 수용가능할 것이다. 한편, 질병을 예방하거나 치료하기 위해 취한 조치들이 부적절했을 수도 있다. 만약 그렇다면, 예를들어 이것이 효율을 증진시키기 위한 정치적 또는 도덕적 결정의 결과라고 말할 수 있는가? 한 마디로 말한다면, 결과의 평등은 한 사회가 평등한지 여부를 판단하기에 너무나 제한적인 평가 기준이다. 우리는 결과를 만들어 낸 선택들의 도덕적 특성을 더 알아야 할 필요가 있다. 무엇보다도 문제의 결정을 내린 사람들의 의도를 알아야 한다.

엄격한 평등이 다양성 보다 획일성을 조장할 수 있다고 주장하는 사람들이 있다. 이 주장은 특히 페미니스트들에 의해 제기된다. 다음 장에서 살펴보겠지만, 페미니스트 이론의 근본적인 원칙은, 성별이 권력, 지배와 상관관계가 있다는 것이다. 이것이 인종에도 그대로 적용된다. 이러한 차이가 빈번하게도 다양한 가치를 나타내는 것으로 받아들여진다. 여성과 소수 인종 구성원들은 그들이 겪고 있는 차별과 억압에 대한 하나의 해답으로 평등의 이상을 바라본다.

하지만, 페미니스트들과 일부 사람들은, 평등이 종종 이러한 차이를 부인하고지 히기 때문에, 평등이 반드시 차별과 억압 문제의 해결책이 된다고 말할 수는 없다고 주장한다. 평등은 처음부터 차별의 원인이 된 백인 우월 또는 남성 우월 모델에 모든 구성원들을 동화시키는 결과를 초래할 수도 있다. 그들은 우리가 모든 사람들을 똑같다고 생각해서는 안 되며 대신에 각 사람들의 다양성을 존중해야 한다고 강조한다. 평등은 중요하다. 하지만, 평등을 실현하기 위해 다양성을 간과하거나 훼손시켜서는 안 된다.

공리주의 그리고, 복지와 자원의 평등

우리가 제 4장에서 살펴 본 바와 같이, 공리주의자들은 최대 다수의 최대 행복을 계산할 때 모든 사람을 하나의 동등한 단위로 다룬다. 모든 사람은 한 단위로 간주된다. 그 누구도 둘 또는 그 이상으로 간주되지 않는다. 그리고, 모든 개별적인 상황은 무시된다. 이 이론이야말로 완벽한 평등을 보장하는 이론이 아닌가? 비평가들은 이 질문에 대해서 '아니오'라고 대답한다.

이 이론은 인간의 모든 욕구에 똑같은 가중치를 부여하기 때문에 공평한 결과를 도출하지 못한다. 인간의 모든 욕구에는 이기적인 욕구와 로널드 드워킨이 말한 '외적(external)' 선호가 포함된다. '외적' 선호에 대해서는 바로 뒷 부분에서 설명할 것이다.

공리주의는 우리가 통상적으로 이해하고 있는 평등의 개념을 제대로 파악하지 못하고 있다. 다른 사람들이 자신들의 욕구를 희생하면서까지, 값비싼 와인에 대한 나의 취향을 만족시켜 줄 것이라고 내가 기대할 수 있는가? 평등은 한 사람이 다른 사람의 값비싼 욕구를 만족시키기 위해 자신의 자원을 박탈당해서는 안 된다고 분명하게 말한다. 평등한 대우가 의미하는 것은, 모든 사람이 공정한 몫에 대한 권리를 가진다는 것이지, 비용이 얼마가 들어가든지 상관없이 모든 이익의 가치가 동일하다는 것은 아니다. 이에 따라, 공리주의는 서로 다른 선호들을 구별해 낼 수 있는 수단이 부족하다는 비판을 받는다. 우리는 공리주의가 진정한 도덕적 평등을 증진시키는 이론이라고 말할 수 없다. 왜냐하면, 공리주의는 모든 사람에게 평등한 존중을 제공하지 않기 때문이다.

드워킨은 '개인적' 선호와 '외적' 선호를 구별함으로써 공리주의의 평등에 대한 실패를 보여준다. 개인적 선호는 내가 나 자신(myself)을 위해서 원하는 것이고, 이와 반대되는 외적 선호는 내가 다른 사람들(others)을 위해서 원하는 것이다. 드워킨은 우리가 일반적인 복지의 개선을 추구할 때, 외적 선호는 배제되어야 한다고 주장한다. 왜냐하면, 외적 선호가 '평등한 관심과 존중을 받을 기본권'인 근본적인 정치적 권리를 약화시키기 때문이다. 외적 신호를 강요하는 것은, 그것을 강요받는 사람들을 열등한 사람으로 취급하는 것이다. 그리고, 외적 선호를 강요받는 사람들은 평등한 관심과 존중을 받는 평등한 존재로 대우받지 못한다. 이러한 이유로 드워킨은 공리주의와 '복지주의'를 모두 거부한다. 드워킨의 사례를 하나 활용하겠다. 피스타치오 아이스크림에 대한 나의 강한 개인적 선호가 피스타치오를 생산하지 않아야 하는 다른 이유들(예를들어 당신이 바닐라를 약간 선호하는 것)보다 더 강한 설득력을 가질 때, 피스타치오 아이스크림에 대한 나의 강한 개인적 선호는 사회가 피스타치오를 생산하는 것을 정당화시킨다. 하지만, 만약 나의 강한 개인적 선호가 피스타치오 생산을 정당화하지 못한다면, 내가 피스타치오를 먹을 권리(또는 나의 강한 선호를 만족시켜줄 보다 일반적인 권리)를 주장하는 것은 아무런 의미가 없다. 이와 같이, 내가 원하는 것을 국가가 나에게 주어야 하는 이유가 다른 집단적 정당성보다 더 중요할 때에만 나의 정치적 권리가 존재한다. 집단적 정당성은 보통 한 가지 결정에 대해 완전한 정치적 방어를 제공해 준다.

'복지의 평등(equality of welfare)'에 대해서도 비슷한 반론이 제기된다. '복지의 평등'을 옹호하는 학자들은 사람들의 복지를 평등하게 보장해 줄 때 정의가 실현된다고 주장한다. '복지의 평등' 주장이 가지는 문제는 공리주의와 같이, 개인의 복지를 개인 선호의 만족과 동일시 한다는 것이다. 이것이 의미하는 것은 모든 주관적인 선호를 동동하게 취급한다는 것이다. 그런데, 내가 당신에게 해를 가하는 것을 선호할지도 모른다. 우리가 제 4장에서 논의한 것처럼, 악의적인 욕구를 호의적인 욕구와 동일한 것으로 간주해서는 안 된다. 값비싼 취향을 예로 들어본다면, 우리는 고급 샴페인 취향을 가진 사람들에게 더 많은 자원을 제공하는 것이 정의에 부합한다는 주장을 받아들이기 어려울 것이다. 복지의 평등 주장이 가지는 또 다른 문제는, 사람들이 무엇을 받을 자격이 있는지를 정할 기준과 사람들이 어느정도까지 자신의 복지에 대해 책임을 져야 하는지에 대해 관심을 가지지 않는다는 것이다.

'자원 평등(resource equality)' 개념은 이러한 단점들을 회피한다. '자원 평등'은 사람들에게 자신의 상황에 대해 책임지도록 요구한다. 이 상황에는 인종, 성별, 지능과 같이 자신의 통제를 넘어서는 것은 제외된다. 자원 평등 옹호론자들은 모든 개인들이 동일한 '기본 재화'를 가질 자격이 있다고 주장한다. 사람들은 기본 재화를 자신이 원하는 바대로 자유롭게 사용할 수 있으며, 개인들은 자신들이 내리는 결정을 통해 자신들의 재화를 증가시킬 수 있다. 이것은 롤즈가 앞서 주장한 입장이기도 하다. 제 5장에서 살펴본 것처럼, 롤즈의 정의의 원칙은 불평등을 허용한다. 하지만, 이 불평등은 공정한 기회 균등이라는 조건 하에서, 모든 직위와 지위가 모든 사람들에게 개방되어야 한다는 조건 하에서 허용되는 것이다. 그리고, 이러한 불평등은

'차이의 원칙' 즉, 사회의 최소 수혜자들의 이익이 보호되어야 한다는 원칙에도 맞아야 한다. 평등은 롤즈의 정의 제 1원칙에 포함되어 있다. 롤즈는 이렇게 말한다. '최소한의 정의감은 모든 사람이 평등한 권리를 갖도록 보장한다.....모든 사람은 평등한 권리를 가진다.....평등은 단순히 하나의 절차적 규칙에 의해서가 아니라 자연의 일반적인 사실에 의해서 뒷받침된다.'

평등은 다른 여러 이론들의 중심가치이기도 하다. 제 7장에서 다루었던 센의 역량 접근 방법과 제 11장에서 살펴보게 될 사회 진보를 위한 공동체주의 주장들도 평등을 중심가치로 한다. 하지만, 평등의 개인주의적 관점을 가장 강력하게 옹호한 사람은 로널드 드워킨이다.

드워킨은 평등을 '주권적 미덕'이라고 표현하였다. 그는 모든 사람이 누릴 자격이 있는 동등한 존중과 관심에 대한 원칙을 주장의 출발점으로 삼았다. 드워킨의 평등 옹호를 이해하기 위해서, 우리는 정의, 법, 도덕에 대한 그의 접근이 가지는 몇 가지 특징에 대해 살펴볼 필요가 있다.

카드의 으뜸패(trump)로서의 권리

드워킨은 하나의 복잡한 '권리 논제(rights thesis)'를 제시하면서, 개인들이 가지는 권리가 일반 복지 사항보다 더 우선한다고 주장한다. '권리를 카드의 으뜸패'로 보는 생각은 위에서 언급한 것처럼, '개인적 선호'보다 우선시 되는 '외적 선호'의 배제에 부분적으로 기반을 둔다. 그가 보기에, 대부분의 공리주의 주장들이 개인 권리의 보호를 위한 만족스러운 기초를 제공하지 못하고 있다. 외적 선호에 큰 의미를 부여하지 않는 제한된 형태의 공리주의만이 평등주의를 일부 뒷받침하고 있다. 사실, 평등주의는 공리주의의 주된 주장이기도 하다.

평등은 '주권적' 이다

　드워킨 이론의 핵심에는 한 가지 원칙이 있다. 그 원칙은 '정부는 국민들을 평등하게 대우하여야 한다...[정부는] 시민이 자신의 평등한 가치에 대한 인식을 포기하지 않고서는 받아들일 수 없는 주장을 이유로, 어떤 시민에게도 희생이나 제한을 부과해서는 안 된다.'는 것이다.

　드워킨은 그의 저서 『주권적 미덕』에서 정부가 보호하고 유지해야 할 평등의 종류를 검토한다. 자유주의적 평등주의는 개인의 행운보다 개인의 선택을 더 우위에 둔다.

> 자신들이 처한 상황 그 자체로 인해 겪게 되는 불이익 또는 불운을 개인들이 언제까지 그리고, 어느 정도까지 감수하는 것이 옳은 것인가? 다른 한편으로, 그들이 살고 있는 공동체의 다른 구성원들이, 그들이 겪고 있는 불이익을 언제 제거하거나 완화시켜주는 것이 옳은 것인가? 의도하지 않게 불운한 상황에 처한 개인들의 결과적 책임에 대해서는 사회가 구제를 해 주어야 한다. 하지만, 그들 자신의 선택에 따른 결과적 책임에 대해서는 사회가 구제를 해 줄 필요가 없다.

　드워킨은 개인의 책임을 중요하게 생각한다. 우리는 정의로운 사회를 실현하기 위해 특정한 사람들이 왜 빈곤한지 검토해 보아야 한다. 어떤 사람들은 일자리를 찾지 못해서 가난할 수 있다. 그런데, 만약 그들이 일자리를 찾기 위해 노력하지 않고 하루종일 빈둥거리면서 시간을 보낸다면 어떻게 해야 하는가? 그들은 열심히 일한 사람이 낸 세금으로 혜택을 받을 자격이 있는가? 드워킨은 이것이 평등 개념의 해악일 수 있다고 주장한다. 평등은 근면한 사람이 혜택을 받고, 게으른 사람이 나태의 결과를 감수하는 것이 되어야 한다. 이것은 당연한 것이지만, 드워킨은 복지의 평등을 받아들이지 않는다. 그 이유는 두 가지이다. 첫째는 개인들이 같은 출발점에 서게 되는 시점의 결정 문제 때문이고, 둘째는 이국적인 취향에 지원금을 주는 것이 정의의 개념에 맞지 않기 때문이다. 드워킨은 이러한 문제들을 피하기 위해, 개인적 책임이라는 개념을 그의 평등 이론에 하나의 요소로 도입했다. 그는 '선택적 운(option luck)'(예를 들어, 카지노에서 의도적으로 위험을 감수하는 것)과 '눈먼 운(brute luck)'(예를 들어, 길 가다가 벼락을 맞는 것)을 구별한다. 국가가 신체장애와 같은 눈먼 불운을 타고난 사람들의 불행을 보상해 주는 것은 정당하다. 하지만, 자신의 독립적인 선택의 결과로 나쁜 '선택적 운' 상황에 처한 사람을 국가가 보상해 주는 것은 정당하지 않다. 나는 나의 집에 도둑이 침입할 불운에 대비해서 보험에 가입할 수 있다. 만약 내가 보험에 가입하지 않은 상태에서 도둑을 맞는다고 하더라도, 나는 다른 사람들이 나의 손실을 보상하기 위해 세금을 내지 않았다고 불평할 수가 없다. 정의는 이러한 것을 요구하지 않는다.

불운은 우리가 태어나는 순간부터 우리를 괴롭힐 수 있다. 장애가 그 대표적인 사례이다. 이 문제를 해설하기 위해, 드워킨은 우리에게 하나의 가상의 보험정책을 상상하도록 요구한다. 우리는 특정한 재난과 불행이 발생할 것에 대한 합리적인 전망을 할 수 있다. 그리고, 이러한 불운의 결과에 대비해서 의료적 치료와 여러 회복책의 유효성, 비용, 가치를 합리적으로 계산할 수 있다.

우리 개인들은 발생 가능성이 있는 불행에 대비하여 보험에 가입할지 여부를 결정할 수 있다. 개인들의 결정을 모두 종합해서, 우리는 가상의 보험료와 공평한 조세 체계를 계산해 낼 수 있다. 일부 사람들은 이러한 책임을 지는 것이 자신들에게 너무 가혹하다고 생각할 것이다. 왜냐하면, 다른 사람들의 불행한 운명에 아무런 책임이 없는 사람들이 처벌을 받는 것처럼 보이기 때문이다. 평등보다 동정심이 동기 요인으로 작용하여 이 가상의 보험 제도가 만들어질 수도 있다. 그렇다고 하더라도, 그 제도에 장애인 또는 심각하게 불우한 사람들을 위한 특별 규정을 마련하는 것이 완전히 배제되지는 않는다.

인종과 형사 사법

미국에서 흑인 남성이 백인 남성이나 히스패닉계 남성보다 수감될 가능성이 더 높다는 것을 보여주는 확실한 증거들이 많이 있다. 2014년 미 법무부가 수집한 통계자료에 의하면, 흑인 남성들이 모든 연령 집단에서 다른 인종 남성들과 비교하여 수감율이 가장 높다.

2014년 12월 31일 현재, 516,900명의 흑인 남성들이 교도소에 수감되어 있다. 그들은 전체 남성 수감자의 37%를 차지한다. 백인 남성 수감자는 전체 남성 수감자의 32%, 히스패닉계 수감자는 전체 남성 수감자의 22%에 해당한다.

얼핏 보기에는, 이것이 큰 차이가 없는 것처럼 보일 수 있지만, 미국 인구 통계 자료에 기초해서 살펴보면, 미국 전체 흑인 남성 중 2.7%(10만 명당 2,724명)가 수감 중이다. 전체 히스패닉계 남성 중 1.1%(10만 명당 1,091명), 전체 백인 남성 중 0.5%(10만 명당 465명)가 수감 중인 것과 비교하면 큰 차이가 난다. 18세에서 19세 사이의 흑인 남성의 수감률은 같은 나이대의 백인 남성의 수감률의 10.5배에 달한다.

이런 결과가 나오는 이유는 무엇인가?

수 많은 설명들이 제시되어 왔다. 경제적 박탈, 교육적 성취의 부족, 제한된 사회 이동성, 뿌리 깊은 편견이 모두 연관되어 있다. 흑인과 가난한 사람들은 특히 마약 혐의로 더 자주 검문과 수색을 당한다. 한 연구(Mauer and Cole, 2003)에 따르면, 비록 흑인들과 백인들이 거의 같은 비율로 마약을 판매, 투약하고 있지만, 마약 범죄로 흑인들이 백인들보다 거의 12배 더 수감되고 있다.

평등 대 자유

평등을 실현하기 위해서는 자유가 반드시 희생되어야 한다고 주로 생각한다. 정치적 우파인 보수주의자들은 일반적으로 '기회의 평등'을 믿는다. 그들은 세금 감면을 옹호하고, 실직자들이 노동시장으로 돌아오는데 도움을 주는 정책과 자선단체들을 지지한다. 보수주의자들은 자유를 위해 최소한의 정부 개입을 요구한다. 개인은 엄청난 부자가 되는 것 또는 노숙하는 거지가 되는 것 중 하나를 선택할 자유가 있어야 한다. 다른 한편으로, 정치 스펙트럼의 왼쪽에 위치한 진보주의자들은 '결과의 평등'을 선호하는 경향이 있다. 그들은 부와 빈곤을 단순한 선택의 문제로 보지 않는다. 따라서, 그들은 부자들에게 더 높은 세율을 부과하고, 가난한 사람들에게 더 많은 도움을 주고자 한다. 진보주의자들은 일반적으로, 자유로운 사회에서는 타인이 야기한 피해로부터 개인들이 보호를 받아야 하며, 정부는 이러한 보호를 제공하기 위해 법을 제정하고 시행해야 한다는 생각을 지지한다. 그들은 징수된 세금으로 가난한 사람들에게 혜택을 주기 위해서, 매우 부유한 사람들의 소득에 높은 세율의 세금을 부과하는 것을 기꺼이 허용한다.

드워킨은 자유와 평등이 서로 갈등관계에 있는 것이 아니라고 주장한다. 그는 그의 저서 『고슴도치를 위한 정의』에서 '자유와 평등은 양립가능할 뿐만 아니라 서로 밀접하게 연결되어 있다'고 강조한다. 그는 자유(표현의 자유, 종교의 자유 등을 포함)가 평등이라는 근본적 권리에서 파생된 것이라고 단언한다. 드워킨은 이렇게 주장을 이어간다. "자유와 평등이 몇 가지 경우에는 서로 갈등할 수도 있다. 하지만, '사원의 평등'과 같은 경우, 기본적 자유는 실제로 '분배적 평등'의 한 부분이며, 평등이 달성될 때 결과적으로 기본적 자유가 일상에서 보호된다." 자유는 평등을 희생해서 얻어지는 것이 아니라 평등의 이름으로 자유가 얻어지는 것이다. 그는 명확한 수단 또는 합리적 수단이 자유와 평등을 조화시킨다고 주장한다.

드워킨이 말하는 '명확한' 수단이란 무엇을 의미하는가? 드워킨의 평등 개념의 핵심에는 '추상적인 평등주의 원칙'이 자리잡고 있다. 이 원칙은 정부가 시민들의 삶을 개선하고, 모든 시민들의 삶에 평등한 관심을 보여야 한다는 점을 강조한다. 평등주의 원칙은 자유를 존중하는 정부에 의해 실현되며 정부에게 모든 시민들의 삶에 평등한 관심을 보여줄 것을 요구한다. 사람들을 평등하게 대우하는 것은 동시에 그들의 자유를 보장하는 것이다. 한 명의 부동산 개발업자가 있다고 가정해 보자. 그는 주택을 건설하기 위해 땅을 매입하기로 결심했다. 그런데 그는 주택을 다 건설하고 나서, 그의 주택을 흑인에게는 판매하지 않으려고 한다. 이것은 근본적인 평등주의 원칙에 어긋난다. 왜냐하면, 그 개발업자가 공동체의 모든 사람들을 동등하게 대우하지 않았기 때문이다. 이 경우, 주택 구입에 대한 '독립의 원칙(principle of independence)'을 부과할 필요가 있다. 이 원칙은 만약 편견이 존재하지 않았을 경우 그들이 차지했을 것으로 예상되는 것과 가장 유사한 위치에 편견의 희생자들을 두도록 한다.

우리가 살펴본 바와 같이, 완전한 또는 절대적인 평등의 실현은 현실적으로 불가능하다. 우리는 모두 다르다. 나의 욕구가 당신의 욕구와 같지 않다. 정의로운 사회를 만들기 위해서 우리가 할 수 있는 최선의 노력은, 결과의 평등을 추구하는 것이 아니라 모든 사람들의 기회를 가능한 균등하게 하는 것이다. 우리는 객관적인 웰빙(기회의 평등), 주관적인 선호의 충족(복지의 평등) 또는 재화(자원의 평등)를 위한 기회를 증진시키기 위해 노력할 수 있다. 드워킨은 이 세 가지 중에서 자원의 평등을 제일 우선시한다. 드워킨은 이 질문을 근거로 한다. "만약 우리 모두가 평등하다면, 왜 당신이 나보다 더 많은 자원을 가져야 하는가?" 한편, 내 개인의 주관적 '복지' 욕구와 당신의 주관적 '복지' 욕구를 측정하는 것은 극도로 어렵다. 드워킨 입장에서 가장 호소력 있는 해결책은 자원의 평등에 초점을 맞추는 것이다. 왜냐하면, '자원의 평등'이 자유와 평등의 적절한 조화를 만들어 내기 때문이다. 왜 이것이 가능할까? 자원의 평등한 분배를 추구함으로써, 사람들은 자신의 선택이 다른 사람들 그리고 자신이 정당하게 사용할 수 있는 가용 자원의 총 공급에 미치는 영향을 고려하여, 어떠한 삶을 살 것인가를 결정할 수 있기 때문이다.

이러한 자원분배는 하나의 경제 시장을 상정한다. 드워킨은 이 시장을 그의 가상적인 보험시장을 활용하여 설명한다. 이 가상적인 보험시장에는 '선망 검사(envy test, 羨望檢査)' 개념이 내재되어 있다. '선망 검사'는 다른 사람들이 지불하는 비용을 참조하여 개인들이 원하는 것의 가치를 계산한다. 자유시장은 재능, 병에 약한 신체와 같이 '눈먼 운'에 의해 야기된 삶의 특징들은 고려하지 않고, 오직 개인들이 가지는 욕구만 중요하게 다룬다. 우리는 자유시장에서 각 사람들이 편견 없이 자신의 개성을 개발할 수 있는 안전과 기회를 확보하고 있다고 가정한다. 자유 시장의 핵심 원칙은 각 사람들이 평등하게 대우 받는 것이다. 자유 시장의 운영은 자유로워야 하며, 자유 시장은 평등한 도덕적 인격체들인 개인들의 자율성을 존중하여야 한다.

앞의 짧은 설명들은 '정의와 관련된 평등'에 대한 드워킨의 이상적인 비전의 일부분이다. 드워킨은 그의 글을 통해서, 도덕적 가치들은 독립적이면서 객관적이라는 자신의 생각을 자세히 설명한다. 그리고, 그는 우리 모두가 가능한 좋은 삶을 살아야 한다고 주장한다. 좋은 삶이란 자기 존중을 진전시키는 '존엄한 삶'을 사는 것이다. 물론, 우리는 다른 사람들에 대한 도덕적 책임도 가진다. 자기 존중의 중요성을 수용한다면, 우리는 우리 자신의 삶 뿐만 아니라 다른 사람의 삶이 가지는 중요성도 받아들여야 한다. 그렇게 해야 우리의 입장이 논리적 일관성을 가진다.

제 7장에서 다루었던 역량 접근법의 대표적인 주창자인 아마티아 센은 드워킨의 평등주의에 대해 의문을 제기한다. 한편, 역량 접근법을 옹호한 누스바움은 인간 존엄의 개념을 전제로 자신의 주장을 전개했다. 흥미롭게도, 이러한 누스바움의 주장과 같은 입장을 제시한 사람은 역량 접근법 주창자인 센이 아니라 드워킨이다. 센의 분석의 핵심은, 역량 부족과 불평등의 원천을 이해하기 위한 탐구를 통해 부정의를 제거할 수 있다는 것이다. 따라서 센의 분석의 중심에는 '역량의 평등'이 자리잡고 있다. 센은 '평등한 분배'라는 주제에 국한된 정의 이론들에 대해 매우 비판적이다. 왜냐하면,

'평등한 분배' 주장들은 개인들이 수단들을 활용하여 무엇을 획득했는지 즉, 목적을 이루었는지에 집중하는 대신에, 수단에만 집중하고 있기 때문이다. 센은 '로널드 드워킨의 저작들에 대해 무한한 찬사'를 보낸다. 그럼에도 불구하고, 센은 역량 접근법이 복지의 평등에 초점을 맞추고 있다는 드워킨의 비판을 거부한다고 선언하였다. 센은 역량 접근법이 자원에 관심을 가지는 것은 인정한다. 하지만, 그것은 '역량의 평등을 달성하기 위한 한 가지 방법'일 뿐이라고 말한다.

또 다른 비평가인 제럴드 앨런 코헨(Gerald Allen Cohen)은 드워킨이 부의 공정한 분배에 관한 결정을 시장에 의존하는 것에 대해 강력히 비판한다. 코헨은 평등의 목적이 '삶 속의 성취'에 필요한 개인의 욕구를 향상시키는 것이라는 사회주의 사상을 선호한다. 다른 말로 하면, 평등은 개인의 '복지를 위한 잠재력'을 증가시켜야 한다. 그리고, 평등은 다른 사람들을 돌보는 것에 가치를 두는 사회 풍조를 만들어야 한다. 자유 시장이 부정의를 만들어 낼 수 있다는 그의 주장이 타당함에도 불구하고, 그의 전체적인 주장들이 다소 유토피아적 이상처럼 보인다.

요약하기

대부분의 정의 이론에서 평등은 하나의 이상적인 개념으로 등장한다. 불평등은 일반적으로 부정의한 것으로 간주된다. 특히, 불평등이 사람들 또는 집단들의 통제 밖에 놓여 있는 요인들에 의해서 발생할 때 더욱 그러하다. 평등주의자들은 최소 수혜자들의 삶의 질을 향상시키고자 한다. 평등의 구성요소는 무엇인가? 평등을 실현하기 위해 요구되는 정확한 조건은 무엇인가? 불평등의 부정의를 해소하는 방법은 무엇인가? 이 모든 질문들이 논쟁의 여지가 있는 쟁점들이다.

10장

박애
(Fraternity)

정의는 우리에게 사람들을 평등하게 대우할 것을 요구한다. 그리고, 앞의 장에서 살펴본 것처럼, 정의는 여기에 더하여, 우리의 관심 영역 밖에 놓여 있는 것들을 배제하지 말 것을 우리에게 요구한다. 정의 이론들은 우연이든 의도적이든 간에 남성, 건강한 사람, 인간에게 초점을 맞추는 경향이 있다. 이로인해 우리 지구상에 살아가는 여성, 장애인, 동물들이 배제된다. 그런데, 정의는 박애 정신에 따라, 여성, 장애인, 동물 집단 각각의 구성원 모두에게 의무감을 가질 것을 요구한다. 이 장에서는 이러한 의무들에 대해서 살펴보고자 한다.

여성

여성에 대한 차별은 수많은 형태로 나타나며, 국제인권법과 '여성에 대한 모든 형태의 차별 철폐에 관한 협약'이 금지하고 있음에도 불구하고 여성에 대한 차별은 전 세계적으로 지속되고 있다. '여성에 대한 모든 형태의 차별

철폐에 관한 협약'을 비준한 국가들은 협약에 따라 '여성에 대한 차별을 구성하는 기존의 법률, 규정, 관습과 관행을 수정하거나 폐지하기 위하여 모든 적절한 조치를 취해야' 한다.

많은 국가의 법은 국적과 시민권, 교육, 혼인권, 보건, 고용권, 친권, 상속권, 재산권 등에서 여성과 소녀들을 2등 시민의 지위로 격하시키고 있다. 여성에 대한 폭력은 여전히 심각한 문제로 남아 있다. 여러 이슬람 국가들은 법, 문화, 종교를 통해 여성들의 복장, 직업, 혼인에 관한 권리와 이혼에 관한 권리를 제한하고 있다. 일부 이슬람 국가들의 법에는 심지어 '아내의 복종'이 명문화되어 있다. 몇몇 국가들은 사회적, 문화적, 종교적 관행을 통해 어린 여성들의 생식기 일부를 절단하고, 강제로 혼인시키고 있다.

직업 현장에서의 남녀차별

- 노동시장에 참여하고 있는 여성비율이 1990년 57%에서 2013년 55%로 하향 정체를 보이고 있다.
- 평균적으로, 여성은 남성에 비해 10~30% 정도 낮은 임금을 받는다.
- 고용주를 위해 정규직으로 일하는 여성의 숫자는 정규직 남성 숫자의 절반에 불과하다.
- 유용한 데이터를 수집할 수 있는 114개 국가 중 5개 국가에서만, 여성들이 남성과 같은 비율로 법관, 고위 공무원, 관리직의 직업을 가질 수 있었다.
- 여성은 돌봄, 집안일과 같은 무급 가사노동에 남성보다 두 배 더 많은 시간을 사용하고 있다.
- 128개국에는 최소한 한 가지 이상의 성별에 기반한 법적 차별이 존재한다. 이것이 의미하는 것은 직업의 세계에서 여성과 남성이 같은 방식으로 역할을 수행할 수 없다는 것이다. 54개국에서는 여성들이 5개 이상의 법적 차별에 직면한다.
- 개발도상국가들에서는, 공식 금융기관에 계좌를 보유하고 있는 여성의 숫자가 남성의 숫자에 비해 9% 적다.
- 3명 중 1명 이상의 여성들이 파트너 남성 또는 파트너가 아닌 남성에 의해 성 폭력 또는 신체적 폭력을 당한 경험이 있다.
- 2010년-2012년, 42개국에서 중등학교 등록율에서 10%이상의 성별 차이가 보고되었다.
- 개발도상국가의 소녀 3명 중 1명이 18세 생일을 맞이하기 전에 결혼한다.

예를들어, 사우디아라비아에서는 2018년 6월 전까지 여성들의 자동차 운전이 허용되지 않았다. 샤리아법(Sharia law)에 의하면, 법정에서 여성이 한 증언은 남성 증언의 절반의 가치가 있다. 이러한 종류의 성차별이 법률에 명시되거나 허용된다면, 분명하게도 정의가 실현될 수 없다. 하지만 여러 정의 이론들은 여성들을 고려대상에서 완전히 제외하거나 소홀히 다루고 있다. 페미니스트 이론가들은 이러한 결점들을 폭로하기 위해서 노력하고 있다.

페미니즘

페미니즘은 결코 일차원적인 이론이 아니다. 우리는 주요 페미니스트 이론들을 간략하게라도 구분할 필요가 있다. 나는 다음에서 가장 두드러진 페미니스트 집단 세가지 즉, 자유주의 페미니스트, 급진주의 페미니스트, 차이 페미니스트(difference feminists)에 대해 검토하고자 한다.

여성에 대한 억압에 맞선 투쟁은 오랜 역사를 가지고 있다. 메리 울스턴크래프트(Mary Wollstonecraft)의 저서『여성 권리 옹호』(1792)는 여성들이 합리적인 피조물이기 때문에 시민적 의무를 이행할 능력이 있다는 전제를 기반으로 저술되었다. 그런데, 당시 영국에서는 여성들의 모든 정치적 권리가 인정되지 않고 있었다. 울스턴크래프트식 접근을 계승한 사람들은 자유주의 페미니스트들이었데, 이들은 시민적 권리와 정치적 권리를 중요하게 여겼다. 자유주의 페미니스트들은 모든 사람들을 자율적이며, 권리를 가진 행위자들로 간주하였고, 평등, 합리성, 자율성의 가치를 강조했다. 자유주의 페미니즘의 핵심 주장은 남녀 간의 '이성의 평등(equality of reason)'이 합리적 선택에 영향을 미치는 기회의 평등을 보장해야 한다는 것이다. 자유주의 페미니스트들은 사회의 많은 측면에 남성 지배적인 경향이 있음을 일반적으로 인정한다. 하지만, 급진주의 페미니스트들과 달리, 그들은 사회적, 정치적, 경제적 영역에 있는 남성지배에 대해 포괄적인 공격을 가하지는 않는다. 대신에, 그들은 사회가 여성들을 차별하는 방식을 변화시키기 위해 노력하는 것을 선호한다. 특히, 고용 분야에서 여성들을 차별하는 관행을 개선하고자 한다.

간단히 말해서, 자유주의 페미니즘은 평등을 강조하는데 반해 급진주의 페미니즘은 앞으로 살펴보겠지만 차이에 집중한다.

자유주의 페미니스트들은 법적 캠페인과 정치적 캠페인을 벌인다. 이 캠페인의 한 가지 사례로는 여성들을 대상으로 하는 폭력을 범죄로 규정하기 위한 캠페인을 들 수 있다. 그들은 또한 사적 영역과 공적 영역의 구분이 어떻게 남성의 여성 지배를 강화하는지에 대해 설명한다. 즉, 가정 안에 존재하는 남성의 여성지배 관계를 '정상적'인 것으로 취급함으로써, 그 관계가 법적 영역으로 확장되는 것이다. 이와 유사하게, 자유주의 페미니스트들은 전통적인 가정 개념과 출산자로서의 여성의 역할이, 어떻게 가정 내에서 이루어지는 남성의 여성지배를 대중의 인식에 드러나지 않도록 하는지를 폭로한다. 많은 국가에서 배우자 성폭행은 불법 행위이다. 하지만, 인도, 방글라데쉬, 스리랑카, 미얀마, 싱가포르, 에티오피아, 핀란드 등 여러 나라에서는 범죄행위가 아니다.

사회주의와 마르크스주의 페미니즘을 옹호하는 사람들이 포함된 급진주의 페미니스트들은 사회가 구성되는 방식에 문제를 제기한다. 특히, 그들은 남성이 여성에게 사회적, 정치적, 경제적 권력을 행사하는 것을 받아들이지 않는다. 급진주의 페미니스트들은 전통적인 성 역할 개념에도 반대한다. 이들은 일반적으로 정치과정을 통해서가 아니라 기존 제도와 가치를 공격함으로써 가부장제를 없애고자 한다. 그들은 남성과 여성을 구별하는 차이점에 초점을 맞춘다. 그들은 남성이 여성을 지배하기 위해서, 남성과 여성을 다르게 정의한다고 주장한다. 근본적인 문제는 권력의 문제이다. 그리고, 이러한 차이는 종종 '성적 특성을 부여'한다. 예를 들어, 남성은 합리적이고, 여성은 비합리적이며, 남성은 능동적이고, 여성은 수동적이며, 남성은 객관적이고, 여성은 주관적이다. 이 세상은 남자가 만들었기 때문에 남성이 여성에게 가하는 폭력과 지배는 정당하다. 일부 급진주의 페미니스트들은 법이 진정한 평등을 만들어 낼 수 있는지에 대해 의심한다. 그들은 '여성 문제'라고 불리는 것을 면밀히 검토한다. 이를 통해 중립적이고 객관적으로 보이는 법과 관행에 내포된 젠더의 성격을 밝히고자 한다. 대표적인 급진주의 페미니스트인 캐서린 맥키넌(Catharine MacKinnon)은 이렇게 말한다. '추상적인 권리는....남성이 세상을 경험하도록 권위를 부여한다.'

그녀는 '권리'라는 개념이 형식적이고, 위계적이며 가부장적이라고 주장한다. 그리고, 법은 일반적으로 남성의 관점을 반영하고, 그 관점을 보호한다고 강조한다. 예를 들어, 미국 수정헌법 제 1조는 표현의 자유를 보호한다. 그녀는 그 표현의 자유가 여러 '추상적 권리' 중 하나로서, 외설물을 즐길 권리를 보호하며, 표현의 자유가 사실상 남성들이 여성을 비하하고 착취하는 것을 허용한다고 단언한다.

많은 급진적인 비평가들은 자유주의 페미니스트들이 옹호하는 개인주의를 '부실하다'고 비웃는다. 왜냐하면, 개인주의가 개인 권리의 분배에 놓여있는 문제들을 제대로 인식하지 못하기 때문이다. 급진적 페미니스트들은 자유주의 페미니스트들이 추구하는 배타적인 정치적 과정이 아니라, 사회의 근본적인 재구성을 통해 남성의 사회적, 경제적 지배를 제거하려고 한다.

소위 '차이 페미니스트들'은 페미니즘의 또 다른 집단을 이룬다. 차이 페미니스트들은 양성간의 차이를 비교한다. 예를들어, 여성은 남성보다 본능적으로 육아에 강하다. 일부 차이 페미니스트들은 사회적으로 형성된 남녀

간의 차이에 집중('사회 차이 페미니즘')하는 한편, 다른 차이 페미니스트들은 남녀 간의 차이에 미치는 상징적 그리고 심리적 영향을 검토한다('상징적 차이 페미니즘'). 차이 페미니스트들은 자유주의 페미니스트들이 형식적 평등이라는 개념을 수용하는 방식을 거부한다. 차이 페미니스트들은 형식적 평등이 양성간의 차이를 약화시킨다고 주장한다.

차이 페미니스트들은 양성 간에 나타나는 긍정적 차이에 초점을 맞춘다. 여성들이 다른 여성들과 형성하는 '특별한 유대'가 좋은 예가 될 수 있다. 이 것은 급진주의 페미니스트들과 대비되는 점이다. 급진주의 페미니스트들은 여성에 대한 성적 대상화와 같이 부정적인 차이에 집중한다. 차이 페미니스트들은 또한 여성 정체성의 긍정적 특징에 주목한다. 그리고, 여성 정체성의 긍정적 특징을 어떻게 소중히 하고 가치를 부여할 것인지에 대해 탐구한다. 벨기에 철학자이자 언어학자이자 철학자인 뤼스 이리가레(Luce Irigaray)는 이렇게 말했다. '중립적 개인이라는 표현은 현실 테스트를 통과하지 못한다. 여성들은 임신하지만 남성들은 임신하지 않는다. 여성과 어린 소녀들은 성폭행을 당하지만, 소년들은 거의 당하지 않는다. 여성과 소녀의 몸은 매춘과 음란물에 비자발적으로 이용되지만, 남성의 몸은 아주 드물게 이용될 뿐이다.'

차이 페미니즘의 핵심 포인트는, 평등이라는 개념이 자유주의자들이 제시하는 것보다 훨씬 더 복잡하고 부정확하다는 것이다. 캐럴 길리건(Carol Gilligan)은 그녀의 영향력 있는 저서, 『다른 목소리로: 심리이론과 여성의 발달』에서 여성의 도덕적 가치는 책임을 강조하는 경향이 있는 반면에, 남성의 도덕적 가치는 권리를 강조한다는 것을 보여주었다. 그녀는 남성의 목소리를 논리적이고 개인주의적이라고 묘사했다. 그녀는 남성들이 개인의 권리와 정의의 보호를 강조한다는 점에 주목했다. 다른 한편으로, 여성의 목소리는 개인 간의 관계 보호와 다른 사람들을 보살피는 것을 더 강조한다. 그녀는 남성성과 여성성을 모두 융합하는 양성성(androgyny)을 만드는 것이 인간의 잠재력을 실현하는 가장 이상적인 방법이라고 주장한다. 여성의 '돌봄 관점'에 대한 분석은, 우리가 어떤 사회를 정의로운 사회라고 인식하는지에 대한 중요한 함의를 가진다. 그녀는 우리가 남성과 여성 사이의 근본적인 차이를 인식하는 한 가지 접근방법을 채택할 필요가 있다고 주장한다. 그런데, 그녀의 이론은 '반 남성적'이고 '근거가 약하다'는 비판을 받고 있다. '근거가 약하다'는 비판을 받는 이유는 길리건이 사용한 데이터가 불충분하고 제한적이기 때문이다.

페미니즘과 정의 이론

많은 페미니스트 작가들이 비판하는 핵심 대상은 사회계약론 특히, 롤즈가 제시한 사회계약론이다. 수산 몰러 오킨(Susan Moller Okin)에 의하면, 사회계약은 '성차별에 대한 무지'를 드러내 보인다. 오킨은 롤즈의 '원초적 입장에 있는 사람들' 개념을 지적한다. 그녀는 이 개념이 '훌륭하다'고 말하면서도, 가족의 중요성을 간과했다고 비판한다. 그녀는 자유주의의 중심 항목 중 하나인 '사적 영역의 신성함'이 강조됨으로써, 가정 안에 존재하는 작은 사회가 어떻게 운영되고 있는지에 대해 아무도 신경을 쓰지 않게 되었고, 여성의 아이 출산 의무로부터 시작되는 가정 내 남녀 간의 깊은 불평등이 은폐되고 있다고 주장한다. 가정 내의 불평등은 여성들이 소위 자유시장에서 경쟁할 기회를 현저하게 감소시키고, 오킨이 강조하는 것처럼, 여성들의 소득 창출능력을 위축시킨다.

롤즈는 가족을 하나의 주요한 사회제도로 명시하긴 했지만, 정의의 원칙을 가족에게까지 확장하지는 못했다. 오킨은 이런 질문을 한다. 롤즈는 왜 가족 내에서 이루어지는 근본적인 권리와 의무의 분배 방식이 자신의 정의 개념 바깥에 위치하고 있다고 생각하는 것인가? 가정 내의 권리와 의무의 분배방식이 가져오는 사회적, 경제적, 정치적 파급효과를 고려했을 때, 특히 이런 질문이 중요하다. 롤즈는 가족이 사회의 기본구조를 이루는 중요한 일부분임을 인정한다. 그리고, 가족이 가족 구성원들 특히 여성들의 잠재력 발휘 가능성에 엄청난 영향을 미친다는 것도 받아들인다. 롤즈는 한 편의 글에서 가족을 교회, 대학, 회사, 노동조합과 같은 결사체에 비유한 적이 있다. 이 결사체들은 구성원들인 평등한 시민들의 기본적 권리와 자유를 침해할 수 없다. 하지만, 롤즈는 이 결사체들과 같이 가족도 정의의 원칙에 종속되지 않는다고 주장한다. 롤즈는 이렇게 말한다. 우리는 교회가 민주적으로 운영되기를 기대하지 않는다. 마찬가지로, 우리는 가족들에게 정의의 원칙에 따라 관계를 맺으며 살아갈 것을 요구해서는 안된다.

공적 영역과 사적 영역의 경계를 분명하게 하는 것은 자유주의 이론의 핵심 원칙이다. 이 원칙은 우리가 정의로운 사회의 구성요소를 이해하는 데 영향을 미친다. 자유주의자들은 사적 영역에 대한 법적 관여를 우려한다. 자유주의자들은 법의 영향력이 가정에까지 미쳐서는 안 된다는 입장을 일반적으로 가지고 있다. 하지만, 급진주의 페미니스트들은 자유주의자들의 이러한 접근방식이 심각한 부작용을 야기한다 주장한다. 즉, 자유주의자들의 이러한 접근방식은 효과적인 범죄 수사와 가정폭력의 형사처벌을 막을 수 있으며, 사적 영역에서 일상적으로 발생하는 여성에 대한 학대를 방치할 수 있다. 당신은 페미니스트들이 '양성 정의(sexual justice)'를 추구하면서 직면하는 도전들이 얼마나 해결하기 어려운 것인지에 대해서 이해할 수 있을 것이다. 다행스럽게도, 수년에 걸쳐서 페미니스트 이론은 여러 형태의 성차별에 맞서고, 해소시켜 나갈 수 있었다. 이 과정에서 확인된 것은, 비자유주의적이고, 비민주적인 사회에서 성차별 문제를 다루는 것이 훨씬 힘들다는 것이다.

사회계약에 대한 관심은 롤즈를 넘어 홉스와 로크와 같은 초기 학자들의 저서들에서도 드러난다. 이 부분에 대해서는 제 5장에서 설명한 바가 있다. 자세히 보지 않으면, 홉스가 여성의 권리에 공감하고 있는 것처럼 보인다. 사실 홉스는 이런 주장을 계속한다. 즉, 평등의 개념은 우리 모두가 본질적으로 지배받기 쉽고, 다른 사람을 지배할 수 있다는 사실에서 일부 기인한 것이다. 여성들은 태어나면서부터 자유롭다. 따라서, 여성들이 다른 사람의 권력에 복종해야 한다면, 그들의 동의가 반드시 있어야 한다. 그리고, 그 동의는 사회계약에 포함되어야 한다. 홉스는 가부장제를 명확히 거부하며, 남성과 여성이 모두 주권자라고 선언한다. 하지만, 홉스는 이렇게 외견상 드러나 보이는 계몽된 관점과는 다른 주장을 하기도 했다. 페이트먼(Pateman)은 그의 저서 『성적 계약(The Sexual Contract)』에서, 홉스가 '한 가정의 독재적인 가장'이라는 개념을 옹호했으며, '한 가정의 독재적인 가장'이라는 개념이 홉스가 주장 해 온 또 다른 개념인 평화를 유지하기 위한 '절대적인 정치 주권자'에 어떻게 반영되어 있는지를 설명한다. 물론, 홉스는 여성이 한 가정의 지휘권을 행사할 수 있다고 인정한다. 하지만, 홉스는 가족을 '아버지...자녀들과 노예들이 아버지의 권력(부권)에 의해 하나의 시민적 인격으로 연합되어진 것'으로 묘사한다. 그는 가족에 대한 언급에서 아내 또는 어머니 라는 표현은 완전히 생략하였다!

홉스의 공동체 개념을 살펴보면 부권과 주권의 유사점을 찾을 수 있다. 홉스는 어머니가 아니라 아버지가 사회를 구성한다고 주장한다. 페이트먼은 로크에 대해서도 비판적이다. 로크는 핵 가족화로 인해 한 사회가 정치 사회로 진보할 수 있었다고 평가한다. 한편, 로크는 여성을 남편에게 복종하고, 아이를 낳는 하찮은 역할을 담당하는 존재로 격하시켰다. 로크는 자신이 자랑스러워하는 '자연권'이 여성에게도 부여되는지에 대해서는 분명한 입장을 밝히지 않았다. 그는 가족을 한 남성과 한 여성이 '자발적으로 맺은 계약'이라고 설명하였고, 가족의 주된 목적을 출산과 자녀 양육이라고 정의하였다. 하지만, 로크는 아내가 남편을 떠날 권리를 인정하는 등, 남편이 가지는 권력에 특정한 한계가 있다고 주장하였다. 아이리스 매리언 영(Iris Marion Young)과 같은 차이 페미니스트들은 분배적 정의에 만족하지 않고, 여성에 대한 제도적 통제와 지배를 없애고자 했다. 매리언 영은 여성에 대한 제도적 통제와 지배는 부정의의 결과라고 강조한다. 이 부정의의 결과는 '선의를 가진 사람들이 일상생활의 상호작용 과정에서 무의식적으로 하는 가정과 반응 그리고, 미디어, 문화적 고정관념, 관료적 위계질서와 시장 메커니즘의 구조적 특성'에서 비롯된다. 한 마디로 말해, 여성에 대한 제도적 통제와 지배는 일상생활의 정상적인 과정에서 나타난다. 그녀는 착취, 소외, 무력감, 문화 제국주의, 폭력을 다섯가지 '억압의 얼굴들'이라고 규정했다.

    정의 이론과 관련하여 페미니스트 비평가들이 제기하는 한 가지 중요한 주제는 여성들에 대한 성적 대상화이다. 그들은 여성의 성적 대상화로 인해 여성들의 행위 능력, 자율성, 발언 능력 등이 부정 당한다는 점을 지적한다. 한편, 정의 이론과 관련하여 페미니스트 비평가들이 일반적으로 초점을 맞추는 것은 사회계약론의 추상적 본질이다. 즉, 사회계약론은 여성들이 매일 참아내고 있는 불평등과 학대를 제대로 설명하지 못한다. 캐서린 맥키넌과 안드레아 드워킨(Andrea Dworkin)은 혼외 성행위와 매춘이 여성의 지위를 사회 전체의 대상물로 격하시킨다는 칸트의 주장을 확장한다. 그들은 여성들이 일반적으로 남성들에 의해 성적 대상화된다고 주장한다. 매키넌은 음란물(pornography)에서 여성들이 남성의 소비에 활용되는 성적 대상으로 묘사되고 있으며, 음란물에 의해서 남성의 여성에 대한 성적 대상화 조건이 만들어진다고 강조한다. 즉, '칸트의 관점에서 볼 때, 인간은 자유롭고 합리적인 행위자이다. 인간은 도구가 아니라 존재 그 자체로 하나의 목적이다. 그런데, 음란물에서 여성의 존재는 남성의 쾌락을 위한 목적으로 존재한다.' 음란물의 소비가 불평등을 심화시킨다. 칸트가 말하는 것처럼, 성(性, sexuality) 그 자체가 문제가 아니라, 성이 음란물 이미지로 표현되는 방식이 문제이다. 이러한 방식이 여성에 대한 실제 폭력을 야기할 수도 있다.

칸트는 부부간의 성관계는 평등하고 호혜적인 합의에 의한 것이라고 주장한다. 하지만, 맥키넌과 드워킨은 칸트의 이 주장에 대해 회의적이다. 그들은 여성의 성적 대상화가 부부를 포함하여 모든 남녀 성관계의 한 요소라고 강조한다. 이렇게 된 배경에는 음란물 외에 성차별적 규범을 만들어 내는 문화적 그리고 사회적 원천이 존재한다. 여기에는 미디어, 음악, 문학 그리고 가족이 포함된다.

장애

당신은 롤즈의 원초적 입장에 참여한 사람들이 자신의 정체성을 알지 못한다는 사실을 기억할 것이다. 그들은 가상의 상황에서 그들의 공동체에 가장 큰 정의를 가져다 줄 계약 조건에 투표한다. 하지만, 무지의 베일은 그들이 장애를 가지고 있지 않다는 점은 숨기지 않는다. 롤즈는 계약 참가자들에게 '평생동안 완전하게 협력해야 한다'는 규정을 제시한다. 따라서, 계약 참가자들은 무지의 베일이 벗겨질 때, 자신이 장애인일 것이라고 생각할 이유가 없다. 신체적 또는 정신적 장애를 가진 사람들을 고용, 면접, 교통, 주택공급 등에서 소외시키는 것은 정의와 평등을 달성하는데 심각한 문제가 될 뿐만 아니라, 정의 이론이 모든 사람에게 적용된다는 주장에 도전을 제기한다. 누스바움은 이 문제에 침묵하는 것에 대해 강한 비판을 제기한다.

> 사회계약 전통의 정의 이론은 이 문제에 대해 무엇이라고 말하는가? 사실상 아무것도 말하지 않는다. 또한 이러한 침묵이 쉽게 교정되지도 않는다. 왜냐하면, 이 문제에 대한 침묵이 우리의 가장 강력한 이론들의 구조 속에 내재되어 있기 때문이다.

롤즈의 원초적 입장을 덜 경직된 시각으로 바라보는 것도 가능하다. 원초적 입장이 신체적 또는 정신적 장애를 가진 사람들을 명시적으로 배제하지는 않는다고 주장할 수도 있다. 롤즈는 2001년에 그의 원초적 입장에 대한 설명을 수정했다. 롤즈의 원초적 입장에 참여하는 사람들이 대표하는 것은 미래사회의 사람들이지, 무지의 베일이 씌워진 참여자들이 살아갈 사회의 사람들이 아니다. 만약 원초적 입장에 있는 사람들이 장애인을 대표할 가능성이 있다는 것을 인지한다면, 그들은 장애인들의 복지를 위해 목소리를 높일 것이다. 하지만, 이것을 대부분의 보통 사람들에게 상상하도록 요구하는 것은 좀 어려워 보인다.

롤즈의 원초적 입장 수정은 사회계약 모델의 본질을 약화시키는 측면이 있다. 그렇다면, 장애인의 필요를 충족시켜 줄 수 있는 만족할 만한 이론을 우리가 찾을 수 없는 것인가? 한 가지 가능성은 로널드 드워킨이 진전시킨 '행운 평등주의' 개념이다. 이 개념에 대해서는 제 9장에서 간략히 살펴본 적이 있다. '행운 평등주의'에 의하면, 부정의는 '눈먼 운'의 분배 실패로 발생하기 때문에 이익과 손해가 모두 나의 책임이 아니다. '눈먼 운'의 반대말은 '선택적 운'이다. '선택적 운'에서 발생하는 모든 위험은 내가 신중하게 선택한 것이다. 드워킨에게 있어서, '선택적 운'에 의해서 야기된 불평등은 정의와 관련이 없다. 따라서, '눈먼 운'의 결과로 장애인이 된 사람들은 부정의

문제를 제기할 수 있다.

 내가 나의 돈이나 나의 건강을 걸고 도박을 했다가 고통을 받게 되는 경우, 나는 부당하게 고통을 받는다고 불평할 수가 없다. 일부 이론가들은 이러한 주장에 대해 개인의 책임 개념을 지나치게 확대했다고 비판한다. 이들은 장애인의 불운이 그들의 신체적 또는 정신적 장애에 있다기 보다는, 예를 들어, 휠체어 접근에 적절한 편의시설이 부족한 환경에서 살아가야 하는 것에 있다고 강조한다.

무엇이 공평한가?

 장애인들에게 사회적 재화가 공정하게 분배되었는지 여부를 어떻게 측정할 수 있을까? 객관성을 추구하는 사회 계약론자들은 일반적으로 개인의 권리와 기회에 주목한다. 롤즈는 부를 하나의 '사회적 기본재'로 간주한다. 그런데, 사회적 기본재에 대한 권리와 기회를 장애인들에게 적용할 때, 이 재화가 사용되는 조건이 간과되는 경우가 많다. 예를 들어, 내가 휠체어에 앉아 생활하게 된다면, 내가 나의 부와 소득을 즐길 기회들이 이전과 달라질 것이다. 우리가 제 7장에서 논의한 것처럼, 위의 사례가 보여주는 것은 권리의 확보와 그 권리의 실현이 별개의 것이라는 점이다. 역량 접근법을 옹호하는 사람들은 하나의 대안을 제시한다. 그 대안은 장애인들의 구체적인 필요 그리고, 장애인들의 인간적 번영을 촉진시키는 온정적인 환경 조성에 기반한다. 누스바움의 기본 역량 목록을 장애인들에게 적용하기 위해서는 건물의 물리적 개조, 적절한 운송수단, 차량 접근 등등의 조치가 요구된다. 그리고, 존중하는 마음으로 장애인들을 대우하고, 장애인들이 개인으로서 번영할 수 있는 역량을 향상시킬 수 있도록 해야 한다. 여러 저자들은 장애인들이 더 큰 평등을 확보할 수 있는 가능성을 높이기 위해 필요한 조치들을 제안한다. 여기에는 재정적 보상, 의료 시술 또는 기술적 지원 등 보다 섬세한 조치들이 포함된다. 하지만, 장애인들을 분노하게 할 위험은 언제나 존재한다. 장애인들은 그들을 비하하거나, 형식적으로 동등한 대우를 하거나, 그들의 깊은 인간적 요구 특히, 그들의 관계성을 무시할 때 분노한다.

장애인들에게 공정한 분배가 이루어지고 있는가? 어떻게 하면 한 사회가 장애인들의 주요 문제를 해소하고, 그들에게 동등한 관심을 보여줄 수 있을까? 현실적으로, 장애인들에 대한 부의 재분배가 역효과를 낳을 수 있다. 부의 재분배가 장애인들에게 수치와 당혹감을 안겨 줄 수 있는데, 그 이유는 부의 재분배 과정에서 그들이 사회의 부적격한 구성원이라는 인식이 강화될 수 있기 때문이다. 어떤 사람들은 이렇게 이야기 한다. '개인이 무능력한 것은 타고난 특성 때문이라고 주장하는 것은, 일부 사람들을 다소 열등하고, 공동체의 복지에 기여할 능력이 떨어지는 사람으로 취급하는 것이다. 장애인들에 대한 불공평한 차별을 시정하기 위한 구제 조치들을 옹호하는 편이 더 낫다.' 또 다른 사람들은 이렇게 주장한다. '열등감에 대해서 말하지 말아야 한다. 특정한 인간의 능력들이 그 외 다른 인간의 능력들보다 더 중요하게 받아들여지고 있을 뿐이다.' 장애는 유형이 아니라 정도의 문제에 해당한다. 우리 중 많은 사람들이 특정한 육체적 또는 정신적 약점을 가지고 있다. 그렇다고 해서 우리가 그 사람들을 열등하다고 생각할 필요는 없다. 심각한 장애를 가진 사람들의 어려움을 개선하는 최선의 방법은 그들에게 더 많은 사회적 자원을 제공하는 것이다.

정체성의 문제

장애가 있는 모든 사람들을 하나의 집단으로 묶어서 다루는 것은 분명히 잘못된 것이다. 어떤 장애는 다른 장애들보다 외견적으로 더 드러나는 경우가 있다. 그리고, 모든 개인들은 자신만의 정체성과 세계관을 가지고 있다. 일부 사람들은 다른 사람들보다 자신의 장애에 적응을 잘 한다. 한편, '장애인'으로 분류된 사람들이 사회에서 다양한 종류의 차별에 직면하고 있다는 점을 인식하는 것이 중요하다. 우리 중에서 운 좋게 건강한 몸을 가진 사람들은 장애인들이 겪고 있는 고난과 가난에 대해 거의 이해하지 못할 것이다.

나는 최근에 수백 만명의 사람들이 시달리고 있는 일시적이고 그리 심각하지 않은 장애를 경험한 적이 있다. 어느 날 갑자기 나의 왼쪽 귀에서 심한 통증이 느껴졌다. 나는 의사를 찾아갔다. 그 의사는 나의 양쪽 귀 속을 살펴보고 처방을 내려 주었다. 그 처방은 물약을 내 양쪽 귀 속에 떨어뜨리는 것이었다. 의사는 그 물약이 내 귀 속을 세척해 줄 것이고, 수 주가 지나면 고통이 감소할 것이라고 말했다. 나는 의사의 처방에 따라 정기적으로 양쪽 귀 속에 물약을 떨어뜨렸다. 물약이 들어가는 순간 나는 일시적으로 거의 소리를 들을 수가 없었다. 마치 두려운 침묵의 감옥에 갇혀 있는 느낌이었다. 나는 그때 깨달았다. 내가 듣지 못하는 사람들의 어려움을 진지하게 받아들이지 않고 있었다는 사실을 말이다. 내가 청각장애인의 어려움을 경험했다는 것이 절대 농담이 아니다. 음악애호가인 내가 음악을 제대로 듣지 못하자 심한 좌절감이 찾아왔다. 컴퓨터 키보드와 마우스의 딸깍 거리는 소리가 잘 들리지 않아서 내가 제대로 일을 하고있는지 확신이 들지 않았다. 나는 본능적으로 다른 사람들과 접촉하는 것을 회피했다. 심지어 가장 일상적이고 평범한 일에서 조차도 위험과 좌절이 셀 수 없이 일어났다. 도로를 건너가는 것은 하나의 소리없는 악몽이 되었다. 나는 위험해서 운전도 할 수 없었다. 평범한 집안의 소음들, 벨 소리, 전화벨 소리, 라디오 소리가 모두 사라졌다.

나의 청각장애는 일주일 후에 해소되었다. 기간은 짧았지만, 참으로 힘든 경험이었다. 기술이 청각장애인들에게 도움이 될 수 있고, 실제로 도움이 되고 있다. 첨단 보청기와 여러 장비들이 청각 장애를 가지고 사는 사람들에게 상당한 도움을 주고 있다. 달팽이관을 이식하는 것이 여전히 비용이 많이 들고 100% 효과가 있는 것은 아니지만, 청각장애인들에게 희망을 주고 있다. 자막과 수화도 큰 도움이 된다. 그럼에도 불구하고, 청각장애는 무서운 장애이다. 전 세계적으로 약 7000만명의 청각장애인들이 있다. 영국에만 1100만명이 다양한 형태의 청각장애를 겪고 있다. 1100만명은 영국 전체 인구의 6분의 1에 해당한다. 청각장애를 겪는 1100만명 중 약 100만명은 매우 심각한 청각장애로 고통받고 있고, 약 5만명의 아동들은 들을 수가 없다. 20년 이내에 영국 청각장애인의 수는 거의 1600만명에 이를 것으로 예상된다. 수화는 2만 4천명에게 중요한 의사소통 수단이다. 70대가 가까워지면, 다양한 종류의 청각장애를 겪을 가능성이 엄청나게 높아진다. 70세 이상의 노인들 중에서 70%가 청각장애 상태에 있다. 부끄럽지만 고백해야 할 것 같다. 일시적으로 이 중요한 감각을 잃은 후에야 나는 몇 가지 상식을 알게 되었다. 나는 '청각장애인 문화'의 존재를 알게 되었다. '청각장애인 문화'는 일련의 가치관으로서, 신념, 문학전통, 역사 그리고, 수화를 주요 의사소통 수단으로 삼아야 할 정도의 청각장애를 가진 사람들과 함께 살아가고 있는 공동체의 공동 유대로 확장되고 있다. 흥미로운 것은, '청각장애인 문화'를 수용하는 사람들은 일반적으로 청각장애를 하나의 장애로 생각하지 않고, 청각장애를 다른 형태의 인간 경험으로 간주한다는 것이다.

많은 페미니스트 철학자들도 전통적인 정의 이론이 장애를 적절하게 다루지 않고 있는 것에 대해 애석해 하고 있다. 특히, 그들은 장애 여성들이 난임치료와 자녀양육권 측면에서 많은 어려움에 직면하고 있다는 사실을 지적한다. 페미니스트 장애이론은 더 나아가서 장애여성들이 가지고 있는 신체적 또는 인지적 장애가 그들의 사회적, 경제적, 정치적 가능성을 어느 정도로 가로막고 있는지를 탐구한다. 오랫동안 여성들의 타고난 신체적 허약성은 인간의 사회적 또는 생물학적 원형과 일치하지 않는다고 간주되었다. 이로인해, 여성들은 중심에서 밀려난 사람들로 취급되었다. 페미니스트 이론은 남녀 차이의 원천이 남녀의 신체적 차이에 있는 것이 아니라 사회적 요인에 있다는 입장이다. 즉, 사회적 요인에 의해 남녀의 정신적 또는 인지적 불평등이 발생한다는 것이다. 많은 학자들이 장애를 가진 개인들의 가능성에 대해서 논의할 때 생물학적 요소를 결부짓는 경향이 있으며, 지적인 조망 능력을 신체적 결정요인의 관점에서 설명하기도 한다.

우리가 앞에서 살펴본 것처럼, 역량 접근법은 동정, 배려, 인간의 존엄에 대한 존중을 강조한다. 역량 접근법은 장애인들의 고통에 상당히 공감한다. 한편, 롤즈 학파의 사회계약론과 칸트 학파의 윤리적 기초이론은 비장애인들에게 유리한 불완전한 인간 협력 모델을 제시한다.

동물들

우리 인간이 인간 이외의 생물체에 대해서도 어떤 도덕적 책임을 져야 하는가? 만약 인간 이외의 생물체가 단순히 소모되는 사물에 불과하다면, 그 질문에 대한 대답은 '아니오'일 것이다. 하지만, 만약에 동물들이 우리와 함께 지구에 거주하는 존재들로서 우리의 관심과 존중을 받을 가치가 있다면, 우리는 이 감각을 가진 존재들에게 고통을 가하는 것에 대해 도덕적 정당성을 제시할 의무가 있다. 사실, 인간들의 다양한 잔혹행위로 인해 동물들이 고통을 받고 있다. 동물들을 우리의 관심과 존중의 대상으로 여긴다면, 동물들에 대한 잔인한 관행들을 중단하거나 줄여나가야 할 도덕적 의무가 우리에게 있다. 이를 위해서, 우리는 생체해부, 사냥, 대량사육, 올가미, 로데

오, 서커스, 투우, 동물원, 모피 무역 그리고, 동물들이 도살장으로 이동하는 조건과 도축되는 방식을 규제하거나 금지시켜야 한다.

동물에게도 정의가 적용되는가? 롤즈의 사고 실험에는 오직 인간들만이 참여한다. 물론 동물들이 정의의 원칙에 대해 토론할 것이라고 기대할 수는 없다. 하지만, 동물들도 우리의 세계에서 함께 살아가고 있다. 사실, 동물들이 우리보다 훨씬 더 오래전부터 지구에서 살았다. 롤즈는 『정의론』에서 동물들이 감각을 가지고 있기 때문에, 동물에 대해서도 우리가 일정한 정도의 도덕적 의무를 가져야 한다는 점을 인정한다.

> 동물을 잔인하게 다루는 것은 분명히 잘못된 일이다. 그리고, 하나의 종을 파괴하는 것은 큰 악이 될 수 있다. 동물들은 즐거움과 고통을 느낄 수 있는 능력 그리고, 삶을 구성하는 능력을 가지고 있다. 동물들의 이러한 능력은 각 사례에서 우리에게 동정과 박애의 의무를 분명하게 부과할 수 있다...동물들은 정의론의 범주 바깥에 위치하고 있으며, 자연스러운 방식으로 동물들을 계약론에 포함시키는 것은 가능해 보이지 않는다.

롤즈는 인간과 달리 동물에게는 정의의 원칙에 따라 대우받을 만한 속성이 없다고 주장한다. 그렇다면 이 속성은 무엇인가? 첫 번째 속성은 선에 대한 인식과 정의감이고, 두 번째 속성은 사회 구성원으로서 충분히 협력할 수 있는 능력이다. 이 두 가지 속성은 오직 인간만이 가지고 있다. 우리가 제6장에서 살펴보았던 자유주의 자격이론 학자인 로버트 노직은, 오직 즐거움을 위해서 동물을 희생시킬 권리를 우리가 가지고 있는지 여부를 질문한다. 한 가지 가정을 해 보자. 당신은 음악에 맞추어 손가락을 튕길 때 큰 즐거움을 느낀다. 그렇다면, 당신이 같은 손가락 동작으로 1만 마리의 만족해 하고 있는 소들을 죽게 할 수 있거나, 큰 고통에 처하게 할 수 있거나, 고통없이 죽게 할 수 있다는 것을 당신이 알게 되었다면, 당신은 어떻게 할 것인가? 그 손가락 동작이 도덕적으로 나쁜 것인가? 또 다른 가정을 해 보자. 당신은 야구 방망이를 휘두른 것을 좋아한다. 그런데, 어느 날 당신이 휘두른 야구 방망이에 우연히 소의 머리가 부딪혀서 그 소의 두개골이 부서졌다. 야구 방망이를 휘두른 것과 즐거움을 위해 사냥한 것과는 어떤 차이가 있는가? 만약 당신이 누군가를 고용해서 당신을 위해 사냥하게 한다면 도덕적으로 문제가 없는 것인가?

만약 육식을 하는 것이 건강에 반드시 필요한 것이 아니고 단지 즐거움만을 준다면, 즐거움을 극대화하기 위해서 동물을 죽이는 것이 정당화될 수 있는가? 소고기를 먹는 즐거움을 위해 소를 죽이는 행위와 야구 방망이를 휘두르는 즐거움을 위해 소를 죽이는 것 행위 사이에 도덕적 차이가 있는가? 노직은 개인의 권리를 하나의 목적으로 간주하는 것에 대해 반대한다. 즉, 우리는 노직이 우리 행동에 대한 '측면 제약(side constraints, 역자주: 한 개인의 권리가 타인의 행위에 제약이 되는 것)'이라고 부른 것과 같이, 권리를 소극적으로 인식해야 한다. 노직은 동물이 인간과 동등한 도덕적 지위를 가진다는 관점을 지지하지 않는다. 이것은 공리주의자들의 자유주의 정당화에 반대하는 노직의 입장이 반영된 것이기도 하다.

동물의 도덕적 지위

동물들에 대해서 위대한 철학자들은 무슨 말을 했는가? 아리스토텔레스는 인간과 동물을 이렇게 구분했다. '인간은 로고스 즉, 이성과 언어를 가졌고, 동물은 로고스가 없는 아골라 상태이다.' 데카르트(Descartes)는 동물을 어떤 주관적 인식도 없는 단순한 생물적 수단으로 간주했다. 그러나, 로크는 동물들이 감정을 가지고 있으며, 동물들에게 불필요한 잔혹행위를 하는 것은 도덕적으로 잘못된 것이라고 주장했다. 동물의 소유자 또는 잔혹행위로 피해 볼 가능성이 있는 사람은 그 손해를 입지 않을 권리를 가진다. 성 토마스 아퀴나스와 임마누엘 칸트는 사람이 인간 이외의 동물들에게 직접적인 의무를 가진다는 관점은 받아들이지 않았다.

최근들어 동물에 대한 정의 문제를 주제로 많은 논쟁들이 벌어지고 있고, 관련 저서들이 다수 출판되고 있다. 이 논쟁의 핵심질문들은 다음과 같다. 우리가 동물들을 어느정도까지 보호해 주어야 하는가? 동물들이 권리를 가지고 있음을 인정해야 하는가? 동물들에게 권리를 부여한다면, 동물들의 복지를 보호하기 위해서 어떤 수단이 사용될 수 있는가? 동물권을 옹호하는 사람들은 일반적으로 동물들도 감각을 가진 생명체라고 주장하며, 그렇기 때문에 동물들이 도덕적 지위를 가지고, 주관적 선을 향유하며, 생명권과 인간의 이익을 위해서 착취당하지 않을 권리와 같은 특정한 권리를 가질 자격이 있다고 강조한다. 다른 한편에서는, 감각을 가지고 있기 때문에 권리를 가진다고 말하는 것은 적절치 않다는 주장이 있다. 이 주장을 하는 사람들은 권리를 가지기 위한 요건에 합리성이나 도덕적 이성 능력과 같은 인지 능력을 추가한다. 오직 인간만이 이러한 능력을 갖추고 있기 때문에, 인간들은 이러한 능력을 갖지 못한 동물들을 착취할 자유가 있다는 것이다. 이에 대해 동물권을 옹호하는 사람들은 인지능력을 갖춘 사람들만 권리를 가진다는 주장은 매우 자의적인 주장이라고 반박한다.

칸트는 동물들이 자연의 결정론적 영역에 속해 있다고 설명한다. 오직 인간만이 도덕적 합리성을 가지고 있기 때문에 자연의 결정론적 영역을 넘어설 수 있다. 그렇기때문에 우리와 달리 동물들은 목적이 아니라 수단으로 사용될 수 있다. 인간은 존엄과 도덕적 능력을 가지고 있으며 자연세계와 근본적으로 구분된다. 오직 인간들만이 존엄을 가지고 있고, 수단이 아닌 목적의 영역에 속해 있다. 따라서, 칸트는 이렇게 결론을 내린다. '우리는 동물들에 대해 어떠한 도덕적 의무도 가지지 않는다.' 우리의 목적적 측면에서 볼 때, 동물들은 오직 상대적 가치만을 가진다. 동물들에 대한 잔혹행위가 인간들에게 부정적 영향을 미치는 경우에만 그 잔혹행위가 잘못된 것이다. 칸트는 한 가지 사례를 제시한다. 한 사람이 그의 충직한 개가 나이들어 더 이상 쓸모가 없게 되자 총으로 쏘아 죽였다. 이 경우, 개는 판단력이 없기 때문에, 총을 쏜 주인이 개에 대한 의무를 다하지 않았다고 비난받지 않는다. 하지만, 그의 행위는 잔인한 행위일 뿐만 아니라, 모든 인류에게 보여주어야 할 의무가 있는 그의 인간성에 좋지 않은 영향을 주는 행위이다. 만약 자신의 감정을 억누르기 어렵다면, 동물들을 대상으로 친절함을 연습해야 한다. 왜냐하면, 동물들을 잔인하게 대하는 사람들은, 다른 사람들을 대할 때도 매서워질 수 있기 때문이다.

앞에서 언급한 것처럼, 롤즈는 동물을 합리적 행위자로 인정하지 않는다. 하지민 나는 무지의 베일에 가려진 원초적 입장에 있는 사람들이, 인간 이외의 다른 동물들을 상상하도록 요구받지는 않았지만, 동물들에 대한 존중이 포함된 도덕 체계를 선택하지 않을 이유가 없다고 생각한다. 롤즈의 사회계약론은 기껏해야 몇 가지 경우에 한해서 동물들에 대한 간접적인 의무를 요구할 뿐이다. 간접적 의무가 생기는 경우는, 한 사회에서 동물에 대한 인간의 감수성을 존중하는 경우 그리고, 어떤 특정사회에서 합의된 사회계약에 동물에 대한 의무가 우연히 명시된 경우이다. 하지만, 이것이 인간 이외의 동물들에 대한 동정어린 접근을 견고히 하기 위한 단단한 기초로 보이지는 않는다. 보다 설득력 있는 계약주의를 제시한 토마스 스캔론(Thomas Scanlon)은 동물들을 위하여 행동하는 수탁자(trustee)의 개념을 이용하여, 원초적 입장에 있는 사람들에게 인간이외의 동물들의 이익을 지지하는 특정한 원칙들을 받아들이도록 요구할 수 있다고 주장한다.

공리주의적 관점이 동물권 보호와 관련하여 더 큰 가능성을 제시하는 것처럼 보인다. 소수의 고통은 원칙적으로 다수의 쾌락(또는 편익)에 의해 정당화될 수 있다. 의식있는 존재를 죽이는 것에 대한 공리주의의 적대감은 미래의 잠재적인 쾌락을 파괴한다는 사실에 기초한다. 생물을 죽이는 것이 나쁜 이유는, 죽은 동물이 해를 입었기 때문이 아니라, 그 죽음이 공리주의적 계산의 총합을 감소시키기 때문이다. 피터 싱어(Peter Singer)는 그의 초기 저서인 『동물 해방』에서 행위 공리주의 입장을 취했다. 그의 핵심 주장은 우리 행위의 결과를 계산할 때, 동물들이 겪는 고통 또는 누리는 즐거움이 우리 인간의 고통 또는 즐거움 만큼 중요하게 다루어져야 하며, 그렇지 않으면 '종차별(speciesism)'에 해당한다는 것이다. 동물들도 도덕적 가치를 가진다. 동물의 생명은 단순히 사라질 수 있는 것이 아니며, 우리 인간의 목적을 위해서 착취되어서도 안 된다. 그렇다고 해서, 싱어가 인간과 동물의 삶이 동등한 가치를 가진다거나, 즐거움과 고통을 경험하는 능력이 다르다고 하더라도 인간과 동물을 동등하게 대우해야 한다고 주장하지는 않는다. 우리가 동물들은 인간들과 동등하게 대우할 필요는 없다. 하지만, 동물들은 인간들과 동등한 배려를 받을 자격은 있다.

이에 따라 싱어는 동물 생체해부 연구가 정당하다는 입장이다. 다만, 동물들에게 가해지는 고통이 최소한으로 제한되어야 하고, 연구를 통해 얻어지는 총체적 이익이 개별 동물들이 당하는 고통보다 더 커야 한다. 싱어는 이런 질문을 제기한다. 정신발달이 늦은 고아를 대상으로 특정한 실험을 실시하는 것이 도덕적으로 수용가능한 것인가? 여기에서 고아를 대상으로 한 것은 실험대상의 친척들이 겪게 될 고통의 가능성을 배제하기 위한 것이다. 만약 정신발달이 늦은 고아를 대상으로 하는 실험이 도덕적으로 수용가능하지 않다면, 그 고아와 유사한 지능을 가진 동물들을 대상으로 실험을 하여 고통을 가하는 것은 '종차별적'인 것이다. 살아 있는 동물들을 대상으로 하는 연구실 실험들은 과학이 가치중립적이라는 주장에 의해 정당화된다. '과학이 가치중립적이라는 주장'은 과학자들로 하여금 동물들의 고통에 눈을 감게 만들고, 동물들의 주관적 인식과 도덕적 지위를 부정하게 만드는 편리한 수단이다. 동물권에 관한 공리주의 주장이 가지는 강점은 동물들의 실질적인 고통을 강조한다는 것이다. 이것은 동물들에 대한 우리의 본능적 감정과 일치할 뿐만 아니라 벤담이 제기한 질문의 핵심과도 일치한다.

동물들에 대한 동정

알베르트 슈바이처(Albert Schweitzer, 1875-1965, 프랑스-독일 신학자): "우리는 동물들을 무의식적으로 잔인하게 다루는 사람들과 맞서 싸워야 한다. 동물들도 우리가 느끼는 것만큼 고통을 느낀다. 진정한 인간성을 가진 사람이라면 동물들에게 심한 고통을 가하지 않는다. 우리의 의무는 모든 세계가 이것을 인식하도록 하는 것이다. 우리의 동정심이 모든 생명체들에게까지 확대된다면, 인류는 평화를 찾게 될 것이다."

레오나르도 다빈치(Leonardo da Vinci, 1452-1519, 이탈리아 대학자): "나는 어린시절부터 현재까지 고기를 먹지 않고 있다. 나와 같은 사람들이 동물을 살해하는 것을 마치 사람을 살해하는 것처럼 바라볼 날이 올 것이다."

버나드 롤린(Bernard E. Rollin, 1943-2021, 미국 철학자): "연구과정에서 동물들에게 고통을 가하는 것이 허용되고 있다. 연구자가 동물들에게 고통을 가하는 이유는 연구자가 잔인하기 때문이 아니라, 연구자가 본질적으로 무정한 연구과정에서 경험하는 쾌감 때문에 자신이 동물에게 고통을 가하고 있다는 사실을 잊어버리기 때문이다. 연구자들은 과학적인 활동에 대한 도덕적 반성의 필요성을 무시하는 이념 그리고, 동물들이 감정을 가지는 것에 대한 의미를 부정하는 이념에 얽매여 있다."

스티븐 클라크(Stephen R.L. Clark, 1945-, 영국 철학자): "우리는 과학의 이름으로 그리고, 우리를 고통에서 해방시켜 준다는 그럴듯한 뇌물을 가지고 실험실에서 일하는 사람들의 감각을 지속적으로 무디게 하고, 우리의 친족들에게 계속해서 고문을 가하도록 한다. 이러한 상황에서 누구도 상식적인 예의에 의존해서는 안된다. 동료 전문가 집단의 압력, 씨족 외부에 대한 관용을 허용하지 않는 분위기, 이것은 본래 우리가 하는 일이라는 냉정한 가정은 모두 너무나 강해서 우리 대부분이 저항할 수가 없다."

벤담은 '동물들이.... 이성적으로 판단할 수 있는가? 동물들이 말할 수 있는가?를 질문해서는 안 되고, 동물들이 고통을 느낄 수 있는가?를 질문해

야 한다'고 말했다. 공리주의 주장이 가지는 약점은 동물들이 겪는 고통의 크기가 그로 인해 얻을 수 있는 이익보다 작을 경우, 동물실험을 수용하는 경향이 있다는 것이다.

앞의 제 7장에서 논의한 바와 같이, 역량 접근법은 공리주의와 롤즈주의의 정의 개념에 대한 하나의 실행 가능한 대안을 제시한다. 누스바움은 자신의 핵심 개념을 동물들에게 적용한다. 즉, 그는 '어떤 지각있는 동물들도 번성하는 삶을 살 기회를 박탈 당해서는 안 된다. 그 종들에게 적합한 형태의 존엄한 삶을 살아야 한다. 모든 지각있는 동물들은 번성하는데 필요한 긍정적인 기회를 누려야만 한다.'

사회계약론과 달리, 역량 접근법은 우리가 동물들에 대한 정의에 직접적인 의무가 있다는 주장을 뒷받침한다. 하지만, 우리가 동물에 대해 가지는 의무는 우리가 인간들에게 가지는 의무에서 기인한 것은 아니다. 역량 접근법은 동물들이 번성할 자격이 있는 주체라는 것을 받아들인다. 역량 접근법에 따르면, 동물들은 단순한 동정의 대상이 아니라, 그 자체로 정의의 주체이다. 공리주의와 달리, 역량 접근법은 각각의 개별 생물체를 존중하며, 생물체들의 형태들과 다양한 생물체들의 선(善)을 하나로 합치는 것을 거부한다. 동물들은 사회 전체 또는 다른 생물체의 목적을 위한 수단으로 사용되어서는 안 된다.

그런데, 동물들의 번성과 관련해서는 다른 고려사항들이 적용되어야 한다. 인간의 경우, 역량 접근법은 인간의 본성에 대한 사실로부터 직접적으로 규범을 도출해 내려고 하지는 않는다. 누스바움은 이렇게 말했다. '우리는 인간의 타고난 능력을 평가한다. 그리고, 온건하게 번영하는 삶과 존엄한 삶을 위해서 어떤 것이 좋은지 그리고, 어떤 것이 중심이 되는지를 탐구한다.' 따라서, 윤리적 평가가 우선시된다. 한편, 누스바움이 제시한 인간의 역량목록을 동물에 적용하기 위해서는 몇 가지 조정이 필요하다. 누스바움이 제시한 첫 번째 역량인 '생명'과 '생명의 지속'은 다른 조건들에 상관없이 모든 동물들에게 적용이 가능하다. 감각이 있는 모든 동물들은 스포츠 또는 모피와 같은 사치품을 위해 불필요하게 죽임을 당하지 않을 자격이 있다. 식량과 관련해서는 역량 접근법의 입장이 분명하지 않다. 동물들이 건강하고 자유로운 삶을 산 후에 고통없이 죽임을 당할 수 있다. 그런데, 매우 어린 동물들의 생명을 종료시키는 것은 어떤가? 누스바움이 제시한 두 번째 역량인 '건강'과 관련해서는, 잔인함과 의무 태만을 금지하는 법적 조치가 요구된다. '감정' 역량과 관련해서, 감각있는 생물체들이 공포, 분노, 감사, 슬픔, 즐거움을 포함한 다양한 감정을 경험한다는 것은 명백하다. 동물학자들은 일부 동물들이 동정심을 나타낸다고 주장한다. 우리와 같이 그 동물들도 다른 동물들을 돌보고 사랑하고 애착을 가지는 삶을 살아갈 자격이 있다.

일부 사람들은 여기에서 한 발 더 나아가서, 동물들에게도 권리를 부여해야 한다고 주장한다. 하지만, 많은 이론가들은 동물들이 권리를 가질 수 있다는 주장에 반대한다. 의무를 이행할 수 없는 행위자가 어떻게 권리를 행사할 수 있는가? 그런데, 우리는 법적 권리와 도덕적 권리를 구분해야 한다. 동물의 법적권리를 보호하는 방법에는 동물 학대를 금지하는 법률 제정이 포함된다. 이러한 법률 제정은 인도적 대우를 받을 권리를 동물들에게 부여하는 것으로 해석될 수 있다. 도덕적 권리에는 특정한 것을 할 자격을 가지는 것이 포함되고, 도덕적 제약에는 타인에 대한 간섭을 억제해야 한다는 것이 포함된다. 특별히 권리의 '이익'이론은 동물의 도덕적 권리 향유에 대해 더 설득력 있는 주장을 제시한다. 권리의 '이익'이론은 아동권의 사례에 널리 적용된다. 부모 또는 보호자가 아동의 권리를 대신 행사하며, 아동들은 자신들의 일임에도 불구하고 선택권이 없다. 그렇다고 해서, 우리가 아동들이 권리를 가지고 있지 않다고 말하지 않는다. 동물과 관련해서 이와 유사한 주장을 할 수 있다.

일반적으로 침팬지는 책임을 질 능력이 없기 때문에, 침팬지의 행동은 법률적으로 책임을 지지 않는다. 따라서, 침팬지는 자유권을 포함하여 어떠한 법률적 권리도 부여받을 수 없다. 이러한 입장을 2000년 인도 법원이 내린 '나이르 대 인도 연방 사건(the Nair v Union of India case in 2000)'의 판결과 비교해 보자.

> 서커스 동물들은…비좁은 우리 안에서 생활하며, 공포, 배고픔, 고통에 시달린다. 그들은 제대로 된 휴식도 없이 존엄하지 못한 방식의 삶을 살아간다. 이러한 상황에 문제를 제기하는 공고문은 인간 생명의 가치, 헌법의 철학에 맞게 발행되었다. 호모사피엔스는 아니지만, 서커스 동물들 또한 존엄한 존재로 살아갈 자격이 있기 때문에 인도적 대우를 받아야 한다. 그들을 대상으로 고문이나 잔인한 행위는 해서는 안 된다…따라서, 우리에게는 우리의 동물 친구들에게 연민을 보여줄 근본적인 의무가 있다. 그리고, 동물들의 권리를 인정하고 보호할 의무 또한 있다…만약 인간들이 근본적인 권리를 가질 자격이 있다면, 왜 동물들은 이런 자격이 없어야 하는가?

동물을 옹호하는 또 다른 관점은 '감상적 의인화주의(sentimental anthropomorphicism)'이다. 철학자 톰 리건(Tom Regan)이 '감상적 의인화주의'를 진전시켰다. 그는 인간과 동물의 삶에서 나타나는 유사성을 강조한다. 특히, 그는 동물도 인간과 마찬가지로 '삶의 주체'라고 주장한다. 동물은 단순한 도구가 아니라 고유한 가치를 가진 존재이다. 따라서, 동물들도 존중과 자율성을 가지고 그들의 삶을 살아갈 절대적인 권리가 있다. 그는 그의 책『동물권 옹호(The Case for Animal Rights)』에서 이렇게 말한다.

권리 소유의 가장 합리적인 기준은...지각력이나 이해관계가 아닙니다. 왜냐하면, 이 둘 중 어느 것도 돌이킬 수 없는 혼수상태에 빠진 인간을 수단으로 취급하는 것이 왜 나쁜 것인지를 스스로 설명할 수 없기 때문이다. 따라서, 내재적 가치를 가진 모든 존재들이 권리를 가진다.

하지만, 인간에게 이익이 된다면, 동물들이 가지는 절대적 권리에 대한 침해는 정당화된다. 침해되는 절대적 권리가 아무리 크다고 하더라도 마찬가지이다. 동물 문제에 공감하는 학자들을 포함해서 일부 사람들은 동물들에게 권리를 부여하는 것이 너무나 과도하다고 생각한다. 한편, 공동체주의자들은 권리가 지나치게 개인주의적이라고 비난한다. 권리가 가난한 사람들 또는 억압받는 사람들을 필수적으로 돕고 있지 않기 때문에, 권리가 형식적으로 작동된다고 인식되고 있으며 '초과 수화물' 취급을 받고 있다. 동물들이 고유한 가치를 가진다는 리건의 주장이 곧바로 권리에 기반한 결론을 이끌어 낼 수 있는가? 설령 그렇다고 하더라도, 권리라는 용어가 동물들을 불필요한 고통으로부터 보호하는 하나의 매우 실용적이거나 현실적인 근거로 보이지는 않는다. 우리 지구와 지구 거주자들의 지속가능한 미래를 위해, 정의가 우리 사회와 경제 체제의 변화를 요구할 수 있을 것이다. 동물에 대한 정의에 관심을 가지는 것이 잘못된 것이라고 당신이 생각할지도 모른다. 인간의 고통을 없애기 위해서 인간 이외의 다른 종들이 고통을 겪을 수도 있지 않은가?

사람들은 때때로 이렇게 말한다. '동물권 또는 동물 복지와 관련된 사람들은 동물의 이익을 사람의 이익보다 우선시 하거나 인간에 대해 병적인 무관심을 보인다.' 하지만 나는 그런 경험을 하지 못했다. 반대로, 나는 동물 복지 운동에 헌신하는 사람들이 억압받거나 사회적으로 혜택을 받지 못하는 사람들의 고통을 덜어주기 위해서 헌신하는 것을 자주 보았다. 예를들어, 19세기 영국에서는 페미니스트 운동과 동물 생체해부 반대 캠페인 사이에 깊은 연관성이 있었다. 현대 페미니스트 이론가들은 여성에 대한 대우와 동물에 대한 대우 사이의 연관성을 파악하고자 한다. 맥키넌은 이렇게 주장한다.

> 여성은 동물화 되어지고, 동물은 여성화 되어진다. 가끔은 이 두 가지 일이 동시에 일어나기도 한다. 남성이 여성을 잡아먹지 않는다고 해서, 여성의 불평등 문제가 해소되지는 않는다. 만약 남성이 되는 조건으로 인류에 편입되는 것이 여성들에게 별 의미가 없다면, 인간 같지만 완전한 인간이 아닌 것으로 보이는 존재가 되는 것이 다른 동물들에게 얼마나 많은 의미가 있을 것인가?

우리가 환경에 가하는 약탈과 모든 생명체에 행하는 손상의 결과에 대하여 우리는 일반적으로 우려한다. 그렇다면, 이러한 우려와 우리의 동물에 대한 관심이 서로 연관되어 있는가? 동물 학대와 멸종위기에 처한 종들의 손실에 대한 무관심은 종종 문화 상대주의 또는 윤리 상대주의라는 이름으로 옹호되어진다. 문화 상대주의는 문화들 사이에 복잡한 다양성이 존재한다는 주장을 내포하고 있다. 즉, 각각의 문화는 독특하며, 각 부분들은 서로 연결되어 있어서 다른 부분에 대한 고려없이 아무것도 이해하거나 평가할 수 없다. 문화 상대주의는 '윤리 상대주의'를 함축하고 있다. 윤리 상대주의는 어떤 행동의 도덕적 옳고 그름이 각 사회마다 다르다는 입장이다. 보편적으로 지속되는 도덕적 절대성은 존재하지 않는다. 그런데, 도덕성이 사회적 요인들에 전적으로 의존한다는 주장에 대한 반대 의견들이 있다. 그리고, 문화의 다양성과 도덕적 원칙이 항상 존재해 왔다는 주장도 있다. 문화 상대주의와 윤리 상대주의는 이러한 반대 주장들에 의해 논박당할 수 있는 불안정한 신념이다. 플라톤은 절대주의적 관점을 지지한다. 이 관점에 따르면, 도덕적 가치의 강도는 사회적 또는 문화적 배경과는 논리적으로 아무런 관련이 없다. 탐구과정에서 볼 때, 윤리는 수학만큼이나 과학적이다. 이러한 관점을 채택할 경우, 자민족 중심주의라고 낙인이 찍힐 위험이 있다. 그렇다고 하더라도, 런던에서 아기를 고문하는 것이 나쁜 것이라면, 라호르(Lahore)에서 아기를 고문하는 것이 나쁘지 않다고 말하기는 어렵다.

우리는 인간 이외의 생명체들이 겪고 있는, 눈에 보이고 만져지는 고통들을 외면한다. 중국과 베트남에서 이루어지는 곰 사육을 사례로 제시하고자 한다. 수천 마리의 멸종위기에 있는 반달가슴곰들이 처해 있는 상황은 실로 끔찍하다. 반달가슴곰들은 야생에서 포획된 후 자신의 몸보다 작은 철망에 갇혀서 생활한다. 사람들은 최대 7인치 길이의 금속 신체 삽입관(카테테르)을 반달가슴곰 복부에 집어넣어 담즙을 짜낸다. 이 곰 담즙은 동양의학의 약재와 조제에 사용된다. 많은 반달가슴곰들이 그들의 전 생애(최대 20년)에 걸쳐 이러한 고문을 받는다. 일부 지식인들은 끔찍한 고통을 당하는 반달가슴곰들을 단순한 물체로 인식한다. 따라서, 이 동물들의 권리는 말할 것도 없고, 동물들의 복지에 대한 어떤 문제도 제기하지 않는다. 하지만, 철학자 쇼펜하우어(Schopenhauer)는 이렇게 선언한다. '동물들은 권리가 없다는 가정 그리고, 우리가 동물들을 취급할 때 도덕적 의미를 따질 필요가 없다는 착각은 서양의 상스러움과 야만성을 드러내는 한 가지 사례에 해당한다. 보편적 연민 만이 도덕성을 보장해 준다.'

지구와 지구 전체 동식물에 관한 우리들의 관심사의 일부로, 동물에 대한 정의 문제가 다루어진다면, 우리는 동물들에게 고통을 유발하는 조건들을 이해할 필요가 있다. 일단 동물들에게 고통을 유발하는 조건들을 이해하게 되면, 우리가 동물들에게 가하는 고통을 끝내는 것이 도덕적 의무의 문제가 아니라 사회 정의의 문제라고 주장하게 될 것이다.

요약하기

이 장에서는 주요 정의 이론에서 간과되는 경향이 있는 세 가지 집단인 여성, 장애인, 동물들에 대해서 살펴보았다.

국내법과 국제법의 개혁 그리고, 남녀불평등이 정의에 어긋난다는 사회적, 문화적 인식 덕분에 여성에 대한 차별이 감소하고 있다. 하지만, 많은 비서구 국가들에서는 여전히 여성과 소녀의 대우 문제가 주요한 우려사항으로 남아있다. 다양한 단체에 소속된 페미니스트들은 남성중심사회에서 지속되고 있는 수많은 불평등을 해소하는데 중요한 역할을 해오고 있다.

장애인들은 직장, 주택, 의료, 교육, 교통 부문에서 직간접적인 차별을 경험한다. 그리고, 장애인들은 상점, 은행, 카페 등의 장소에 접근하는데 종종 어려움을 겪는다. 많은 국가의 법률과 국제 조약에는 장애인들에 대한 평등한 권리 보장이 명시되어 있다. 유엔 장애인권리협약에 약 140개 나라가 서명했다. 이 협약은 장애인 권리에 관한 국제적인 기준을 제시하고 있으며, 이 협약 서명국가들은 유엔에 정기적으로 장애인의 권리 보호와 보장을 위해 취한 조치들을 보고할 의무가 있다.

점점 더 많은 사회에서, 인간 이외의 동물들에게 가하는 잔혹행위에 의해 야기되는 부정의가 받아들여지고 있다. 동물권리에 대한 다양한 접근방식이 있다. 여기에는 동물권의 법적 인정이 포함되는데, 그 근거는 동물들도 자신의 삶을 소유할 자격이 있다는 것이다. 그리고, 인간과 마찬가지로 동물들도 고통 회피와 같은 기본적 이익이 보장되어야 한다. 이 장에서는 동물권과 관련하여 의무론적 관점을 포함하여 여러 이론들을 검토하였다. 의무론적 관점이 주장하는 것은, 인간 이외의 일부 생물체들이 '삶의 주체'로서 자신의 미래에 대한 의식을 가지고 있다는 것이다. 이 생물체들은 목적을 위한 수단이 아니라 목적 그 자체로 대우받아야 한다. 하지만, 공리주의 자들은 특히 동물들의 고통 회피와 관련하여 권리보다 이익에 강조점을 둔다. 즉, 공리주의자들은 동물들에게 불필요한 고통만 주지 않는다면, 그 동물들을 식용이나 다른 방식으로 이용하는 것은 정당하다고 주장한다. 일부 비평가들은 동물들이 의무를 이행할 수 없기 때문에 권리를 가질 수 없다는 입장을 취한다. 수 많은 동물권 및 동물복지 옹호 단체들은 지속적으로 동물에 대한 연민어린 대우 그리고, 동물에게 고통과 괴로움을 주는 행위를 금지 하거나 회피하도록 하는 엄격한 법적, 규범적 기준을 요구하는 시민운동을 펼치고 있다.

11장

공동체주의
(Communitarianism)

JUSTICE
A Beginner's Guide

우리는 모두 공동체의 일원이다. 우리는 '사는 곳'이라고 불리는 장소에 속해 있다. 이 장소에는 도시, 교외, 마을 등이 포함된다. 그 장소는 아마도 우리가 태어난 장소, 자란 장소 또는 지금 우리가 살고 있는 장소일 것이다. 이와 함께 '기억 공동체'라고 불리는 것이 있다. 기억 공동체의 구성원들은 공동의 선을 추구하며, 역사를 공유한다. 국가 또는 특정한 언어에 기반한 집단이 이 공동체에 해당한다. 그리고, 가족, 학교, 대학, 직장 등과 같이 구성원들이 활동이나 경험을 공유하는 공동체가 있다.

공동체주의자들은 공동체의 이익, 시민적 덕목, 사회적 연대를 증진시키는 원칙들을 지지한다. 그들은 '무엇이 좋은 삶을 구성하는가?'라는 질문의 답 속에 정의의 핵심이 있다고 주장한다. 공동체주의의 대표적인 학자인 마이클 샌델(Michael Sandel)은 우리가 가족, 국가, 종교와 같이 어떠한 계약도 없이 만들어진 제도에 어떻게 '연대감'을 일반적으로 가지게 되는지를 설명한다. 공동체주의자들은 공적 영역에서의 미덕, 개인적 책임, 예절바름, 인격의 발전과 개선을 강조한다. 공동체주의는 교육, 공동체 기반 집단들, 가족, 시민사회를 통해 이러한 가치들을 증진시키고자 한다. 이것은 공공정책에서 나타나는 문제들에 대응하는 하나의 적극적인 접근방식이기도 하다. 공동체주의는 인간의 자기이익 추구 본성을 인정하면서도, 건설적인 공동체의 목표를 추구하는 더 나은 사회 창조의 가능성을 믿는다. 더 나은 사회는 협력에 기반하여 만들어진다.

하나의 예시로, 마이클 샌델은 당신에게 한 가지를 상상하도록 요구한다. 당신은 두 아이가 물에 빠져 죽어가고 있는 것을 발견했다. 당신은 오직 한 아이만 구할 시간이 있다. 두 아이 중 한 아이는 당신의 아이다. 당신은 누구를 구할 것인가? 당신의 아이를 구하는 것이 잘못된 것인가? 동전을 던져서 정하는 것이 더 나은 것인가? 우리 대부분은 당신이 자신의 아이를 구하는 것을 100% 받아들인다. 이것은 우리 자신의 가족에 대한 도덕적 의무의 문제이다. 이러한 멤버쉽 또는 소속감은 알래스데어 매킨타이어의 책 『덕 이후(After Virtue)』에 잘 묘사되어 있다.

> 우리는 모두 하나의 특정한 사회적 정체성을 가진 존재로서 우리 자신의 환경을 이해한다. 나는 누군가의 아들 또는 딸이며, 누군가의 사촌 또는 삼촌이다. 나는 이 국가 또는 저 국가의 시민이다…나는 이 씨족, 저 부족, 이 국가에 속한다. 따라서, 나에게 좋은 것은 나와 같은 역할을 하는 누군가에게도 좋은 것이어야 한다. 한편, 나는 나의 가족, 나의 도시, 나의 부족, 나의 국가의 과거로부터 다양한 채무, 유산, 기대, 의무를 물려받았다. 이러한 것들이 나의 삶에 주어진 것과 나의 도덕적 출발점을 형성한다. 이것이 부분적으로 나의 삶에 도덕적 특수성을 부여한다.

이것은 옳은 것이 선한 것보다 우선한다는 칸트의 입장과는 매우 다른 것이다. 칸트의 견해에 따르면, 권리에 기반한 주장들이 선에 기반한 주장보다 우선시 될 경우, 다른 사람들의 권리가 침해될 가능성이 높다. 하지만,

공동체주의자들은 칸트의 견해를 거부한다. 이들은 칸트 방식의 추상적 정의는 받아들일 수 없으며, 정의의 기준은 특정한 사회의 현실, 신념, 전통과 불가분의 관계에 있다고 주장한다. 다른 한편으로, 칸트는 '옳은' 것이 욕구만족에 의존하는 다른 가치들보다 우월하다고 강조한다. 왜냐하면, 욕구만족에 의존하는 가치들은 자유라는 개념에서 나오기 때문이다. 자유는 모든 인간 목적의 전제조건이다. 다른 말로 정리하면, 우리의 권리와 의무를 한정하는 정의의 원칙들은 중립적이어야 하기 때문에, '옳은' 것이 다른 가치보다 우선하여야 하는 것이다. 정의의 원칙들은 무엇이 좋은 삶을 구성하는지에 대한 질문에는 침묵하여야 한다. 칸트와 롤즈는 도덕 법칙을 확인하기 위해 사람들에게 자신들의 목표, 애착, 선의 개념을 무시하도록 요구한다. 이것은 아리스토텔레스의 견해와는 거리가 먼 요구이다. 아리스토텔레스는 정의의 원칙이 좋은 삶에 대해 중립적이어서는 안된다고 강조했다.

롤즈는 정부의 주된 기능이, 사람들이 자유롭게 선택한 삶을 살아가는데 필요한 경제적 부와 자유를 공정하게 분배하고 지켜주는 것이라고 확신한다. 그런데, 알래스데어 매킨타이어(Alisdair MacIntyre), 찰스 테일러(Charles Taylor), 마이클 왈저(Michael Walzer)와 같은 저명한 공동체주의자들은 공통적으로 이러한 롤즈의 확신에 반대입장을 표시한다. 그들은 일반 이론이 보편적으로 타당하다는 롤즈의 가정에 동의하지 않는다. 그리고, 특정한 공동체의 문화와 전통에 맞는 정의의 원칙들이 추구되어야 한다는 맥락적 접근을 선호한다. 테일러와 매킨타이어는 특정한 사회 안에서 실제로 살아가는 사람들의 시선으로 세상을 관찰해야 한다고 주장한다. 이에 따라, 그들은 무지의 베일에 싸인 개인들이 정의의 원칙을 선택한다는 사변적이고 추상적인 가설 개념을 거부한다.

롤즈는 그의 후기 저서인 『정치적 자유주의(Political Liberalism)』에서 그의 초기 보편주의적 가정들 중 일부를 약화시키면서, 공동체주의에 조금 더 공감하는 입장을 취했다. 예를들어, 롤즈는 그의 이론이 적용되는 사회는 오직 사람들이 정치적 합의를 추구하는 사회라는 점을 인정했다. 그는 『만민법(The Law of Peoples)』에서 자유민주주의가 모든 공동체에 반드시 적합한 것은 아니라는 점을 받아들였다. 다른 말로하면, 하나의 '괜찮은' 사회가 필요로 하는 것은 민주주의가 아니라 다른 공동체에 관용적이고, 기본적 인권을 보호하고, 정의의 공통된 개념을 사회 내에 포용하는 것이다. 그럼에도 불구하고, 그가 『정의론』에서 제시한 하나의 정의로운 사회모델을 고수한다는 것은 의심의 여지가 없다. 정의로운 사회모델은 분별력 있는 시민들이 선택할 이상을 보여줄 뿐만 아니라 보편적 승인을 받을 만한 원형을 제시한다.

그런데, 정의에 대한 공동체주의적 견해를 가진 학자들은 롤즈의 개인주의를 인간의 정체성에 대한 하나의 부적절한 설명이라고 간주한다. 샌델에 의해 영향력 있게 제시된 공동체주의적 관점의 핵심 주장은, 우리가 살고 있는 공동체가 우리를 부분적으로 정의한다는 것이다. 우리는 롤즈가 인식하고 있는 자기중심적이고, 원자화된 개인들이라기 보다는 사회적 동물들이다. 따라서, 도덕적 의무는 독일 철학자 헤겔(Georg Wilhelm Friedrich Hegel)이 사회의 '지틀리히카이트(Sittlichkeit, 도덕적 삶)'라고 부른 것으로부터 나온다. 공동체주의자들은 개인들을 초월적이고, 분리되고, 독립되고, 자율적인 행위자로 인식하는 '의무에 기반한 자유주의 관점'을 거부한다. 공동체주의자들은 한 개인을 제대로 이해하기 위해서는 가족, 집단, 국가의 구성원과 시민으로서 공동체 내에서 한 개인이 맡고 있는 사회적 역할을 면밀히 살펴보아야 한다고 주장한다. 샌델이 강조하는 것처럼, 우리는 '아무 부담 없는 자아들이라기보다는 특정한 환경에 놓여 있는 자아들'이다.

공동체주의자들은 또한 인권의 개인주의에 대해서도 반대한다. 이들은 인권의 개인주의가 공동체의 이익, 시민적 미덕, 사회적 연대를 무시한다고 주장한다. 공동체주의적 관점은 우리 사회가 정치적 삶에 '도덕적으로 관여'하도록 하고, 우리에게 좋은 삶의 본질과 목적이 무엇인지에 대해 성찰할 것을 요구한다. 샌델은 이렇게 표현한다. '좋은 삶에 대해 깊이 생각하지 않으면서 정의에 대해 깊이 생각하는 것은 가능하지도 않고, 심지어 바람직하지도 않을 것이다.' 이것은 아리스토텔레스의 정의관을 분명하게 받아들이면서, 칸트와 롤즈의 접근방식을 거부하는 것이다. 그것은 개인이 하나의 자율적인 주체라는 개념을 거부하고, 대신에 개인들이 자신의 공동체에 의해 대부분 정의되는 하나의 세계를 선호한다. 우리의 공동체는 다른 한편으로 우리의 도덕적 의무의 원천이다.

공동체주의의 문제는 무엇인가?

공동체주의의 모든 주장들은 매우 합리적이고 설득력 있게 들린다. 공동체주의자들이 좌절하는 지점을 발견하는 것이 그리 어렵지 않음에도 불구하고, 공동체주의는 때때로 유토피아적으로 보인다. 공동체주의자들이 보기에 자유주의는 빈곤, 범죄, 고독, 가족생활의 붕괴, 이기주의, 시장의 탐욕, 정부 관료주의, 부패, 정치소외 등 현대사회의 수 많은 문제들을 제대로 해결하지 못한다. 오늘날 많은 사회에서 개인의 권리는 지나치게 강조되고, 진정한 공동체의 번영이 달려 있는 공적영역의 참여가 가지는 가치에 대해서는 무관심하다. 이로인해 개인들은 공동체의 이익보다 자신의 이익을 우선시하고, 점점 더 이기주의자들이 되어가고 있다. 이러한 상황에서 공동체주의자들은 개인들이 시민생활에 더 적극적으로 참여해야 한다고 주장한다. 우리는 다른 사람들의 도덕적 그리고 종교적 관점을 무시하지 말아야 하며, 그들의 관점을 이해하고, 더 잘 배우기 위해서 노력해야 한다. 이를 통해, 사회의 정의 인식이 더 강화될 것이다.

공동체주의 이론은 몇 가지 문제점을 안고 있다. 특히, 상대주의로 빠져들 위험이 있다. 정치이론가 마이클 왈저는 그의 저서 『정의의 영역(Spheres of Justice)』에서, 사회와 사회집단의 관행들이 정의로운가를 판단하기 위해서는 보편적이고 추상적인 원칙에 의존할 것이 아니라 '내부를 들여다 보아야' 한다고 강조한다. 그리고, 삶의 각 '영역'은 그 나름의 정의 규범을 만들어낸다. 따라서, 경제영역에서 작동하는 정의 규범이 교육영역에서 작동하는 정의 규범과 서로 다를 수밖에 없다. 왈저는 '정의는 사회적 의미에 있어 상대적이다'라고 선언한다. 이 선언이 윤리적 또는 문화적 상대주의의 한 형태를 보여주는 것인가? 만약 특정한 사회적 규범과 관행이 공동체의 이름으로 옹호될 수 있다면, 옳고 그름은 어떻게 구분할 수 있는가? 억압적인 관행마저도 해당 지역 문화라는 말로 쉽게 정당화될 수 있을 것이다. 종교적 가치와 문화적 가치에 관한 다양성 존중은 매우 좋은 것이다. 하지만, 이것이 부정의를 숨겨주는 연막이 되어서는 안 된다. 여성할례, 명예살인, 동성애자 살인과 같은 개탄스러운 문화적 또는 종교적 관행을 동정적으로 이해하고자 하는 우리의 자세가, 자칫 우리로 하여금 그것들을 옹호하게 할 위험이 있다.

한편, 우리가 특정한 도덕 규범의 논리에 동의한다고 하더라도, 그 규범의 실제 적용은 사회들마다 상당한 차이가 있다. 이슬람 규율 또는 샤리아법이 지배하는 국가들보다 서구 민주주의 국가들이, 특정한 범죄에 대한 적절한 처벌의 합의를 이루어내기 어렵다. 이슬람 규율 또는 샤리아법이 지배하는 국가의 형법에 의하면, 도둑질 한 사람은 손이 절단되는 형벌을 받는다.

> **여성 할례**(Female Genital Multilation)
>
> 정확한 숫자는 알 수 없지만, 전 세계적으로 최소한 2억 명의 어린 소녀들이 아무런 건강상 이득이 없는 비의학적 시술을 받고 있다. 비의학적 시술을 받는 2억 명의 소녀들 중 절반 이상이 인도네시아, 이집트, 에티오피아 이 세 나라에 살고 있다.
> 여성 할례는 아프리카, 중동, 아시아 30개 국가에서 가장 공통되게 시행되고 있으며, 종교적 또는 문화적 이유로 옹호되고 있다. 여성 할례는 여성 성기의 일부 또는 전체를 제거하는 것으로, 소녀들과 여성들의 자연스러운 신체 기능과 발달에 장애를 초래한다. 세계보건기구(WHO)에 의하면, 여성 할례는 단기적 그리고 장기적으로 심각한 합병증을 유발할 수 있다. 합병증에는 심한 통증과 출혈, 감염, 배뇨 문제, 출산시 심각한 어려움, 신생아 사망, 산모 자신의 사망 등이 포함된다.
> 여성 할례는 국제적으로 소녀와 여성에 대한 인권침해로 인정되고 있다. 여성 할례는 극단적 형태의 여성 차별이며, 여성 할례가 거의 언제나 아동 때 행해지기 때문에 아동권리를 침해하는 행위이기도 하다.
> 여성 할례가 서방 국가에서도 점점 더 많이 행해지고 있다. 예를들어, 영국 보건사회정보센터가 최근에 처음으로 여성 할례에 대한 세부정보 책자를 발간했다. 이 책자에 의하면, 2015년부터 2016년까지 5,700건의 여성 할례 사례가 새롭게 보고되었다. 여성 할례의 대부분은 해외에서 이루어졌으며, 영국에서 시행된 사례는 오직 18건이었다.
> 2012년 12월 유엔총회는 '여성 할례 전면 금지 결의안'을 채택했다.

많은 아시아 사회의 권위주의 행정과 민주주의 정부의 개방성을 구분하는데 별다른 통찰력이 요구되지 않는다. 중국과 여러 아시아 국가들 특히 싱가포르, 말레이시아, 인도네시아의 유교 문화가 자유 민주주의 규범에 주요한 도전이 되고 있다. 나는 수년동안 홍콩에 살면서, 소위 '아시아적 가치'를 옹호하는 주장들의 근거에 대해 자세히 살펴본 적이 있다. 유교의 공동체주의적 토대는 유교 철학에서 분명하게 드러난다. 유교 철학은 가족·기업·국가에 대한 헌신과 효도를 중요시한다. 이와 관련하여 앨버트 첸(Albert H.Y. Chen)은 다음과 같이 말한다.

> 가족이나 공동체와 같은 집단의 이익을 우선시 하는 것....개인은 독립적이거나 자급자족할 수 있는 개체가 아니다. 개인은 언제나 집단의 한 구성원으로 그리고 집단의 조화와 힘에 의존하는 개체로 인식되어 진다.

유교적 가치를 중요하게 여기는 사회에서는 사회 안정과 번영을 위해서 개인의 자유를 희생시키는 경향이 있다. 유교의 또 다른 중요한 윤리적 요소는 학문적 성취 추구와 근면에 대한 강조이다. 운 좋게도, 이러한 특징이 내가 가르친 많은 중국학생들에게서도 나타났다. 아시아적 가치 개념이 정점에 달했던 시기는 1990년대이다. 아시아적 가치는 경제적, 윤리적, 사회적 통합과 공동의 정체성을 추구하는 것인데, 남동 아시아와 동아시아에 위치한 민족 국가들의 공유된 규범을 찬양하고 증진시켰다. 이러한 규범들이 개인의 자유와 민주적 가치에 대해서 적대적임에도 불구하고, 아시아의 '호랑이 경제국가들'이 달성한 눈부신 경제 '기적'으로 인해 국제사회의 관심을 끌었다. 하지만, 1997년 금융위기 이후, 이 지역에 금융시장 붕괴를 해결할 적절한 기구 또는 일관된 정책이 부족하다는 것이 분명해 지면서, 아시아적 가치 개념은 더 이상 주목을 받지 못했다. 이후, 아시아 지역의 경제가 회복되고, 중국이 세계 2위 경제강국으로 부상하면서, 공동체적 가치의 중요성과 서구 국가들의 인권과 시민적 자유에 대한 집착을 주제로 한 논쟁이 다시 시작되었다. 이와 함께, 교육과 직업윤리 중시와 같은 공동체적 가치에 내재된 일부 긍정적인 요소들에 대한 재평가도 이루어지고 있다.

공동체주의자들은 서구 국가들이 서구적 가치에 적대적인 지역에까지 서구적 규범을 확장하려는 시도에 대해서 강한 반대입장을 취한다. 최근 미국이 서구 민주주의 개념을 이라크, 아프가니스탄과 같은 중동, 북아프리카 국가들에 수출하려는 시도에 대해서 공동체주의자들은 대체로 볼썽사납고 헛된 노력이라고 평가한다. 서구 국가들의 이러한 노력들이 좋은 의도를 가지고 한 것이라고 하더라도, 민주주의, 자유주의, 인권에 대한 서구의 개념과 관행을 다른 국가에 이식시키려고 하는 것은 다소 부정적이며, 궁극적으로 헛된 시도에 불과하다. 왈저는 추상적인 보편주의적 관념을 포기하고 아시아적 가치를 '내부로부터' 이해하려는 전략을 추구하는 것이 더 큰 성공을 가져다 줄 것이라고 주장한다. 유교적 전통은 사회와 국가의 조화를 중심에 두고 개인의 권리를 소홀히 하는 측면이 있다. 공동체주의자들은 이러한 문화적 특성을 지역적 정당성 관점에서 보다 민감하게 분석한다. 그런데, 역설적으로, 일부 아시아 국가들에서 효도개념을 둘러싼 논쟁이 지속되고 있다. 이 논쟁의 핵심은, 자녀들에게 노부모 재정 지원을 법적 의무로 부과 할 것인가이다. 이것이 보여주는 것은, 일부 아시아 국가에서 서구화된 문화적 환경이 조성되면서 효도라는 훌륭한 미덕에 대한 헌신이 약화되고 있다는 것이다.

인권에 대한 국제사회의 보편적 수용과 옹호가 강화되고 있다. 이러한 국제적 추세가 왈저와 여러 이론가들이 우리에게 간절히 호소하는 토착적 규범, 가치, 문화에 대한 우호적 수용을 점점 더 어렵게 하고 있음을 부인할 수 없다. 우리가 제 8장에서 살펴본 것처럼, 사실 인권 개념은 모호하고 일관성이 부족하다. 그럼에도 불구하고, 인권의 보편적 수용과 옹호라는 국제적 추세는 지속되고 있다. 이러한 국제적 추세는 이제 더 이상 돌이킬 수 없다. 특히, 인권의 '세계화'는 유엔, 여러 국제협약과 기구들에 의해서 더욱 활성화되고 있으며, 다양한 국가와 문화에 의해서 지지를 받고 있다. 여기에 대해서는 다음 장에서 자세히 설명할 것이다.

요약하기

아리스토텔레스는 인간이 '사회적 동물'이며, 공동체가 '사회와 문화의 가장 중요한 요소'라는 개념을 정립했다. 이 개념이 공동체주의 이론의 출발점이다. 공동체주의자들은 우리 모두가 우리의 정체성과 관계를 진전시키는 공동체에 소속되어 있다고 주장한다. 그들은 자유주의와 개인주의를 좋아하지 않으며, 보다 활기있는 시민생활과 보다 역동적인 공동체 정신을 선호한다. 그들은 일반적으로 자율성, 보편성, 초월성, 자연권의 이상이 연대감과 사회적 책임이라는 전통적인 공동체적 가치를 악화시킨다고 확신한다. 그들은 또한 개인의 이익이나 권리 보다는 공동체, 가족, 직장에 대한 헌신 또는 충성을 더 중요하게 생각한다.

자유주의자들은 수많은 이유로 공동체주의자들을 비판한다. 그 이유들 중 하나는, 개인들이 어떤 삶을 살 것인지 선택하고, 자기 발전과 자기 실현에 대한 주관적 생각들을 진전시켜 나갈 기회를 공동체주의 이론이 제한한다는 것이다. 로버트 노직이 강조한 극단적 개인주의가 공동체의 가치를 훼손할 수 있다는 것이 사실일지도 모른다. 하지만, 개인의 자율성과 권리를 옹호하는 보다 온건한 자유주의는 도덕적 상대주의와 일부 사회의 억압적인 정책에 맞설 수 있는 몇 가지 보호방안을 제공한다.

12장

세계 정의
(Global Justice)

JUSTICE
A Beginner's Guide

우리의 정의에 대한 관심이 우리의 국경 안에만 머물러야 하는가? 외국에서 발생하는 부정의는 정당한 도덕적 관심사가 될 수 없는가? 국경이 무너지면서, 교육, 주택, 위생시설 접근에 대한 부당한 차별, 부자와 가난한 사람들의 지리적 분리, 테러의 위협, 독재와 인종청소 및 대량학살의 공포는 그 어느 때보다 우리 가까이에 와 있다. 항공여행, 24시간 국제뉴스 보도, 인터넷, 소셜미디어 등을 통해 세계는 점점 더 작아지고 있다. 전쟁, 박해, 빈곤으로 인해 발생한 이주민의 홍수가 특히 유럽 정부들에게 위험한 도전을 제기하고 있다. 이러한 문제들이 상당한 국제적 협력없이 해결될 수 있을까? 대량학살이나 인권에 대한 중대한 침해를 종식시키기 위해 군사적으로 개입하는 것은 정당한 것인가? 국가들이 자국의 안전 또는 가치를 보호하기 위해 국경을 폐쇄하는 것은 용인될 수 있는가? 경제적 세계화는 가난한 국가들에게 공평한 것인가? 기후변화의 위협은 어떠한가? 정의에 대한 우리의 관심이 아마존 부족들의 거주지와 환경보호에까지 확장되어야 하는가? 많은 국가에서 잔혹함을 견디고 있는 인간 이외의 종들의 고통에 대해서 우리는 어떻게 반응해야 하는가?

부패, 경제침제, 민속분규, 깨끗한 물과 의료서비스에 대한 접근 곤란, 부적절한 자연자원 분배 등 수많은 문제들이 있다. 이러한 문제들은 개발도상국가들의 인구 급증에 의해 더욱 악화되고 있다. 또한 인구 급증은 세계자원, 안정성, 안보에 매우 실제적인 도전을 제기하고 있다. 가장 커다란 불안을 자아내는 사례들 중 하나가 아프리카 인구 급증이다. 2015년 유엔이 발간한 '세계인구전망' 보고서에 의하면, 2100년 아프리카 인구가 최대 60억명에 이를 것으로 전망된다. 현재 아프리카 인구가 12억명인 것을 감안했을 때, 이것은 놀라운 인구증가이다. 이 보고서는 아프리카 여성들이 평균 4.7명의 아이를 출산하고 있으며, 이것은 세계 다른 지역 출산율의 거의 3배에 이르는 것이라고 설명한다. 만약 아프리카에서 출산율을 낮추지 않는다면, 급격한 인구증가로 인해 자원 부족이 심화될 것이다. 이 문제를 해결하기 위하여 모든 방안들이 강구되어야 한다. 특히 여성 교육을 통해 여성들이 가정을 넘어 정치적, 경제적, 사회적으로 역할을 확장해 나가야 한다. 그리고, 만약에 인간들이 지구의 한정된 자원의 더 나은 사용법을 배우지 못한다면, 자원을 둘러싼 경쟁이 더욱 심화될 것이다. 몇 가지 변화의 신호가 있다. 전 세계적으로 여성 평균출산아 숫자가 2.5명이 되었는데, 이것은 1950년대 초 평균출산아 숫자의 절반 수준이다. 전 세계 출산율이 40% 정도가 되면, 여성 당 2.1명을 출산하는 '대체 수준(부모를 대체할 수준의 아이 출산)'에 도달했다고 볼 수 있다.

농사짓기 어려운 토지, 깨끗한 물의 불충분한 공급, 실업, 부패한 정부로 인해 발생하는 종합적인 문제들은 한 대륙의 평화와 안보 위협으로 끝나지 않는다. 더 나은 삶을 찾아서 아프리카를 떠나는 이주민 숫자가 증가하면서, 세계 안정과 자원에 심각한 영향을 미치고 있다. 가난한 국가들이 직면하고 있는 암울한 미래를 더욱 어둡게 하는 것은, 예방가능하고 효과적으로 대응할 수 있는 전염병 치료와 의료 서비스에서 나타나는 광범위한 접근 불평등이다. 21세기에 이러한 부정의가 존재한다는 것 자체가 끔찍한 일이다. 각 국가별 평균수명을 비교해 보면 큰 차이가 난다. 일본 여성의 평균수명이 87세인데 반해, 시에라리온 여성의 평균수명은 46세가 채 되지 않는다.

하지만, 우리가 낙담하거나 의기소침할 필요는 없다. 부정의는 피할 수 없는 것이 아니다. 빈곤과 질병이 많은 국가들 특히 아프리카와 아시아 국가들을 몹시 괴롭히고 있긴 하지만, 이 문제들을 해결하기 위한 노력들이 많이 이루어지고 있다.

21세기가 시작될 때, 유엔은 8개의 새천년개발목표(MDGs)를 제시했고, 전 세계 모든 국가들이 이 목표 채택에 동의했다. 새천년개발목표는 다음과 같다.

1. 극빈층 및 기아의 해소
2. 보편적 초등교육의 달성
3. 양성평등과 여성지위 향상
4. 영아사망률 감소
5. 모성보건 증진
6. HIV/에이즈, 말라리아, 기타 질병 퇴치
7. 지속가능한 환경 보장
8. 전 지구적 개발 파트너십 구축

2015년에 새천년개발목표는 지속가능발전목표(SDGs)로 대체되었다. 지속가능발전목표는 서명국가들에게 더욱 야심찬 17개 목표 실현을 약속하도록 한다. 17개 목표에는 모든 지역에서 모든 형태의 빈곤 종식, 건강 증진,

지속가능한 농업, 교육, 물과 에너지에 대한 접근, 경제 성장, 생산적인 고용, 안전한 도시와 인간 정착이 포함된다. 지속가능개발목표에는 지속가능한 소비, 기후변화에 대처하기 위한 긴급 행동, 육지와 해양 생태계의 보존 등 지속가능성이 강조된 항목이 명시되었다. 그리고, 이 문서에는 '지속가능한 발전을 위한 평화적이고 포용적인 사회...사법부에 대한 모든 사람들의 접근 그리고, 모든 수준에서 효과적이고 책임감 있으며 포용적인 제도를 구축한다'는 요구사항이 포함되었다.

지속가능발전목표의 달성을 위해서는 상당한 협력, 약속 이행 그리고 비용이 요구된다. 하지만, 이 목표에 전 세계 국가들이 동의했다는 것 자체가 행동의 필요성을 전 세계국가들이 인정하고 있음을 보여주는 긍정적인 신호라고 할 수 있다. 지속가능발전목표가 너무 많고, 너무 산만한지 여부는 아직 판단하기 이르다. 지속가능발전목표에 담겨 있는 부정의의 해소가 그리 쉬운 일은 아닐 것이다. 그렇다고 해서, 아주 많은 사람들이 비참한 상황에 계속 처해 있도록 내버려 둘 수는 없다.

우리는 우리의 세계가 당면하고 있는 셀 수 없이 많은 문제들을 일상적으로 직면하다. 유럽이 겪고 있는 이주민 위기는 앞으로 수년간 지속될 것이다. 이주민 위기는 진짜 난민을 어떻게 구분해 낼 것인지 그리고, 전쟁, 빈곤, 억압을 피해 도망친 사람들을 막기 위해 국경을 봉쇄하는 것이 도덕적인 것인지에 대한 문제를 제기할 것이다. 자기결정권의 인정, 인권 보호 강화 요구 그리고, 민주적 원칙의 국제적 확산과 관련된 수많은 과제들이 우리들 앞에 놓여 있다.

교육에 대한 접근

유엔아동기금(UNICEF)의 보고에 따르면, 5900만명 이상의 아동들이 초등교육을 받을 권리를 박탈당하고 있다. 문제는 초등교육을 받지 못하는 아동의 숫자가 매년 증가하고 있다는 것이다.

학교교육을 받지 못하고 있는 전 세계 아동의 절반 이상이 사하라 사막 남쪽에 위치한 아프리카 국가의 아동들이다. 그리고, 그 중 55%는 여자 아동들이다. 유엔아동기금은 전 세계 많은 국가들이 가장 최근에 설정한 교육목표를 '의심할 여지 없이' 달성하지 못할 것이라고 전망했다. 그 이유는 현재의 어려운 경제 상황이 교육에 대한 추가적인 공공기금 모금을 가로막고 있기 때문이다. 2010년을 기준으로 교육원조는 10% 감소했다. 만약 공공기금이 갈수록 줄어든다면, 교육에 대한 학생들의 접근이 더 어려워질 것이고, 교육의 질은 떨어질 것이며, 전 세계에서 가장 취약한 국가의 아동들의 근본적인 인권은 부정당할 것이고, 이 아동들의 미래 기회는 크게 제한될 것이다.

유엔아동기금이 발간한 자료에 의하면, 학교교육을 받지 못하는 아동들의 36%가 분쟁의 영향을 받는 국가 아동들이다. 학교교육을 받지 못하는 대부분의 아동들은 가장 가난한 가정 출신이거나 시골 지역 또는 소수 인종이나 소수 민족 출신이다. 장애아동들 또는 가족의 생계를 위해서 일터로 나가야 하는 아동들의 대부분도 학교교육을 받지 못하고 있다. 그런데, 가장 큰 어려움을 겪는 아동들은 불리한 조건들을 복합적으로 안고 있는 아동들이다. 가난한 시골 지역에 살고 있는 장애를 가진 소수 인종의 난민 소녀가 대표적이다.

국가와 정의

베스트팔렌 조약은 중부유럽에 엄청난 파괴를 가져온 30년 전쟁을 종식시키기 위해서 1648년에 체결되었다. 우리는 일반적으로 이 조약이 체결된 시점을 근대시대의 시작으로 간주한다. 1618년부터 1648년까지 극도로 파괴적인 전쟁이 지속되었고, 이 전쟁 기간동안 수백만명의 민간인들이 기아와 질병으로 사망했다.

30년 전쟁이라는 파괴적인 갈등이 종식되는 시점에 주권 국가, 국가 영토보존이라는 개념이 나타났고, 국가를 군주의 사적 재산으로 보는 관점들이 사라지기 시작했다. 한편, 우리는 지금 국제사회가 점점 더 세계화되고, 개별 민족 국가의 중요성이 크게 감소하고 있는 것을 목격하고 있다. 다국적 기업, 유럽연합과 같은 지역 연합, 인터넷과 같은 비국가적 연결망, 국가경제의 상호연계로 인해 개별 민족 국가의 기반이 상당히 약화되었다. 이러한 국가 간의 상호연결성은 우리가 '세계 정의'리고 부르는 것에 중대한 영향을 미친다. 세계 정의란 여러 국가 주민들에게 관련이 있거나 여러 국가의 협력이나 지원을 통해 달성될 수 있는 정의를 의미한다. 세계화는 다차원적이다. 세계화의 가장 두드러진 특징 가운데 하나는 초국가적 통합경제의 등장이다. 초국가적 통합경제는 국경을 초월하여 사업을 진행하는 초국가 기업들에 의해 주도되며, 세계무역기구(WHO)와 같은 초국가적 기구에 의해 어느 정도 규제를 받는다. 이 초국가 기업들은 일반적으로 자유무역의 방해물들을 제거하고, 경제와 금융의 상호의존성을 확대하는데 온 힘을 다한다. 새롭게 확산되고 있는 현상들과 관련된 도덕적 질문들이 꽤 많이 제기되고 있다. 어떤 종류의 경제적 합의가 정의로운가? 국제화된 세계에서 협력이 공정하게 이루어질 수 있도록 국제기구들을 개혁해야 하는가? 전 세계의 가난한 사람들을 보다 효과적으로 도울 수 있도록 세계화를 잘 관리할 수 있는가? 보호주의 무역정책은 정당화될 수 있는가? 정의를 실현하기 위해서 자유무역이 요구되는가? 개발도상국가들의 열악한 노동조건을 부유한 선진국가들의 시민들과 소비자들이 관심을 가져야만 하는가? 만약 그렇다면, 열악한 노동조건들을 효과적으로 개선할 수 있는 방법은 무엇인가?

다시 한번, 우리는 존 롤즈로 돌아가야 한다. 그는 그의 저서 『만민법』을 저술한 이유가 '한 국가의 자유주의적 정의 개념을 만민 즉, 많은 민족사회로 확장'하기 위한 것이라고 설명했다. 롤즈가 언급한 '많은 민족사회'는 국가들을 의미한다. 따라서, 우리가 제 5장에서 논의했던 '공정으로서의 정의' 개념을 국제관계에 충분히 적용해 볼 수 있다. 롤즈는 모든 국가에 적용할

8가지 원칙을 제시했다. 8가지 원칙은 국가의 독립 인정, 국가간 평등 인정, 자결권, 불간섭 의무, 조약 준수 의무, 특정한 인권의 존중, 전쟁 참전 시 합의된 규범 준수, 국가들의 자결을 촉진시키는 기구 구성 지원이다.

당신은 롤즈가 불평등을 막기 위해서 차등의 원칙을 제시했다는 것을 기억할 것이다. 차등의 원칙이 주장하는 것은, 사회에서 가장 취약한 사람들에게 이익이 되는 경우에만 사회적 기본재화의 불평등한 분배가 정당화될 수 있다는 것이다. 그런데, 세계 정의와 관련해서 롤즈는 보다 신중한 입장을 취한다. 국제적 맥락에서 정의는, 경제적 공평함을 요구하거나 어떤 종류의 분배에 관심을 가지지 않고, 단지 국가들에게 서로를 공평하게 대할 것을 요구한다고 롤즈는 주장했다. 이러한 롤즈의 주장에 대해 반대하는 입장이 있는 것은 놀라운 일이 아니다. 일부 비평가들은 롤즈가 개별국가 내부의 불평등에 대해서는 크게 염려하면서도, 부유한 국가와 가난한 국가 사이의 엄청난 격차에 대해서는 관용하는 태도를 분명하게 보이고 있다고 비판했다.

롤즈의 『정의론』에 서술된 개념들이 국제 사회에 어느 정도까지 적용가능한지 분명하지 않다. 누스바움은 롤즈의 원초적 입장에 있는 사람들과 국가 사이에 어떤 연관성이 있는지에 대해 의문을 제기한다. 누스바움은 현실에서 많은 정부들이 자국 국민들의 이익을 중요시하지 않는다고 생각한다. 그리고, 현재 유지되고 있는 많은 국가들이 정당성을 가지고 있다는 롤즈의 가정에 대해서도 누스바움은 동의하지 않는다. 누스바움은 책임감이 부족한 국가들이 많다는 점을 지적한다. 롤즈는 개별국가들의 자급자족 상황을 가정한다. 그런데, 현대 세계에서는 국가들 간의 상호의존이 증대되고, 초국가 조직들의 중요성이 강화되고 있다. 누스바움은 롤즈의 사회계약론적 접근방식이 세계 정의의 요구들을 충족시키는데 실질적인 도움을 주지 못한다고 주장한다.

롤즈의 『정의론』에서 드러난 여러 부족한 점들이 『만민법』에서 적절히 해소되지 못했다. 다국적 협약, 다국적 제도와 기구, 세계경제질서의 변동패턴, 비정부기구(NGOs)의 역할, 공공정책에 영향을 미치는 정치 운동과 여러 단체들이 만들어내는 수많은 도전들에 대한 내용이 롤즈의 『만민법』에 서술되어 있지 않다. 롤즈는 모든 국가들이 거버넌스를 잘 해 나간다면 이주민 문제가 사라질 것이라고 주장한다. 그런데, 이 주장은 매우 비현실적이다. 물론 이주민 문제를 주로 발생시키는 조건인 불안정, 부패, 일자리 부족, 경제 성장 둔화를 국가의 더 나은 거버넌스로 개선할 수는 있겠지만, 그렇다고 이주민 문제를 완전히 사라지게 할 수는 없을 것이다. 롤즈는 이주민 문제를 일으키는 몇 가지 원인 즉, 종교적 및 인종적 박해, 정치적 억압, 기근, 인구 급증은 개별 국가의 국내정책으로 통제할 수 있다고 강조한다. 그런데, 롤즈는 이주민 문제의 주요 원인들인 경제적 불평등, 영양결핍, 질병, 교육 부족이 빈곤과 긴밀히 연결되어 있다는 것을 간과하고 있다. 롤즈에 대한 이러한 비판들이 다른 이론가들에게 영향을 주고 있다. 그들은 이렇게 묻는다. 도덕적 의무가 왜 영토 안에 한정되어야 하는가? 아무튼, 무지의 베일을 쓴 원초적 입장의 사람들은 자신들이 어떤 사회에 소속되었는지 알지 못하기 때문에, 모든 사회에 확실하게 적용될 수 있는 정의의 원칙을 선택할 것이다!!

토마스 포게(Thomas Pogge)는 '세계적 빈곤은 국제제도에 의해 초래된 하나의 부정적인 결과이며, 부유한 국가들이 국제제도를 만들어서 가난한 국가에 강요하고, 결국 가난한 국가의 주민들이 실질적인 피해를 당하게 된다'고 주장한다. 부유한 국가들이 국제 무역과 투자의 규칙, 절차에 영향을 미치기 위해 자신들의 권한을 행사할 때, 부와 권력의 국제적 불평등이 착취의 원천으로 전환되고, 멀리 떨어져 있는 국가에 살고 있는 주민들의 삶이 더욱 어려워진다. 포게는 '국제차입 및 자원 특권(International Borrowing and Resource Privileges)'을 하나의 사례로 제시한다. '국제차입 및 자원 특권'에 의해 정부들은 자금을 빌릴 수 있으며, 이렇게 빌린 자금은 결국 그 국가가 갚아야 할 부채가 된다. 정부는 이 특권을 활용하여 원하는데로 돈을 빌려서 사용할 수 있고, 심지어 원하는 가격에 이 특권을 판매할 수도 있다. 국제사회는 한 국가 영토 안에서 법적 효력이 있는 권력을 행사하는 집단을 정당한 정부로 인정하고 이 특권을 부여해 준다. 포게는 이 특권 부여가 가난한 국가들의 발전을 가로막는 사기, 부패, 쿠데타를 유발하는 부정적인 역할을 한다고 주장한다. 즉, 이들 국가에서는 정치적 지위가 부를 획득하는 매력적인 수단이 된다. 많은 개발도상국가의 정치지도자들에게서 나타나는 무절제와 부패는 경제발전 뿐만 아니라 인권보호와 정의 추구에 주요한 장애물로 작용한다.

앞의 타당한 지적들을 통해, 롤즈가 왜 강력하고 안정된 제도 그리고 정치적 가치를 중요하게 다루었는지를 이해할 수 있다. 법의 지배, 권력 분립, 대부분의 민주주의 국가에서 당연하게 여기는 여러 특징들이 담긴 제도와 탄탄한 정치문화가 존재하지 않는다면, 그 국가에서 정의가 실현될 가능성은 매우 낮다. 롤즈에 의하면, 모든 국가들이 시민들의 품위있는 삶을 허용하는 제도들을 갖추기만 한다면, 국가들 사이의 불평등에 대한 도덕적 우려는 매우 사소한 문제가 될 것이다.

이방인들에 대한 의무?

우리의 의무는 얼마나 멀리까지 확장되는가? 이탈리아 사람들에게 인도 사람 또는 벨기에 사람 또는 브라질 사람들에 대한 도덕적 의무가 있는가?

민족주의자들은 정의도 자선과 마찬가지로 국내에서 시작해야 한다고 당당하게 주장할 것이다. 그렇다면, 우리는 불우한 동포들의 인간다운 삶을 우선적으로 책임져야 하는가? 그리고, 동료 인류들에게까지 돌봄과 관심을 확장해야 할 도덕적 의무가 우리에게 있는가?

포게는 사람들이 국제 조직을 구성하고 관리하기 때문에, 정의에 대한 공약은 개별 국가를 넘어서야 하며, 국제 조직은 전 세계 모든 사람들의 인간다운 삶에 관심을 가져야 한다고 주장한다. 지역 사회의 관심사항과 국제 사회의 관심사항이 공존하지 못할 이유는 없다. 국제사회 수준의 정의가 개별국가의 공정성에 영향을 미친다는 주장은 얼마든지 가능하다.

일부 비평가들은 국제무역에 참여하는 개별국가들 간의 관계와 한 국가의 구성원들 간의 관계가 도덕적으로 동등한지에 대해 의문을 제기한다. 국가들 간에 이루어지는 재화와 서비스 거래를 한 국가 시민들 사이에 이루어지는 협력과 정말로 비교할 수 있는가? 토마스 네이글(Thomas Nagel)은 주권국가와 비슷한 권력을 가진 세계 정부가 존재하지 않는다면, 분배적 정의의 실현은 불가능하다고 말한다. 우리는 가난한 사람들에 대한 도덕적 의무를 가진다. 하지만, 이 의무는 인도주의적 의무일 뿐이다. 국가의 이름으로 분배를 담당하는 강압적인 정치기구가 없다면 분배적 정의는 실현될 수 없다. 그런데, 국제사회에는 이러한 강압적인 정치기구가 대체로 존재하지 않는다. 물론 일부 학자들은 국제사회에도 강압이 존재한다고 주장한다. 예를 들어, 강대국들이 다른 국가를 침략하거나, 불량 정부를 비밀스럽게 제거하거나, 그들의 국경을 통제할 때 강압적 수단이 사용된다.

당신의 국적은 당신이 태어날 때 우연히 주어진 것이다. 당신의 계층, 인종, 성별도 마찬가지이다. 포게는 롤즈의 정의원칙을 응용하여 한 가지 질문을 제기한다. '그렇다면 왜 무지의 베일에 쌓인 원초적 입장의 사람들이 세계 모든 곳에 있는 사람들을 대표하는 것으로 간주되는가?' 이 논리에 따른다면, 천연자연의 재 분배와 관련된 국제 경제 원칙과 제한사항들이 인권의 목록 안에 들어가는 것에 대한 동의가 가능할 것이다. 실제로 찰스 바이츠(Charles Beitz)는 천연자원이 타고난 재능과 비슷하다고 주장한다. 한 국가 안에 있는 천연자원은 우연히 그 국가 안에 있는 것이기 때문에 해당 국가의 재산으로 간주되어서는 안 된다. 롤즈는 개인이 자신의 재능을 사용할 수는 있지만, 그 재능으로부터 나온 모든 이익에 대한 권리를 가지지는 않는다고 강조한다. 이와 유사하게, 천연자원도 가장 가난한 국가들이 혜택을 볼 수 있도록 사용되어야 한다.

이것이 효과를 나타낼 수 있을까? 누스바움은 여기에 대해 의문을 제기한다. 그녀는 개인과 민족 사이에 중요한 차이가 있다는 점을 지적한다. 롤즈가 제시한 원초적 입장에서 정의의 원칙을 선택하는 개인들과 민족국가들은 전제에서 큰 차이가 있다. 무지의 베일을 쓴 개인들은 기본적인 경제 생산성과 삶의 기회가 대체로 동등하다. 하지만, 이것은 긴박하게 돌아가는 삶이 시작되기 전 까지이다. 영양상태와 인지적 자극의 차이, 의료, 정서적 안정, 산모의 영양 불균형, HIV 감염여부와 같은 요인들이 출산 직후 부터 아이에게 영향을 미치기 시작한다. 이 보다 더 심각한 것은, 누스바움이 언급한 것처럼, 태어날 가능성 면에서도 불평등이 존재한다. 많은 개발도상국가들에서 성-선택적 낙태가 자행되고 있으며, 이로인해 여아들의 출생 가능성이 현저히 낮아지고 있다. 그녀는 국가들 사이의 불평등을 해소하고, 롤즈의 정의 개념을 실현하기 위해 일부 국가들을 국제사회에서 제외시켜야 한다고 지적한다. 국가들 사이에 존재하는 불평등은 개인들의 본질적이고 항구적인 삶의 기회의 불평등으로 전환된다. 이러한 국제적인 사회계약론적 시도는 롤즈의 기본틀에서 상당히 벗어난 것이다. 새로운 시도들은 원초적 입장에 있는 사람들이 대체로 평등한 상태에서 상호 이익을 달성할 수 있는 거래를 한다는 롤즈의 개념을 포기할 것을 요구한다.

하나의 대안이 될 수 있는가?

누스바움은 롤즈의 주장을 거부하면서 '협력' 계획이라고 불리는 것을 제안한다. '협력' 계획은 그녀와 아마르티아 센이 발전시킨 역량 접근법에 기반을 두고 있다. 그녀는 자연법 전통에서 협력에 대한 '더 풍성한' 형태의 논의가 있었던 사회계약론 이전 시기를 선호한다. 그녀는 자연법의 세속화 주장으로 유명한 휘호 더 흐로트(Hugo de Groot)의 저작들을 주로 인용한다. 휘호 더 흐로트는 후고 그로티우스(Hugo Grotius)로 주로 불린다.

그로티우스는 그의 저서 『전쟁과 평화의 법(De Jure Belli ac Pacis)』에서 설령 신이 없다고 하더라도, 자연법의 내용은 변하지 않을 것이라고 주장했다. 이 주장은 국제 공법분야의 출현에 중요한 기초가 되었다. 그런데, 그로티우스가 말한 '신이 없다고 하더라도'의 의미가 정확히 무엇인지 분명하지는 않다. 나는 그로티우스가 말한 '신이 없다고 하더라도'의 의미를 '신의 명령과는 상관없이 본질적으로 어떤 것이 있다'는 것으로 해석한다. 그로티우스는 신조차도 2곱하기 2가 4라는 것을 바꾸지 못한다는 비유를 제시하기도 했다. 그로티우스는 신의 존재를 부정하지 않는다. 단지 그는 무엇이 옳고 무엇이 틀린 것인지의 문제는 자연적 정당성의 문제이지, 결코 신의 자의적인 명령의 문제가 아니라는 것을 선언한 것이다.

우리는 모든 사람들이 존엄한 삶을 사는데 필요한 것에 접근할 수 있는, 그런 세상에 살기를 원한다고 누스바움은 말한다. 역량 접근은 결과에 기반한다. 즉, 이 접근은 사람들이 자신의 목록에 있는 모든 역량들을 향유할 수 있는 세상이 최소한으로 정의롭고 괜찮은 세상이라고 말한다. 개별국가를 예로 든다면, 개별국가의 구성원들이 자신들의 목록에 있는 역량들을 확실히 소유할 수 있도록, 제도와 원칙을 만드는 것이 사회적 협력의 목표가 되어야 한다. 만약, 구성원들이 목록에 있는 역량들을 소유하지 못한다면, 국가에 효과적으로 요구할 수 있어야 한다. 이러한 것들은 모두 국내 제도 그리고, 헌법의 구성과 밀접하게 연관되어 있다.

그러면, 역량 접근 방식이 국제사회에도 적용되어야 하는가? 우리는 세계 모든 곳에 살고 있는 사람들이 인간으로서의 존엄을 보장받을 수 있도록 해 줄 책임을 공유하고 있다. 누스바움은 이렇게 말한다. "우리는 존엄한 존재인 인간이 인간다운 삶을 충분히 살아가기 위해서 요구되는 것이 무엇인지 질문할 필요가 있다." 모든 사람들이 인간다운 삶을 살아가기 위해서는, 근본적으로 적절한 영양, 교육, 신체의 안전한 보호, 언론의 자유와 종교의 자유를 포함한 자유권의 보장을 충족시킬 수 있는 사람들 간의 협력이 요구된다. 역량 접근 방식은 사람들이 인간다운 삶을 살아가는데 필요한 사항이 있다면, 이것을 충족시켜줄 의무가 필연적으로 발생한다고 주장한다. 그러면, 이러한 필요사항을 어떻게 충족시켜 줄 것인가? 역량 접근 방식은 사회적으로 불리한 위치에 있는 사람들의 필요사항을 해결하기 위한 특별한 노력을 요구한다. 우리의 목표는 단순히 '소극적 자유'를 보장하는 것이 아니다. 우리의 목표는 모든 사람들이 역량을 선택하고, 역량을 소유할 수 있는 완전한 재능을 갖추는 것이다. 이를 위해서는 경제적 차원의 지원이 있어야 한다. 한마디로, 돈이 필요하다. 심지어 언론의 자유를 보장해 주기 위해서도 교육, 적절한 영양공급이 필요하다.

이 접근 방식은 개발을 경제성장으로 인식하는 것에 부정적이다. 이 접근방식이 선호하는 것은 '인간개발' 개념이다. 우리는 국제경제협약과 기구들 그리고, 다국적 기업들이 국제화된 세계를 지배하는 상황에서, 사람들의 역량을 증진시키는데 필요한 부담을 어떻게 분담시킬 것인지에 대한 문제를 해결해야 한다. 사람의 통제를 받는 제도적 기구가 최소한 다음의 세 가지 이유로 인해시 인간 역량을 증진시킬 노덕적 의무를 떠맡게 된다. 첫째, 적절한 제도적 구조가 확립된다면, 개인들은 도덕적 의무를 국내외 제도에 위임하게 될 것이다. 둘째, 사람들은 공정성을 중요하게 생각한다. 예를들어, 다른 사람들이 그들의 공정한 몫을 이행하지 않거나, 공정한 몫의 이행을 보장할 체계가 없다면, 자발적인 자선활동을 하는 사람들이 불공평하다고 생각할 것이고, 결국 자선활동은 중단될 것이다. 셋째, 사람들을 단지 효용 극대화를 위한 엔진으로 여기는 공리주의적 입장이 유지된다면, 개인들의 정체성, 성실성, 행위자성 그리고, 인간의 존엄성은 상실될 것이다.

다시 말해서, 사람들의 역량 또는 복지를 증진시킬 책임을 제도적 기구에 분담시키는 것이 해결책이다. 제도적 기구는 개인들에게 자신들의 삶을 어떻게 살아갈 것인지에 대한 폭넓은 재량권을 허용해 주어야 한다. 제도적 기구가 가지는 장점은 모든 사람들의 역량을 지원하는데 필요한 의무를, 모든 사람들에게 아주 공평하게 부과시킬 수 있다는 것이다. 이러한 제도하에서 개인들은 자신의 시간, 부 그리고, 여러 자원들을 자신이 생각하는 선을 추구하는데 자유롭게 사용할 수 있게 될 것이다.

한 국가안에서 시민의 역량을 유지할 책임이 있는 제도적 기구들은 헌법에 명시되어 있다. 여기에는 입법부, 행정부, 사법부 그리고, 법률과 경제 체계가 포함된다. 그런데, 한 국가의 제도적 기구가 차지하는 국제적 위치가 분명하지가 않다.

여러 국가들을 아우르는 세계적인 주권국가는 존재하지 않는다. 또한 그런 국가 구조는 책임성에 대한 요구를 충족시키지 못할 것이다. 문화적 차이와 언어적 차이는 언제나 의사소통의 어려움을 야기할 것이다. 그런데,

누스바움은 세계적인 주권국가 역할을 하는 제도적 기구가 이미 존재한다고 주장한다. 그 제도적 기구는 국내 구조를 가지고 있으면서 부의 일부를 다른 나라에 재분배할 의무를 또한 가지고 있다는 점에서 여러 국가와 연관된다. 이 제도적 기구에 다국적 기업이 포함될 수 있을 것이다. 다국적 기업은 자신이 사업을 하는 국가들에서 인간 역량을 증진시킬 의무를 분담할 수 있을 것이다. 세계적인 주권국가 역할을 하는 제도적 기구에는 세계은행, 국제통화기금, 다양한 무역 협약, 국제기구(유엔, 국제노동기구, 국제사법재판소, 국제형사재판소), 다양한 주제(인권, 노동, 환경)에 관한 국제조약과 규약 등이 포함될 수 있을 것이다. 여기에 NGO들도 포함시킬 수 있을 것이다.

　누스바움은 불평등한 세계에서 개인들의 역량을 강화하고 불평등한 국제 구조를 통제하기 위한 10가지 원칙을 제안한다. 누스바움의 10가지 원칙에는 부유한 국가들이 자국의 국내총생산(GDP) 중 일부를 가난한 국가들에게 기부해야 할 의무가 포함된다. 국내총생산의 1퍼센트가 '도덕적으로 적절한' 퍼센트이다. 부유한 국가가 가난한 국가의 정부에 직접 기부해야 하는지 아니면 가난한 국가의 NGO에 기부해야 하는지는 분명하지 않다. 만약 기부를 받는 국가가 민주주의 국가라면, 그 국가의 주권을 약화시키지 않으면서도 효율적으로 기부하는 것이 일반원칙이다. 그리고, 목록에 있는 역량들을 존중하는 방식으로 기부가 이루어져야 한다. 다국적 기업은 사업을 운영하는 지역에서 사람들의 역량을 증진시켜야 한다. 사람들의 역량을 증진시키는 것이 다국적 기업 자체에도 이익이 된다. 다국적 기업은 안정적이고 잘 교육받은 노동력과 정치적 안정으로부터 혜택을 받을 수 있다. 그리고, 적절한 교육 시스템은 건강한 민주주의에 필수적인 시민들의 정치적 관여를 촉진시킨다. 또 다른 원칙은 국제 경제 시스템의 핵심 구조가 빈곤 국가들과 개발도상국가들에게 공평하게 설계되어야 한다는 것이다. 분권화되면서도 역동적인 글로벌 공공영역을 만들어 보자는 제안이 있다. 글로벌 공공영역에는 남반부 국가들의 오염 통제 강화를 지원하기 위해 북반부 산업국가들에게 세금을 내도록 하는 국제 환경 규정이 포함될 수 있다. 그리고, 인간개발에 대한 도덕적 목표와 공식 및 비공식 영역의 국제적 노동 기준을 확립하는 일련의 국제무역 규정도 글로벌 공공영역에 포함될 수 있을 것이다. 이 일련의 국제무역 규정은 세금 부과와 제재를 활용하여 부유한 국가로부터 가난한 국가로 부가 이전되도록 할 수 있다. 누스바움의 10가지 원칙 중에 병든 사람, 나이든 사람, 장애가 있는 사람들을 돌볼 분명한 의무가 포함되어 있다. 그리고, 가족이 보호받아야 한다. 가족 보호에는 결혼을 선택할 자유, 가정을 구성할 자유가 포함된다. 사회적으로 불리한 위치에 있는 사람들의 요구사항과 그 사람들에게 힘이 되는 교육의 중요성에 대하여 특별한 강조가 있어야 한다.

　이 접근방식은 유토피아적으로 보인다. 그렇다고 하더라도, 이 접근방식을 비판하기는 어렵다. 왜냐하면, 개발도상국가들에서 예방이 가능한 전염병으로 매년 900만명이 사망하는 등 특히 빈곤으로 인한 국제적 부정의가 깊은 우려를 자아내고 있기 때문이다. 선진국가들에서는 예방가능한 전염병으로 매년 2만명이 사망할 뿐이다. 이러한 불균형은 정당화될 수가 없다. 역량 접근법은 이러한 종류의 불평등이 인간 존엄에 파괴적인 영향을 미친다는 점을 강조한다.

　연민과 돌봄은 분명히 중요한 가치들이다. 그렇다면, 어려움을 겪고 있는 사람들이 국제 공동체에 구제를 요청할 수 있는가? 우리가 앞에서 살펴본 것처럼, 토마스 네이글은 이 질문에 대해 '국제공동체에 구제를 요청할 수 없다'고 대답한다. 토마스 네이글은 '실질적인 정의가 주권국가의 영토 안에서만 실현될 수 있다'는 입장이다. 방글라데시에서 굶주리고 있는 개인에 대한 의무는 방글라데시 정부와 그의 동포들에게 있다. 방글라데시에 살고 있지 않는 사람들에게는 아무런 의무가 없다. 다른 국가에 살고 있는 사람들의 운명을 개선해야 할 실질적인 의무와 인도주의는 서로 별개의 것이다. 이 주장을 보다 명확히 하기 위해서, 국제사회가 현재 직면하고 있는 긴급하고 논쟁의 여지가 있는 두 가지 문제를 간단히 살펴보고자 한다.

이주민 문제

여러 국가에 살고 있는 백만 명 이상의 사람들이 전쟁, 박해, 빈곤을 피해 유럽에서 피난처와 난민지위를 얻고자 한다. 이것이 유럽연합의 이주민 위기를 발생시킨다. 유럽연합 집행위원회(European Commission)는 2017년까지 유럽연합 지역에 300만명의 이주민이 유입된 것으로 추정했다. 유엔난민고등판무관실(UNHCR)에 따르면, 자신의 주거지에서 강제로 이주하게 된 사람들의 숫자가 전 세계적으로 6천만 명에 달한다. 이 숫자는 계속해서 증가하고 있다. 강제 이주민들 중에서 1900만명이 시리아(59%), 아프가니스탄(21%), 이라크(8%) 사람들이다. 강제 이주민들의 유럽지역 유입은 유럽지역 정부들과 유럽연합에 엄청난 과제를 안겨주고 있다. '난민'을 어떻게 정의할 것인지 그리고, 진정한 난민과 소위 말하는 '경제적' 이주민 모두를 돌보아야 할 도덕적 의무가 유럽국가들에게 있는 것인지를 포함하여, 수많은 어려운 문제들이 제기되고 있다. 정의의 관점에서 제기되는 중심질문은 '이주민의 유입을 막기 위해, 개별국가들이 국경을 폐쇄할 권리가 있는가? 만약 폐쇄할 권리가 있다면 그 권리의 근거는 무엇인가?'이다. 국경 폐쇄를 지지하는 사람들이 제시하는 가장 설득력 있는 주장은 문화적, 경제적, 정치적 편익과 관련된 주장들이다. 이 주장들은 국가주권이 인도주의보다 우선한다는 견해를 뒷받침한다. 국경 개방을 주장하는 사람들은 주로 이동의 자유권과 기회의 평등을 강조한다.

국경 폐쇄 또는 국경 개방

모든 국가는 자국의 문화적, 도덕적, 종교적 가치를 보존하고, 보호하고, 수호할 권리를 가진다고 주장하는 사람들이 점점 더 많아지고 있다. 그리고, 많은 수의 유럽국가들이, 난민의 지위를 얻기 위해서 또는 다른 국가로 가기 위해서 자국 영토에 들어오기를 희망하는 수천 명의 사람들을 차단하는 것을 정당화하는데 이 주장을 활용하고 있다. 이슬람 국가에서 들어온 이주민들이 일반적으로 서구 사회의 종교적 또는 세속적 원칙들에 대해 근본적으로 적대적이거나 조화되지 못하는 신념과 관행을 가지고 있는 것으로 알려져 있다.

철학자 브루스 애커먼(Bruce Ackerman)은 이렇게 주장한다. '이민을 제한하는 유일한 이유는 자유로운 대화의 지속적인 과정 그 자체를 보호하기 위해서이다.' 다른 말로 한다면, '자유로운 대화'를 파괴하고자 하는 사람들을 배제하는 것은 정당하다. 마이클 월저는 더 나아가서 모든 사회가 문화적 차별성을 지킬 권리가 있다고 강조한다. 그런데, 무슬림 이주민들이 가할 것으로 예상되는 위협의 건전성 또는 강도를 우리가 측정할 수 있는가? 우리는 새롭게 도착한 이주민들이 동화에 저항할 것이라는 어느 정도 설득력 있는 증거를 분명하게 가지고 있어야 한다. X라는 국가에서 어떤 일이 발생했다는 사실이, 다른 국가들에서도 그와 같은 일이 발생할 가능성이 있음을 보여주는 충분한 증거가 되는가? 우리는 그 위협이 실제적이고 부정적이라고 확신할 수 있는가? 이주민에 대한 반대 주장들은 비이성적이고, 대체로 편견 또는 인종주의에 기반한 것인가?

정의의 관점에서, 한 국가가 가지는 독특한 문화 또는 종교의 보존권리가 난민을 받지 않을 도덕적 권리로 해석될 수 있는가? 시민들의 문화적 정체성을 보호하기 위해서 외국인들의 입국을 막을 수 있는가? 자유주의자들은 이주민들의 이동의 자유권과 사용자의 계약의 자유권 즉, 자신이 선택한 사람을 고용할 권리는 보편적 권리라고 주장할 것이다. 하지만, 이동의 자유권은 무제한적인 권리가 아니다. 당신은 나의 승낙없이 나의 집에 들어올 수 없다. 그렇다면, 이주민들은 왜 나의 나라에 들어올 권리를 가져야 하는 것인가? 다른 한편으로, 누군가는 법이 나의 재산권의 본질과 범위를 결정하기 때문에, 이민법이 개인의 토지에 대한 권리보다 우선할 수 있다고 주장할 것이다.

그러면, 외국인의 권리는 어떠한가? 앞의 제 7장에서 살펴본 것처럼, 출생의 '우연'이 종종 한 개인에게 긍정적인 삶의 기회들을 부여해 준다. 만약에 우리가 평등을 진지하게 받아들인다면, 벤이 서아프리카의 부르키나 파소(Burkina Faso)에서 태어나고, 브렌다가 불가리아에서 태어나는 것이 뭐 그리 중요한 일인가? 운은 매우 중요하다. 운은 당신이 선택할 수 없는 경로에 당신을 내려 놓는다. 그리고, 운은 당신이 세상과 세상 사람들을 어떻게 바라보는지를 결정하는 핵심요소가 될 것이다. 운의 중요성은 현대의 주술적 구호인 '당신의 특권을 확인하라'에 잘 나타나 있다.

빈부격차를 줄이는 한 가지 방법은 국경을 개방하는 것이다. 그런데, 개별 정부로 하여금 국경을 봉쇄하는 대신에 영토 완결성을 포기하고, 국가 예산으로 가난한 국가에 원조를 제공하도록 설득하는 것은 매우 어려운 일이다. ISIS, 알카에다, 탈레반, 보코 하람, 알샤바브와 같은 이슬람 단체들이 저지르는 테러 공격에 대한 정당한 공포도 존재하고 있다. 하지만, 국경 통제 만으로는 살인적인 만행을 저지르려고 하는 극단주의자들을 완전히 억제할 수는 없다. 아무리 이민을 차단한다고 하더라도, 외국인 노동자들,

유학생들, 관광객들은 국경 안으로 들어올 수 있으며, 이들 중에 테러리스트가 있을 수 있다.

한편, 외국인들의 이민을 무제한적으로 받아들일 경우, 해당 국가 시민들의 복지혜택, 복지 지원금, 의료보험 접근에 영향을 미칠 수 있다는 주장이 있다. 복지국가가 이민을 제한하지 않는다면, 가난한 이민자들이 자석에 끌린 것처럼 몰려올 것이고, 그 국가에 합법적으로 거주하는 시민들의 삶에 부정적인 영향을 줄 것이다. 현재 영국에서 검토하고 있는 한 가지 타협안은 이민자의 복지혜택을 수년간 유예하는 것이다. 또 다른 방안은 이민자들이 도착하는 즉시 소득세를 납부하도록 하고, 그들이 복지시스템에 충분한 기여를 한 경우에만 복지혜택을 요구할 수 있도록 하는 것이다.

이민자들이 학교, 병원, 주택, 여러 공공서비스에 부정적인 영향을 미친다는 불만들이 제기되고 있다. 그리고, 이민자들이 경제를 어렵게 만들고, 임금을 하락시키며, 지역 주민들의 일자리를 빼앗을 뿐만 아니라 이주민 노동자들의 독특한 문화 때문에 경제성장이 제대로 이루어지지 못한다는 주장도 있다. 다른 한편으로는, 이주민들의 값싼 노동력이 소비자 물가하락에 도움을 주며, 노동력의 자유로운 이동이 세계 경제에 혜택을 준다는 의견도 있다. 유럽으로의 대규모 이주민 유입이 야기한 어려움들이 수년 안에 해소될 것 같지는 않다.

환경

우리 세계는 수많은 환경문제에 직면해 있다. 이 환경문제는 세계 정의에 직접적인 영향을 미친다. 환경문제에는 서식지 파괴, 오존층 파괴, 산림 파괴, 종들의 멸종 속도 가속화 등이 포함된다. 그런데, 현재 국제사회가 가장 큰 관심과 우려를 가지고 있는 환경문제는 기후변화의 분명한 위험이다. 기후변화에 대한 일치된 의견이 존재하는 것은 아니지만, 과학적 증거들이 압도적으로 지적하고 있는 것은, 인간이 만들어낸 기후변화가 이 지구에 실제적이고 심각한 위협이 되고 있다는 것이다.

2015년 파리에서 개최된 유엔기후변화회의에서 196개 참가국 대표들은 산업화 이전 수준 대비 섭씨 2도 이내로 지구 온도 상승을 제한하는 목표 설정에 동의했다. 그리고, 이 회의에서는 이번 세기 후반부까지 인류에 의한 온실가스 순 배출을 0으로 만드는 것이 목표로 제시되었다. 또한 참가자들은 지구온도가 섭씨 1.5도까지 상승하지 않도록 노력해 나가기로 했는데, 이를 위해서는 2030년에서 2050년 사이에 탄소배출이 0이 되어야 한다. 이 회의에서 채택된 '파리 기후협정'은 55% 이상의 지구 온실가스를 배출하고 있는 55개 국가의 서명과 비준 절차를 거치면 법적 구속력을 가지게 된다.

한 가지 어려운 문제는 많은 빈곤국가들이 화석연료를 태워서 에너지를 생산하고 있다는 사실이다. 화석연료는 기후변화의 주된 원인으로 간주되고 있다. 부유한 국가들과 가난한 국가들이 이 문제의 정의롭고 공평한 해결을 촉진할 수 있는 방안에 합의할 수 있을까? 일부 국가들은 지구 온난화에 가장 큰 책임이 있는 선진 산업국가들이 비용을 지불해야 한다고 주장한다. 그러면, '오염시킨 국가가 비용을 지불'하는 원칙은 공정한가? 이 원칙은 해당 국가들이 자국의 굴뚝에서 온실가스를 공기 중으로 뿜어낼 때, 그것이 지구에 해를 끼친다는 것을 해당 국가들이 인식하고 있었다는 것을 전제로 한다. 과학자들은 1990년 이전까지 온실가스와 기후변화의 상관관계를 명확히 파악하지 못하고 있었다. 1990년 이후 배출되고 있는 온실가스에 대한 보다 공정한 기준은 '오염으로 혜택을 받은 국가가 비용을 지불'하는 원칙이다. 이 원칙은 문제의 국가가 실제로 얻은 이익이나 이점에 책임을 부과한다는 점에서 도덕적 매력이 있다. 그럼에도 불구하고, 심지어 이러한 접근방식마저도 도덕적으로 부적절해 보인다. 과거에 잘못이 아니었던 행위로 얻은 이익에 대해 제재를 가하는 것이 어떻게 정당화 될 수 있는가? 아마도 가장 공정한 접근 방식은 '지불할 능력이 있는 국가가 비용을 부담'하는 원칙일 것이다. 이것은 지구에 대한 약탈을 제한하는 데 들어가는 비용을 가장 부유한 국가들이 부담하도록 하는 원칙이다.

환경과 관련된 또 다른 부정의는, 위험한 폐기물 시설을 의도적으로 또는 의도치 않게 가난한 사람들 또는 소수 인종 사람들이 주로 살고 있는 지역에 설치하는 것이다. 이것은 '환경적 인종차별'이라고 불리는 현상의 한 가지 사례이다. '환경적 인종차별'에는 특정한 환경정책의 부정적 효과가 불균등하게 나타나는 것이 포함된다. 환경오염물질을 제거할 때 가난한 지역의 제거율을 낮게 설정하거나, 노동자들의 대중 공원과 운동장에 대한 접근을 어렵게 하거나, 대중 공원과 운동장을 제대로 관리하지 않거나, 노동자들에게 널리 받아들여지는 건강 및 안전 기준과 위험한 작업 가운데 하나를 선택하도록 강요하는 것과 같은 다양한 현상들이 여기에 해당한다.

하나의 세계 정부는?

몇 가지 형태의 세계 정부에 대한 비전제시가 새로운 것은 아니다. 세계 정부는 전쟁, 빈곤, 부정의를 종식시킬 수 있는 능력을 가진 민주적 메커니즘이어야 한다. 서로 다른 근거와 차별성을 가지고 있긴 하지만, 단테, 홉스, 칸트, 루소 모두 전 세계를 포괄하는 세계 권력을 상상했다. 특히, 칸트는 세계 권력을 통해 '영구 평화(perpetual peace)'를 강화하고자 했다. 칸트는 평화로운 세계 공동체 구성을 주창했다. 엄밀히 말해서, 칸트의 세계 공동체는 세계 정부가 아니라 평화로운 세계라는 이상을 추구하는 하나의 기구이다. 이 기구 안에서 국가들은 스스로를 자유 국가로 선언하고, 자국 시민들을 존중하며, 외국 방문객들을 합리적 존재로 인정하고 국경을 개방한다.

대부분의 국가들이 주권의 엄격한 수호를 분명히 밝히고 있는 상황에서, 세계 200여 개 국가들이 수용할 수 있는 제도를 만들고, 모든 국가에 권한을 행사하는 실질적인 세계 정부를 구성하는 것이 어느 정도 타당한 것인가? 세계의 다양한 문화, 가치, 삶의 방식은 어떻게 되는가? 일부 사람들은 세계정부가 획일적인 통일성을 내세워서 다양성을 억압할 수 있다고 우려한다.

세계는 유엔과 그 전신인 국제연맹을 설립하는데 성공한 바 있다. 국제연맹이 실패한 이유는 권한과 회원국의 제한 그리고, 국제적 불안정 등 여러 가지 요인에 기인한 것으로 일반적으로 알려져 있다. 국제정부기구(IGO)는 규모 면에서 3개국이 회원국으로 참여하는 기구로부터 유엔과 같이 185개국이 회원국으로 참여하는 기구까지 다양하다. 그리고, 지리 면에서 유럽연합과 같이 단일 지역에 한정된 기구로부터 국제통화기금처럼 전 지역을 포괄하는 기구까지 다양하다. 국제정부기구의 기능도 분명한 차이를 보인다. 북대서양조약기구(NATO)의 주된 기능은 정치적, 군사적 수단을 사용하여 회원국의 자유와 안보를 지키는 것이다. 이에 반해, 국제노동기구(ILO)는 노동자들의 이익을 보호하는 것에 주된 관심이 있다. 이 기구들은 논의, 토론 그리고 가끔씩 국제적 갈등의 해결을 위한 하나의 중요한 장을 제공해 준다. 그리고, 이 기구들은 정보의 수집, 분석, 배포와 국제협력을 촉진하고, 국제적으로 수용가능한 규범을 확정한다.

그러나, 이러한 기구들은 진정한 정부의 권력과 의무를 가진 권위있는 세계 정부에는 한참 미치지 못한다. 권위 있는 세계 정부는 중앙집중화된 통제력, 분쟁의 평화적 해결을 강제할 수 있는 권위, 개별국가와 지역 수준에서의 무장해제 권한 그리고, 집행 메커니즘에 의해 유지되는 세계 입법역량을 갖추어야 한다.

　롤즈는 그의 저서『만민법』에서 만민 사회 개념을 개략적으로 설명한다. 만민 사회는 만민 간의 협력적 연합을 촉진시키는 원칙들에 의해 지배되는 사회이다. 칸트는 하나의 세계 국가가 등장할 경우, 그 세계 국가가 억압적인 국가가 될 수도 있고, 기존 국가들이 정치적 자율권을 확보하기 위해서 '내전'을 일으킬 수도 있다고 우려한다. 롤즈는 이러한 칸트의 우려를 수용하여 세계 국가에 대한 논의를 진전시키지 않았다. 그런데, 아이러니하게도 포게, 찰스 바이츠와 같은 학자들은 롤즈의 위대한 저서인 『정의론』의 내용을 국제 자유공동체 창설을 지지하는데 활용하였다. 롤즈의 '도덕적 세계주의'가 권장하는 것은, 모든 사람의 평등한 가치를 인정하는 국제 도덕공동체이지 세계 정부가 아니다. 국제 도덕공동체는 우리 모두가 그려볼 수 있는 다소 낭만적인 전원이다. 그런데, 분열되고 불안정한 현재 세계에서 이러한 낭만이 실현되기는 매우 어렵다. 이 보다 훨씬 가능성이 있어 보이는 것은 개혁되고, 효과적으로 운영되는 앞으로의 유엔의 모습이다. 포게는 롤즈의 주장을 수용하여, 주권국가들을 대체할 정도의 승대된 권력을 가진 보편적 제도의 필요성을 인정한다. 포게는 세계 대부분의 국가들이 안정된 민주주의 국가로 발전한 이후에, 이러한 보편적 제도의 도입이 가능하다고 주장한다.

　국가 주권을 집요하게 지키려고 하는 것은 평화로운 세계 질서를 수립하는데 있어서 하나의 중대한 장애물로 작용한다. 1998년 국제형사재판소(ICC)의 설립은 이러한 주권에 대한 우울한 집착 상황에서 나타난 작은 희망이다. 2002년 7월 1일 발효된 로마규정에 따라 운영되는 국제형사재판소는 국가 최고지도자를 포함하여 개인들이 저지른 집단살인, 전쟁범죄, 반인도적 범죄를 판결하는 인류 최초의 조약 기반 상설 국제 재판소이다. 헤이그에 있는 국제형사재판소는 유엔으로부터 독립되어 있으며, 로마규정 당사국들이 납부하는 기금으로 운영된다. 국제형사재판소의 설립은 국제범죄 가해자들에 대한 불처벌이 더 이상 용납될 수 없다는 국제사회의 중요한 인식을 보여준다. 하지만, 국제형사재판소는 '보완성'의 개념에 의해 역할이 제한된다. 즉, 국제형사재판소는 개별국가의 국내 재판소에서 판결하지 못한 사건의 가해자만을 기소할 수 있다. 이에 따라, 국제형사재판소는 개별국가의 사법 주권에 위협이 되지 않는다.

재판을 통한 정의 실현

다양한 부정의에 책임이 있는 사람들을 재판하는 재판소들이 등장한 것은 하나의 중요한 진전이다. 제 2차 세계대전 직후 나치 전범들을 기소하기 위해 '뉘른베르크 국제군사재판소'가 설립되었다. 이 재판소는 개인들이 국제법에 따라 자신이 저지른 범죄에 대해 형사적 책임을 질 수 있다는 하나의 중요한 선례를 남겼다. 그리고, 구 유고슬로비아 국제형사재판소, 르완다 국제형사재판소와 같은 국제재판소 설립의 토대가 되었다.

국제형사재판소

2002년 7월 1일 발효된 로마규정에 따라 운영되는 국제형사재판소는 조약에 기반한 상설 재판소이다. 국제형사재판소는 '마지막 수단(last resort)'에 해당하는 기관으로서, '국제적 우려를 자아내는 가장 심각한 범죄들' 즉, 집단살인, 반인도적 범죄, 전쟁범죄, 로마규정이 발효된 이후 저질러진 침략행위에 대한 재판권을 가지고 있다. 2017년 현재 39명의 지도자들이 기소되었는데, 이 중 3명만이 성공적으로 유죄판결을 받았다. 그런데, 그 3명이 모두 콩코민주공화국 출신이다. 국제형사재판소에 대한 비판도 없지 않다. 판결진행은 느리고, 유죄판결율은 낮다. 아프리카 연합(AU)은 국제형사재판소가 편파적으로 아프리카 국가들 범죄에만 초점을 맞춘다고 비난한다.

2017년 현재, 로마규정을 비준한 국가는 124개국이다. 이스라엘, 이란, 이집트를 포함한 34개 국가는 로마규정에 서명을 했고, 비준을 남겨두고 있다. 로마규정을 비준하지 않은 국가들 중에 가장 눈에 띄는 국가는 미국이다. 미국은 자국 군대가 정치적 동기에 의해서 또는 아주 사소한 일로 인해서 기소될 수 있다는 점에 우려를 표하면서 비준할 의사를 철회한 바 있다. 부시 행정부는 국제형사재판소에 강한 반감을 드러내면서, 만약 국제형사재판소가 미국에게 기소면제 권한을 부여하지 않는다면, 보스니아에 주둔 중인 미군을 철수하겠다고 위협했다. 중국, 파키스탄, 인도, 인도네시아, 튀르키예와 같은 국가들은 로마규정에 비준은 고사하고, 여전히 서명도 하지 않고 있다. 2016년 말, 매우 우려스러운 상황이 전개되었다. 남아프리카공화국, 브룬디, 감비아 등 많은 아프리카 국가들이 국제형사재판소가 아프리카인들만 기소하려고 한다고 비난하면서 국제형사재판소 탈퇴를 결정했다. 러시아도 뒤를 이어, 국제형사재판소가 국제 공동체의 기대에 부응하지 못하고 있으며, '일방적이고 비효율적'으로 업무를 처리하고 있다고 비판하면서 더 이상 국제형사재판소의 사법권을 인정하지 않겠다고 발표했다.

국제형사재판소에 의해 제공되는 정의는 형사 정의와 관련이 있다. 분배적 정의를 달성할 수 있는 국제 메커니즘은 여전히 존재하지 않는다. 하지만, 분배적 정의를 옹호하는 사람들은 그들의 캠페인을 중단할 의사가 거의 없다.

요약하기

점점 더 세계는 국제화되고, 국제기구의 숫자는 갈수로 늘어나고 있다. 이러한 시기에, 국경을 넘어서는 우리의 도덕적 그리고 정치적 의무에 대해 광범위한 질문들이 제기되고 있다. 정의를 실현하기 위해서는 빈곤, 질병, 내전, 환경 파괴, 부패, 테러와 같은 중대한 도전들이 극복되어야 한다. 유엔, 나토, G20과 같은 정부간 기구들이 국경을 초월한 문제들을 해소하기 위해 노력하고 있지만, 세계 정부의 개념은 여전히 유토피아적 이상으로 남아 있다. 그럼에도 불구하고, 세계에서 가장 부유하고 강력한 국가들이 높은 수준의 국제협력을 이행하고, 가장 가난한 국가들이 여기에 동참한다면, 국제사회가 직면한 중대한 도전들이 성공적으로 해결될 수 있을 것이다.

13장

사회적 정의의 성취
(Achieving Social Justice)

정의의 특징을 파악하려고 하는 이론들과 마찬가지로, 정의라는 개념은 언제나 논쟁을 불러 일으킨다. 모든 사람들이 공평하고 평등하며 상호 존중하는 조건 하에서 살아갈 수 있는 그런 사회 또는 그런 세계를 만들기 위한 수단이 무엇인지에 대해서도 명확한 답은 없다. 여전히 많은 사회의 개인들과 집단들이 차별, 적대감, 미움 속에서 살아가고 있다. 불관용은 정의, 동정과 정반대되는 것이다. 성소수자 공동체 구성원들은 증오, 처벌, 심지어 사형의 대상이 될 수 있다. 동성애는 이집트, 이란, 아프가니스탄, 싱가포르 등 약 66개국에서 여전히 불법이다. 동성애자들은 강제 정신과 치료와 무기징역부터 강제노동과 공개 투석 살인까지 당할 수 있다. 여성에 대한 학대, 인종주의, 반유태주의, 편견이 전 세계적으로 증가하고 있다. 많은 이슬람 국가들과 동남아시아 국가들에서는 종교적 자유가 심각한 위협을 받고 있다. 이집트의 곱트 정교회 신자, 이란의 바하이교 신자, 파키스탄의 아흐마디교 신자, 사우디아라비아의 기독교 신자, 힌두교 신자, 불교 신자,

시아파 무슬림은 세계에서 가장 억압받는 종교 소수자들이다.

> **종교적 박해**
>
> 미국 국제종교자유위원회(USCIRF)는 2016년에 8개 국가 즉, 중앙아프리카공화국, 이집트, 이라크, 나이지리아, 파키스탄, 시리아, 타지키스탄, 베트남이 '특별우려국(CPC)'으로 지정되었다고 발표했다. '특별우려국'이란 종교적 자유에 대한 심각한 침해가 용인되거나 자행되는 국가를 의미한다. 그리고, 이 위원회는 9개 국가 즉, 버마, 중국, 에리트리아, 이란, 북한, 사우디아라비아, 수단, 투르크메니스탄, 우즈베키스탄을 '특별우려국'으로 지정할 것을 권고했고, 10개 국가 즉, 아프가니스탄, 아제르바이잔, 쿠바, 인도, 인도네시아, 카자흐스탄, 라오스, 말레이시아, 러시아, 튀르키예의 정부가 최소한 한 가지 이상의 '체계적이고, 지속적이며 심각한' 침해 행위에 관여하거나 용인하고 있지만 '특별우려국'의 기준을 완전히 충족하지는 않았다고 설명했다. 이와함께 바레인, 방글라데쉬, 벨라루스, 키르기즈스탄과 아프리카의 뿔 지역(the Horn of Africa)에 있는 국가들을 감시대상국에 포함시켰다.

전 세계적으로 약 7억 9500만명의 사람들이 영양실조 상태에 있는 것으로 추정된다. 그리고, 오늘 이 순간 9000만명 이상의 5세 이하 아동들이 영양결핍과 저체중 상태에 있다는 것은 부정할 수가 없다. 세계보건기구(WHO)는 2015년에 590만명의 아동들이 첫 생일을 맞이하기 전에 사망했다고 보고했다. 이 숫자가 말하는 것은 놀랍게도 매일 16,000명의 아동들이 첫 생일을 맞이하기 전에 사망하고 있다는 것이다. 조금 다행스러운 것은, 유엔이 2015년 출생아 1000명 당 5세 미만에 사망한 아동이 43명이라고 추정했는데, 이는 1990년 출생아 1000명 당 5세 미만 사망 아동 91명에 비해 53% 감소한 것이다. 그럼에도 불구하고, 고소득 국가와 저소득 국가의 아동 사망률 격차는 여전히 크다. 5세 미만 아동 사망률이 가장 높은 지역은 아프리카로 출생아 1000명 당 81명이 사망하고 있다. 이는 유럽(1000명 당 11명 사망)의 7배 이상, 고소득 국가 평균(1000명 당 7명 사망)의 11배 이상 높은 수치이다. 1820년에 26세에 불과했던 전 세계 인구의 평균 수명은 1900년에 31세로 상승했다. 유엔에 따르면, 현재 세계 인구의 평균수명은 71세이다.

21세기에 노예제도가 여전히 존재한다는 것은 놀라운 일이다. 그런데, 사실은 노예제도가 광범위하게 존재하고 있으며, 아주 다루기 힘든 문제 가운데 하나이다. 세계노예지수(GSI)에 따르면, 전 세계적으로 최대 4600만명의 사람들이 노예로 살아가고 있는 것으로 추산된다. 현대 노예제도는 연간 350억 달러의 수익을 창출하는 하나의 주요 산업이 되었다. 인도에 1800만명, 중국에 340만명, 파키스탄에 200만명 이상의 노예가 있다는 주장도 제기되고 있다. 북한과 우즈베키스탄 인구의 4%이상이 노예상태에 있다.

불평등의 가장 극적인 사례는 인도의 카스트 제도이다. 이 제도는 서로 다른 공동체 구성원들 간의 극심한 분리를 공고히 한다. 카스트 제도의 일부 집단들은 일상생활의 수 많은 측면에서 차별을 당한다. 소위 '불가촉 천민' 집단의 구성원들은 보잘 것 없는 지위와 직업만을 가질 수 있다. 이러한 차별이 인도 헌법에 위배되는 것이지만 현실에서 여전히 유지되고 있다. 인도 정부는 낮은 카스트 집단 구성원들의 삶을 개선하기 위해 여러 가지 적극적인 실행 조치들을 도입하고 있다. 2007년 인도에서는 '불가촉 천민' 집단 출신인 발라크리슈난(K.G. Balakrishnan)이 대법원장으로 선출되었고, 2009년에는 같은 집단 출신인 메이라 쿠마르(Meira Kumar)가 만장일치로 첫 여성 하원 의장으로 선출되었다.

희망적인 사례는 또 있다. 유엔개발계획(UNDP)에 따르면, 지난 50년 세계 빈곤 감소 정도가 과거 500년 세계 빈곤 감소 정도 보다 더 큰 것으로 나타났다. 세계은행은 35개 국가만을 '저소득' 국가로 분류했다. 하지만, 전 세계적으로 8억명 이상의 사람들이 여저히 극심한 빈곤상태에 처해 있고, 3억명의 노동자들이 2015년 기준 빈곤선인 하루 1.25달러 미만의 돈으로 살아가고 있다. 그럼에도 불구하고, 빈곤 추세를 모니터링하기 시작한 이후 처음으로 극심한 빈곤 상태에 처한 사람들의 숫자가 모든 개발도상지역에서 감소하고 있다. 감소하고 있는 지역에는 빈곤율이 가장 높은 사하라 사막 이남 아프리카 지역도 포함된다.

유엔에 따르면, 1990년 이후 10억명 이상이 사람들이 극심한 빈곤상태에서 벗어났다. 1990년에는 개발도상지역 인구 중 약 50%가 하루 1.25달러 미만의 돈으로 생활했다. 2015년에 이 비율이 14%로 하락했다. 15세에서 24세 사이의 젊은 남녀 중 취업한 사람의 비중이 1991년 50%에서 2015년 40%로 감소했다.

무엇이 정의로운 사회인가?

우리가 앞에서 살펴본 바와 같이, 정의의 근본적인 특징과 정의의 가장 건전한 철학적 기반에 관해서는 관점들 간에 상당한 의견 차이가 존재한다. 칸트주의자들이 공리주의자들의 주장에 동의할까? 롤즈주의자들과 공동체주의자들이 완전한 의견일치를 할 가능성이 있는가? 사실 역량 접근법에 애착을 가진 사람들과 노직의 자유주의를 주장하는 사람들은 서로 다른 행성에 사는 것이나 마찬가지이다.

누가 플룻을 차지할 것인가?

플룻이 하나 있다고 가정해 보자. 세 명의 아이들(알도, 브루노, 카를로) 모두 그 플룻을 갖고 싶어 한다. 알도는 자신 만이 플룻을 연주할 수 있기 때문에 플룻을 가져야 한다고 말한다. 브루노는 자신이 가장 가난하고 아무런 장난감도 없기 때문에 플룻을 가져야 한다고 말한다. 카를로는 자신이 플룻을 만들었기 때문에 플룻을 가져야 한다고 말한다. 우리는 이 세 가지 정당한 주장들 가운데 하나를 어떻게 결정해야 하는가? 경제적 평등주의자들은 브루노의 의견을 지지할 것이다. 카를로는 노직과 자유주의자들의 지지를 얻을 것이다. 공리주의자들은 세 사람 중 유일하게 플롯을 연주할 수 있는 알도가 플롯 연주로부터 얻는 쾌락에 중요성을 부여할 것이다. 그러면서도, 상대적 박탈감을 느끼고 있는 브루노가 플롯을 받을 경우, 그의 행복감이 훨씬 더 크게 증가할 수 있다는 것도 인정할 것이다. 세 아이들의 주장 모두 장점과 옹호자들이 있다. 자아실현(알도), 빈곤퇴치(브루노), 노동의 댓가에 대한 권리(카를로)가 세 아이들의 핵심 주장이다. 또 다른 이론들은 이 세 가지 핵심 주장에 대해 서로 다른 도덕적 가중치를 부여할 것이다.

타협안이 있지는 않을까? 중간지점이나 합의에 도달할 가능성은 없는가? 이 책에서 다룬 많은 이론들이 정의의 근본 요소들과 공정한 사회를 만드는 방법에 대하여 어떤 본질적인 확신을 공유하고 있는가? 평등이라는 개념이 저자의 머리에 떠오른다. 확실한 것은, 모든 이론들이 불평등을 부정의한 것으로 받아들이고 있다. 이와 유사하게, 자유와 개인의 권리의 개념도 일반적으로 수용되고 있다. 하지만, 이러한 표면적인 의견 일치에도 불구하고, 앞의 장들에서 설명한 것처럼 이론들 사이에는 이념적 그리고, 실질적 차이가 이면 깊숙이 자리잡고 있다. 예를들어, '평등'은 그 자체가 이해하기 힘든 개념일 뿐만 아니라, 그것을 주장하는 도덕 이론에 따라 현실 사회에서 사법적, 경제적, 정치적 적용 방식이 불가피하게 달라진다. 평등한 사회의 모습을 깊이 탐구하는데 있어서 이론들 간의 만장일치는 고사하고 합의를 도출하는 것도 기대할 수 없고, 기대해서도 안 된다.

이와 관련된 여러 사례 가운데 하나가 롤즈의 주장에 대한 여러 관점들의 비판이다. 롤즈의 사회 계약은 추상적이고 초월적이며 도덕적, 정치적 결함을 가지고 있는 것으로 종종 낙인찍히곤 한다. 그런데, 이러한 비판들이 간과하고 있는 것은, 최소한으로 안정적인 정의의 개념에 도달하기 위한 시도들을 괴롭히고 있는 중요한 문제가 있다는 것이다. 내가 보기에 롤즈가 제시한 '원초적 입장'이라는 체험적 전략은, 중립적인 틀을 만들어서 다루기 힘든 과업을 해결하고자 하는 노련한 기법이다. 롤즈는 원초적 입장에 있는 사람들이 근본적인 정의의 원칙들을 선택하도록 하는 하나의 구조를 제시한다. 이 구조를 통해 롤즈는 근본적인 정의의 원칙들을 채택하는 하나의 공평하고 중립적인 관점을 만들어 내고자 했다는 것을 당신은 기억할 것이다. 원초적 입장에 있는 사람들은 스스로를 사회적 정의와 정치적 정의의 원칙들에 상호 동의하는 자유롭고 평등한 사람이라고 상상한다. '원초적 입장'의 핵심 요소는 '무지의 베일'이다. 무지의 베일은 참여자들의 개인적 특성과 사회적 배경에 대한 모든 지식을 가림으로써 객관성과 공평성을 보장한다.

센과 누스바움은 우리가 제 7장에서 살펴본 것처럼, 실천적인 관점에서 롤즈의 논리구조에 대해 가장 강력한 비판을 제기한다. 그들은 롤즈의 이론이 전 세계에서 많은 사람들이 견뎌내고 있는 괴물 같은 부정의에 적절히 대응하지 못한다고 주장한다. 센과 누스바움은 사회계약론의 절차에 대한 집착에 반대하면서, 실제 정책의 결과에 주목하는 하나의 고상하고 원칙적인 전략을 제안한다. 이들이 이론적 탐구에 매몰되지 않으려고 하는 것은 우리 세계를 괴롭히고 있는 극심한 빈곤의 공포, 다양한 형태의 박해, 테러, 전쟁에 대한 합리적인 반응이다. 그렇다고 해서, 이러한 접근이 세계 많은 지역에서 발생하고 있는 부정의를 해결하는 어려운 문제의 답이 되지는 못한다고 나는 판단한다. 롤즈의 접근과 센, 누스바움의 접근은 서로 다른 목표를 가지고 있다. 이 두 접근법은 결코 완전히 통합될 수 없다. 롤즈와 센, 누스바움은 마치 가상의 상대를 대상으로 혼자 권투 연습을 하는 새도우 복싱을 하는 것처럼 보인다.

당신이 동의하지 않을지 모르지만, 나는 정의로운 제도가 중요하다는 롤즈의 주장에 전적으로 찬성한다. 앞에서 살펴본 플롯 논쟁은 매우 좋은 사례이다. 만약 몇 가지 공평한 제도적 합의가 존재하지 않는다면, 참여자들의 경쟁적인 주장들은 적절한 검토를 받지 못할 것이고, 결국, 아무도 플룻을 연주하지 못할 것이다. 나는 민주적 구조의 공평성에 높은 신뢰를 보내고 있긴 하지만, 민주적 구조는 끊임없이 검토되고, 감독되고, 개혁되어야 한다. 롤즈는 '정의가 사회제도의 첫 번째 덕목'이라고 분명하게 말한다. 모든 타당성 있는 정의 이론들은 하나의 사회구조를 제시해야 하며, 그 사회구조의 주요 제도들이 어떻게 정의를 실현하는지에 대해서 구체적으로 밝혀야 한다. 여기에는 근본적 권리, 의무, 혜택과 부담을 어떻게 분배할 것인지가 포함된다.

그런데, 이러한 패러다임조차도 완벽하지는 않다. 롤즈가 제안한 사회는 부정의를 완화시킬 수는 있어도, 부정의를 완전히 해소할 수는 없을 것이다. 그 뿐만 아니라 롤즈가 제안한 사회는 제 6장에서 다룬 재산권에 대한 권한이 어떻게 창출되었는지에 대한 문제들을 해결하지 못하며, 자유 시장의 힘을 통제하지도 부패문제(제 8장)를 해소하지도 못하며, 완벽한 평등(제 9장)을 보장하지 못하며, 여성, 장애인, 동물들의 정당한 권리(제 10장)를 충분히 인정하지도 않는다. 사람을 개인으로 바라보는 개인주의적 관점은 본질적으로 정의의 공동체주의적 해석(제 11장)과 거리가 있고, 국가의 경계를 넘어서는 정의 개념의 확장(제 12장)을 수용하지 않을 것이다. 롤즈도 이러한 점을 충분히 인정한다. 롤즈의 이론은 공리주의적이고 직관적인 정의 개념을 거부하는데 있어서는 매우 적극적인 반면에 정의의 원칙들을 주장하는데 있어서는 매우 소극적이다. 롤즈는 자신이 제시한 정의의 원칙들이, 사회 기본구조의 모든 미덕들에 대한 기준들을 명확히 하는 완전한 개념의 (중요한) 일부분에 지나지 않는다고 주장한다. 한편, 롤즈는 상호이익을 위한 사회 협력의 가치를 매우 강조한다. 이것이 보여주는 것은 롤즈가 하나의 질서정연한 사회에 참여하는 것이 커다란 선이라는 아리스토텔레스의 신념 그리고, 개인의 자율권에 대한 칸트의 옹호를 모두 수용하고 있다는 것이다.

롤즈의 비전이 가지는 가치는, 한편으로 개인의 특수성을 인정하면서도 다른 한편으로 개인의 특수성을 공동체와의 합의 요구와 조화시키려고 시도했다는 것이다. 어떤 이론도 그 자체로 현실적인 문제들을 해결할 수는 없다. 롤즈도 이것을 받아들인다. 롤즈의 이론은 정의를 구성하는 것이 무엇인가라는 고전적인 질문에 대한 철학적 대답이지, 부정의에 맞서기 위한 지침서가 아니다. 사회 정의 실현의 가능성을 높이기 위해 이론과 실천을 결합할 수 있는 몇 가지 방법이 있는가?

나는 논의의 출발점이었던 남아프리카공화국으로 되돌아 가고자 한다. 아파르트헤이트 국가에서 입헌민주주의 국가로의 전환은 정의의 성취 가능성을 보여주는 하나의 놀라운 사례이다. 남아프리카공화국의 제도 혁명은 지금 보편적 참정권, 자유롭고 공정한 선거와 시민적 자유, 인권의 보호를 약속하고 있다. 그리고, 이 모든 것은 남아프리카공화국의 유명한 민주적 헌법의 탄탄한 사법적 보호에 의해 뒷받침 된다. 수백만 명에게 무료 주택이 제공되고 있으며, 대다수의 국민들에게 식수와 전기가 공급되고 있다. 상당한 숫자의 흑인 중산층이 등장했고, 이들이 경제를 주도하고 있다. 하지만, 엄청난 불평등, 인종차별, 높은 수준의 범죄, 부패, 정실인사(情實人事)가 여전히 존재하고 있다.

전 세계 정부들은 국가적, 지역적, 국제적 수준의 사회 정의를 증진시키겠다는 공약을 이행하기 위해 노력하고 있다. 각 국가 정부가 공약한 것의 중심에는 소득의 보다 공평한 분배, 기회의 평등, 인권의 보호가 있다. 우리는 이러한 공약이 빈 약속이 되거나 고상한 열망으로 끝나지 않기를 바랄 뿐이다. 사실, 많은 국가들은 자국민들을 위해 정의를 실현할 역량을 갖추고 있다. 그리고, 우리가 사는 세상에서 비록 많은 사람들이 고통을 당하고 있긴 하지만, 언론매체를 통해 부정의한 전쟁, 빈곤과 박해의 모습이 보도되면서, 관용과 연민이 더 커지고 있다는 증거들이 나타나고 있다. 한편, 이러한 도전들을 해결하는 것이 보기에는 간단해 보일지 모르지만, 주의 깊은 토의와 분석이 요구된다. 이를 위해 사회정의를 실제로 구성하는 것이 무엇인지에 대한 일관성 있는 개념정립이 필요하다. 그리고 불평등을 해소하고 삶을 개선하는 노력 또한 요구된다. 이와함께, 우리는 우리가 성취하고자 하는 것이 무엇인지에 대해서 더욱 분명하게 인식하여야 한다.

　심리학자 쿠르트 레빈(Kurt Lewin)은 '좋은 이론만큼 더 실용적인 것은 없다.'고 말했다. 정의에 대한 좋은 이론은 정의의 특징을 분명하게 해 주고, 정의의 실현을 위한 우리의 진전을 측정해 주는 필수적인 요소이다. 명확하게 정리된 정의의 개념에 근거해서 실질적인 문제들이 해결되어야 한다. 급격한 분열이 갈등과 불화를 일으키는 상황에서, 이론은 합리적인 합의를 이루어내는 기초를 제공할 것이다. 그리고, 이론은 시민들로 하여금 그들의 사회적 역할과 입장을 이해할 수 있게 해 주고, 그들의 사회가 어떻게 개선될 수 있는지에 대한 비전을 제공해 줄 것이다. 앞의 장들에서 나는 정의에 대한 많은 이론들의 주요 내용들을 설명하였다. 서로 상충되는 이론들을 꼼꼼히 검토하는 것은 우리가 정의의 진전을 추구하는데 있어서 반드시 수행해야 할 필수적인 과업이다.

저자소개

Raymond Wacks(레이몬드 웍스)

(현) 홍콩대학교 명예교수, 홍콩대학교 법과대학장 역임(1986~1993), 고등법학박사(런던대학교), 남아프리카공화국 출생, 주 연구 분야는 법 이론, 인권, 개인정보 보호, 홍콩 인권과 법.

(주요 저서) "프라이버시와 언론의 자유(Privacy and Media Freedom)", "개인정보: 프라이버시와 법(Personal Information: Privacy and the Law)", "홍콩 법의 미래(The Future of the Law in Hong Kong)", "홍콩 인권(Human Rights in Hong Kong)"

(한국어 번역서) 박석훈 역, "법 철학(Philosophy of Law)"(2021년), 이문원 역, "법(Law)"(2023년)

역자소개

노인수

노인수 & 법률사무소 대표 변호사, 공정국가포럼 대표, 도서출판 ㈜순눈 대표, 전남 함평 출생, 경영학 박사(경기대학교 서비스경영전문대학원), 전 서울고등검찰청 부장검사, 전 김대중 대통령 청와대 사정비서관, 전 건국대 겸임교수

(주요 저서) "달건 장밟혔다", "형사재판의 비밀", "민사재판의 비밀", "무죄의 기술", "검경수사 잘 받는 법", "유치권 진짜가짜 판별법"

임상순

평택대학교 교수 · 인권센터장, (사) 코리아통합연구원 원장, 경북 안동 출생, 정치학 박사(동국대학교 대학원), 전 현대북한연구회 회장, 전 통일미래교육학회 회장

(주요 역서) "국제정치에서 전쟁과 변화", "인권의 정치학", "평양 자본주의", "핵무기 전파 그 끝없는 논쟁", "북한 핵위기와 북미관계"